（上巻）

論語読みの論語知らず
——無学な者が論語を読むとこうなる

論語の正体

中国人の視点から論語を読むとこうなる——

山内勇吉

はじめに——今『論語』に注目するわけ

わが国では、『論語』は一般的に「人倫徳目」として解釈され、個人や組織運営者及び国家運営に関わる人たちなど、広い範囲で行動指針として活用されてきた。

日本の資本主義経済の父として誉《ほま》れの高い渋沢栄一《しぶさわえいいち》も、『論語』を行動規範《こうどうきはん》としていたことはよく知られている。『論語と算盤』で彼は、如何《いか》に論語に依《よ》って物事を判断していたかを詳《つまび》らかに語っている。

だが、私は腑《ふ》に落ちない。『論語』が真に「人倫徳目」であるならば、『論語』発祥《はっしょう》の国である中国や『論語』を基底にした「儒学」に源《みなもと》を発すると言われる「儒教」の影響を強く受けている朝鮮半島の国々（韓国・北朝鮮）は、どうして平気で嘘をつき、約束を破り、他国を不当に貶《おとし》めるなどの悪逆非道《あくぎゃくひどう》な振る舞いを繰り返しているのか。

石平氏（評論家・中国出身・日本に帰化）の指摘によると、中国では、孔子は宋の時代に「至聖文宣王」との称号を皇帝から与えられ、明王朝では「至聖先師」と称され、清王朝の時代には「大成至聖先師」と呼ばれていたという。「至聖」というのは聖人の中の聖人という意味であり、孔子は各王朝が認める中国史上最も偉大な聖人だったのである。（『なぜ論語は「善」なのに儒教は「悪」なのか』68ページ。）

つまり中国では、毀誉褒貶《きよほうへん》はあったものの、孔子は昔から人々の尊崇《そんすう》の的《まと》であったのである。毛沢東は「文化大革命」の中で孔子を否定する運動（批林批孔《ひりんひこう》）を進めたが、それは、屈折《くっせつ》した歴史のほんの一時期のことで、現在の中国共産党も孔子を聖人として認め、世界のあちらこちらに「孔子学院」なるものを作っているのだ。（ただし、「孔子学院」は、孔子をだしにしたスパイ組織だとの指摘《してき》もあり、少なからずトラブルが生じている）。

さすれば、日本人識者が称揚《しょうよう》する「人倫徳目」としての『論語』に沿《そ》うような国柄や国民性が中国では当然の如く築かれてきたかと言えばさにあらず、事実はその真逆《まぎゃく》のように見える。中国は、昔も今も『論語』で語られている「仁」「恕」「礼」「信」など、人間としての品位からかけ離れた国であり続けているように見えるのだ。これは一体どうしたことか。私が日本の様々な識者の『論語』論を読んだり聞いたりしてきた限りでは、その殆《ほとん》どが、『論語』を「人倫徳目」として称揚《しょうよう》するばかりで、中国や朝鮮半島の国が繰り返している人倫違反《じんりんいはん》の行跡《ぎょうせき》については考察《こうさつ》を避《さ》けているように思われてならない。『論語』を「人倫徳目」だと言うのであれば、それに違背《いはい》するかの国々の現実の姿をその観点から分析《ぶんせき》し、なぜそうなっているのかについて考えを明確にすべきではないか。

識者の中には、僅《わず》かに『論語』に照らして中国の行ないの誤りを指摘している例も見られるが、それは、あくまでも『論語』を「人倫徳目」とし、その観点から中国を批判しているものである。つまり、『論語』は正しいが中国の行ないは間違っているという趣旨のものなのだ。これでは、問題の本質を衝《つ》いているとは言えないのではないか。

私は、思考の視点を変える必要があると思っている。それは、同じ『論語』でも、日本人と中国人・朝鮮半島の人々とは、その読み方（捉《とら》え方《かた》）が違うのではないかという視点である。

もう少し積極的に言えば、中国や韓国の行ないを『論語』の「人倫徳目」に反するとして批判する視点ではなく、『論語』（儒学―儒教）そのものは中国の国柄《くにがら》を反映したものであり、それを踏まえてその通りに実行しているからこそ中国や韓国はこうなっているのではないかという視点である。

石平氏はご著書『なぜ論語は「善」なのに儒教は「悪」なのか』の中で、日本に来て初めて『論語』に頻回《ひんかい》に出て来る「礼」に出逢《であ》ったことを熱く語り、「日本に来るまでは『礼』の具体的な形、『礼』とは何かをこの目で見たことは一度もなかった。」と述懐《じゅっかい》しておられる。（34ページ）。石平氏のこの指摘からも、私は思考の「視点を変える」ことの必要性を改めて強く感じている。

これまで私は、恥ずかしながら『論語』全文を読み通したことがなかった。一部を断片《だんぺん》的に読んだり聞いたりして知っていただけである。

この度『論語』と中国・朝鮮半島の国々の実相《じっそう》との問題を視点を変えて思考するに当たって、私は、新たに関連本を買い求めた。岩波文庫『論語』（金谷治著）とちくま新書『現代語訳 論語』（齋藤孝著）の二冊である。

この二冊を底本として『論語』を始めから終わりまで徹底的に読み通し、現代語訳を吟《ぎん》味《み》するとともに、日本と儒教国（中国・朝鮮半島）で『論語』の読み方や解釈がどのように異なるかについて考えてみることにした。

本文の**【現代語訳】**は、底本などを比較参照しながら、私なりに解釈して現代語に訳したものである。専門家から見ればおかしなところもあるかも知れないが、当たらずと雖《いえど》も遠からずの訳《やく》になったのではないかと自負《じふ》している。

岩波文庫『論語』の原文に出て来る旧字体の漢字の中には、私のパソコンでは打ち出せないものが幾つかあった。その場合は新字体を用いたが、どうしても打ち出せない場合には、偏《へん》や旁《つくり》で漢字の説明をつけた。

また、岩波文庫『論語』の読み下し文は、私なりの解釈を交えて幾つかを整理し、送りがなの一部を現代風に改めた。必要に応じて漢字に新たにふりがなをつけた。

一章ごとに**【私の見解】**を付けた。この「見解」こそが、問題意識に沿った私の考え方であり、本書の肝《きも》である。なお、歴史上の人物については、一部を除いて基本的に敬称敬語を省略させていただいた。

本書は、学術論文ではないので、学問的にはほとんど価値がない。門外漢《もんがいかん》が自由気ままに『論語』を解釈し、個人的な見解を述べたものに過ぎない。ご了解をお願いしたい。

令和4年　師走の寒風が窓を叩く日に

山内勇吉

☆　☆　☆　☆　☆

本書では、東アジア中原《ちゅうげん》に広がる国を「中国」と表記しているが、本当は、アメリカなど多くの国が昔も今も「チャイナ」などと呼んでいるように、全ての時代を通して「シナ」と表記したいところだ。先の大戦の終わりまでわが国は「中国」をそう呼んでいた。

そもそも「中国」という呼称は、漢民族の「中華思想」に由来するもので、彼らが自分たちの国こそが世界の中心であることを尊大《そんだい》に誇《ほこ》るために付けた自賛《じさん》の美称《びしょう》である。そのような謂《いわ》れのある国名を私は使いたくない。しかし、わが国では「中国」という呼び方が定着している現実があるので、やむを得ず使うことにした。

目次

巻第四

論語　巻第一

學而《がくじ》第一

一　子曰、學而時習之、不亦説乎、有朋自遠方來、不亦樂乎、人不知而不慍、不亦君子乎、

子曰《しのたま》わく、学《まな》びて時《とき》にこれを習《なら》う、亦《ま》た説《よろこ》ばしからずや。朋遠方《ともえんぽう》より来《き》たる有《あ》り、亦《ま》た楽《たの》しからずや。人知《ひとし》らずして慍《うら》みず、亦《ま》た君子《くんし》ならずや。

※　金谷氏は読み下し文に関して、「朋《とも》あり……――後藤点の読みかた。『朋遠方より来たる有り。』と読む方が古い（古点、道春点）。また陸徳明の『経典釈文』に別本では『有』の字が『友』とあるとみえるのによって、『有朋』を『朋友』と同じに読む説もある。　慍《うら》みず――怨の意味に読むのは鄭玄《ていげん》の注（以下、鄭注という）。怒と読むのは集解《しっかい》（以下、古注という）で、それに従えば、『いきどおらず』。」と付記しておられる。

【現代語訳】

先生は次のように言われた。

「学んで適当な時期に復習する、実に心嬉しいことだ。友達が遠い所からやって来てくれる、実に楽しいことだ。人が分かってくれなくても腹を立てない、それでこそ君子だ。」

※　金谷氏は訳文に関して、「先生――『子』は男子の美称、また通称。以下ほとんど孔子をさす。　友だち――学習向上の結果として得られた同志の友。　君子――徳《とく》の修得にはげむ人。また徳のでき上った人。ここでは後の意味。なお在位者をいうときもある。この章は、孔子の体験にてらして道を学ぶ者の望ましいあり方をのべた。」と付記しておられる。

【私の見解】

さて、ここで孔子が言っていることは、特別のことではない。誰にとってもごく当たり前のことに過ぎないように私には思えるのだが、孔子は、最後に「**不亦君子乎**、（亦《ま》た君子《くんし》ならずや。）」と念押ししている。これには一体どんな意味が含まれているのか。『広辞苑』によれば、「君子」とは、身分の高い人、人格が立派な人、徳の高い品位の備わった人、品位の高い人、人格者、などの意味があるという。金谷氏の付記には、「徳《とく》の修得にはげむ人。また徳のでき上がった人。ここでは後の意味。なお在位者をいうときもある。」とある。（「君子」を日本語で説明することに、私は異議がある。その理由については追々《おいおい》述べる)。

孔子は、ごく普通の人とは違う特別な人の特性として、この章の言葉を述べているようにここは読める。誰にとってもごく普通のことを、「君子」の特性であるように述べる必要などさらさらないように思われるが、孔子は敢えて「**不亦君子乎**」（亦《ま》た君子《くんし》ならずや。）と言っている。

『論語』の他の語録にも頻回《ひんかい》に見られるように、孔子は、人間を「君子」と「小人《しょうじん》」にパターン化する。これは、孔子が生きた二千数百年前の人間観を反映したものであろうが、日本にはそれに相当する言葉（文化）がなく、私はとても異様に感じている。

中国や朝鮮半島では、孔子のこの人間観が現在に至るも浸透《しんとう》していることが、日常の振る舞いから見て取れる。日本（日本人）を見下し、口汚《くちぎたな》く罵倒《ばとう》し、領土を侵犯しても平然としていられるのは、その現れの一端ではないだろうか。

中国は、今でも日本のことを「小日本」と侮蔑語《ぶべつご》で呼んで恥じないし、韓国も日本人を「猪足《チョッパリ》」「日本奴《イルボンノム》」などというおぞましい言葉で蔑《さげす》んで悦《えつ》に入《い》っているのだ。

ところで余談だが、古来日本では、孔子の言葉を引用する時には「曰《のたま》わく」と言い、他の人たちの言葉を引くときには少しの例外を除いて「曰《い》わく」という言い方をして区別している。孔子の言うことは何でも正しいという信仰が根底にあってのことだとすると、これは、実相《じっそう》を見る目を曇《くも》らせるものではないかと私は思う。（とはいえ、孔子の言葉か他の人の言葉かを区別するのには便利であるので、ただそれだけの理由で、本書でもやむを得ず孔子の言葉は「曰《のたま》わく」と表記することにした）。

二　有子曰、其爲人也、孝弟而好犯上者、鮮矣、不好犯上而好作亂者、未之有也、君子務本、本立而道生、孝弟也者、其爲仁之本與、

有子《ゆうし》曰《い》わく、其《そ》の人《ひと》と為《な》りや、孝弟《こうてい》にして上《かみ》を犯《おか》すを好《この》む者《もの》鮮《すく》なし。上《かみ》を犯《おか》すを好《この》まずして乱《らん》を作《な》すを好《この》む者《もの》、未《いま》だこれ有《あ》らざるなり。君子《くんし》本《もと》を務《つと》む。本《もと》立《た》ちて道《みち》生《しょう》ず。孝《こう》弟《てい》なる者《もの》、其《そ》れ仁《じん》の本《もと》たるか。

※　金谷氏は読み下し文に関して、「孝弟――皇侃義疏《おうかんぎそ》本（以下、皇本という）と清原家本（以下、清本という）では『孝悌』。『弟』と『悌』は通用。以下みなここと同じく唐石経に従って注記しない。仁《じん》の本《もと》たるか――清本では『為』の字がない。朱子の新注では『仁を為《おこ》なうの本か。』とよむ。」と付記しておられる。

【現代語訳】

〔先生の門人の〕有子《ゆうし》が次のように言った。

「孝《こう》（父母を大切にすること）と弟《てい》（兄や年長者によく従うこと）がよくできている者で目上の人に逆らうことを好む者は少ない。目上の人に逆らうことを好まない者で乱を起こす者は、今までいなかった。君子は物事の本質（根本）に基づいて立《た》ち居《い》振《ふ》る舞《ま》うものだ。物事の本質（根本）がしっかりしていれば、道理というものが生じる。孝と弟の二つを備えた者こそが、仁（慈《いつく》しみと思いやり・人としてのあるべき生き方）の本《もと》であろう。」

※　金谷氏は訳文に関して、「有子――孔子の門人。姓は有《ゆう》、名は若《じゃく》。孔子より四十三歳わかい。容貌が孔子に似ていたので、孔子の死後、学団の中心に立てようとする企てがあった。孝行悌順――孝は父母によく仕えること、悌は兄や年長者によく仕えること。仁徳――仁は孔子のとなえた最高の徳目。人間の自然な愛情にもとづいたまごころの徳である。」と付記しておられる。

【私の見解】

さて、『論語』は、基本的に孔子の言葉を弟子たちが記録し伝承《でんしょう》したものだと言われているが、孔子以外の人（門人など）の言葉もたくさん収録されている。この章の「**有子曰、**……」もその一つである。

『論語』には、それが収録された当時の人間観や社会観を表す語彙《ごい》がたくさん出てくる。「孝」や「弟」や「仁」もそうした類《たぐい》の語彙《ごい》だ。ここでは、「父母によく仕え、兄や年長者によく仕える者は目上に逆らわず乱を起こすことはない」と言い、それが、「君子」という者であり、「道理を弁《わきま》えた者」だと言って、「仁」の本《もと》だと言っているが、この考え方は、まさしく二千数百年前の孔子が生きた時代の人間観であり社会観（あるいは時代観）であると言えるだろう。

父母を大切にすることや、兄や年長者の言うことに謙虚《けんきょ》に耳を傾けることは、現代にも通じる教養であろうが、それが「目上の人に逆らうことを好まない」こととか「乱を起こさない」ことの根本だというのはいかがなものだろう。ましてや、それが「君子」の素養《そよう》であり「仁」の本《もと》であるかのように言うのは、今日の価値観から言えば大いに観点が狂っていると言えるのではないか。少なくとも、民主主義である現代の日本のような社会には当てはまらないように私は思う。

だが、中国の現実を見ると、ここで述べられていることも宜《むべ》なるかなと思える部分がある。中国では、組織や国に逆らうことは許されず、正当な要求さえもことごとく封殺《ふうさつ》されてしまう現実があるのだ。

今日《きょう》（令和3年10月19日）の新聞報道によると、中国で新型コロナワクチンの接種《せっしゅ》を受けた12歳の子どもが2日後に高熱を発して死亡したが、その死亡原因を明らかにして欲しいと訴えた親の身柄《みがら》が、当局によって拘束《こうそく》されたという。これが中国の実相《じっそう》なのである。ことほどさように、政府への反発や要求は封殺《ふうさつ》されるのが中国という国なのだ。親や目上の人には絶対服従《ぜったいふくじゅう》を通すことが求められ、政府や国に逆らうことは絶対悪《ぜったいあく》とされているが、これは、まさに「**有子曰**」の価値観が、中国では今でも厳然《げんぜん》と生きていることを示しているのではないか。『論語』を「人倫徳目」として称揚《しょうよう》する人たちは、この状況をどう受け止めているのだろうか。

三　子曰、巧言令色、鮮矣仁、

子曰《しのたま》わく、巧言令色《こうげんれいしょく》、鮮《すく》なし仁《じん》。

【現代語訳】

先生は次のように言われた。

「口《くち》が巧《うま》くて表情を飾《かざ》る者には仁徳《じんとく》は少ない。」

※　金谷氏は訳文に関して、「子路篇＝剛毅木訥《ごうきぼくとつ》、仁に近し。」などと付記しておられる。

【私の見解】

さて、これは、余りにも有名な言葉である。わが国でこの言葉を耳にしたことのない人は殆《ほと》んどいないのではないか。

口先ばかりが巧《うま》くて実《じつ》の乏《とぼ》しい人間は信用されない。この点では、「**巧言令色、鮮矣仁**」は、昔も今も日本では文字通り通用すると言ってよい。

しかし、中国や韓国では果たしてどうか。かの国々では、実《じつ》の伴《ともな》わないことを言葉巧《ことばたく》みに、しかも声高に言い募《つの》っているのが日常であり、そのことが人間として恥ずかしいことだという自覚がまるで見られない。

例えば、中国は、「南京大虐殺」に象徴されるように、いくつもの史実をねじ曲げて日本に悪態をつくのが常態化している。韓国は、「従軍慰安婦」など数々の嘘で日本を貶めて来た。数年前には、日本の海上自衛隊のP―1哨戒機に対して火器管制レーダーを照射したにも拘《かか》わらず、日本のでっち上げだとか日本に攻撃の意図があったなどといった批難《ひなん》を浴びせ返してきた。

彼らの主張は、ある意味で「**巧言令色**」の範疇《はんちゅう》に含まれるものであり、「**鮮矣仁**」を体現しているものだと私は思うが、彼らにはそのような自覚はない。自分たちの主張を「**巧言令色**」だとは毛の先ほども自覚していないのである。嘘であろうと何であろうと、自分たちの都合のよいように、そして、相手（日本）の都合の悪いように言葉巧《ことばたく》みに攻撃をしかける、それこそが、彼らの正義なのだ。誤りを認めて、「ごめんなさい。あれは嘘っぱちでした」と嘘をついていたことを認めることこそが彼らにとっては「**巧言令色**」（口先だけで巧みに取り繕《つくろ》っていること）であり、正直に謝ることこそが「**鮮矣仁**」と批難《ひなん》されることなのであろう。そう理解しなければ、彼らの言っていることとやしていることは、私たち日本人にはとても説明がつかない。つまり中国や韓国は、「**巧言令色、鮮矣仁**」という孔子の教えを、彼らなりに忠実に実行しているのである。その結果が、あの事実と違うことを声高に主張して恥じない姿となって現れているのだと私は思う。

『論語』を文字通り素直に受けとめて、それを自らの姿勢を正す指針にする日本人と、自分の都合に合わせて解釈して身勝手を貫《つらぬ》く中国人・韓国人の違いは大きいと言わなければならない。「**巧言令色、鮮矣仁**」一つを取ってみても、『論語』の読み方（捉え方）が日本人と彼らとは基本的に異なっていることがよく分かろうというものではないか。

四　**曾子曰、吾日三省吾身、爲人謀而不忠乎、與朋友交言而不信乎、傳不習乎、**

曾子《そうし》曰《い》わく、吾《わ》れ、日《ひ》に我《わ》が身《み》を三省《さんせい》す。人《ひと》のために謀《はか》るは不忠《ふちゅう》なるか、朋友《ほうゆう》と言葉《ことば》を交《か》わすは不信《ふしん》なるか。習《なら》わざるを伝《つた》うるか。

※　金谷氏は読み下し文に関して、「三たび……省る――新注では、『以下の三つのことについて反省する。』と解して、『三つ……省る。』と読む。習わざるを……――古注による。新注では『伝えられたことをおさらいもしないでいるか。』の意味に解している。『伝えて習わざるか。』（後藤点）、『伝わりて習わざるか。』（道春点）などと読まれる。」と付記しておられる。

【現代語訳】

〔先生の門人の〕曾子《そうし》は次のように言った。

「私は毎日、自分のことで三つのことについて反省する。人のために誠心誠意《せいしんせいい》あれこれと思案しただろうか、友達と誠実に言葉を交《か》わしただろうか、よく分からぬ事を分かっているかのように人に話したのではないか、この三つである。」

※　金谷氏は訳文に関して、「曾子――孔子の門人。姓は曾、名は参《しん》、あざ名は子輿《しよ》。孔子より四十六歳も若かったが、後世への伝承にとって重要な人物。『孝経』の著者と伝えられ、また『曾子』という書物もあった。『論語』中の門人で必ず『子』をつけてよばれるのは、曾子だけ。有子と冉子《ぜんし》と閔子《びんし》とは、あざ名でもよばれる。」と付記。

【私の見解】

さて、「**吾日三省吾身**」（吾《わ》れ、日《ひ》に我《わ》が身《み》を三省《さんせい》す。）は曾子の言葉である。この言葉も、わが国ではよく知られている。

素直にそのままを読めば、何の違和感《いわかん》もなく私は受け止めることができる。毎日、ここに挙げてある三つのことをしっかりと反省する人であれば、日本では誰からも信頼されるであろうし、尊敬もされるであろうと思う。

『論語』を信奉《しんぽう》する日本人の多くは、恐らく私と同様の感想だろうと思うが、『論語』の本家本元である中国や儒教の影響を強く受けている韓国の人たちはどうだろう。これを私たちと同じ気持ちで素直に読んでいるだろうか。私にはとてもそうは思えない。

日本には、「騙《だま》すよりも騙されよ」とか「騙されたと思ってやってみなさい」あるいは「嘘《うそ》だと思って試してごらん」といった言葉があるが、これは、自分の「心」という鏡に照らして嘘偽《うそいつわ》りはないかを常に自らに問いかけ、身《み》を律《りつ》することを善《よ》しとする精神文化が長い歴史の中で培《つちか》われて、私たち日本人の心に根付いているからこそ、成立する言葉なのだ。

同じことを中国や韓国の人たちに言ったとしたらどうだろう。かの国々では「騙す方よりも騙される方が悪い」のであり、「騙されたと思ってやってみる」ことなど愚《ぐ》の骨頂《こっちょう》だと指弾《しだん》されるのが落ちである。「嘘だと思って試す」ことなど、相互信頼の関係が成り立っていない彼らには言葉そのものが成り立たず、理解不能であろう。

さて、件《くだん》の「吾日三省吾身」である。「爲人謀而不忠乎」（人《ひと》のために謀《はか》るは不忠《ふちゅう》なるか。）は、日本人であれば、文字通り人のことを誠心誠意思いやったかどうかを反省するというふうに受け止めるだろうし、そこにはそれ以外の邪念《じゃねん》は入り込む余地がない。ところが、中国人や韓国人の場合は、「騙《だま》されてはいないか」とか「うまく騙してやったかな」といった邪念《じゃねん》がこの「爲人謀而不忠乎」の中には渦巻《うずま》いているのではないか。それが彼らの受けとめる「爲人謀而不忠乎」だと言えば言い過ぎであろうか。

「與朋友交言而不信乎」（朋友《ほうゆう》と言葉《ことば》を交《か》わすは不信《ふしん》なるか。）にしてもそうである。日本人は、友だちと腹を割って話をしたかどうかを素直に反省するという意味でこれを受けとめるのが普通だと私は思う。しかし、「如何《いか》にだまされないようにするか」とか「人を騙してでもわが利《り》を図《はか》る」ということが常に念頭にある中国人や韓国人たちは、素直にそのようには受け止められず、やはり「與朋友交言而不信乎」でも邪念から解《と》き放《はな》たれることはないのではないか。

そして、「傳不習乎」（習《なら》わざるを伝《つた》うるか。）である。日本では、知ったかぶりをして博識ぶる人は信用されないが、中国や韓国ではどうだろう。「声高に言った者勝《もんが》ち」みたいな粗雑《そざつ》な文化が根付いてはいないだろうか。

たとえば、歴史問題にしても、彼らは史実かどうかはそっちのけで、自分たちの都合のよい「史実」を作り上げて声高に何度も何度もそれを叫ぶのが得意である。知ったかぶりを通り越して、知ってもいないことを知っているかのような確信をもって押しまくる、それが彼らの常套手段《じょうとうしゅだん》なのだ。中国が尖閣諸島は古くから中国のものだとか韓国が独島《どくと》（竹島のこと）は韓国固有の領土といった嘘を言い続けていることを想起《そうき》すれば、もはや多言《たげん》を要しないであろう。「**傳不習乎**」は、彼らにとっては「もっと言え」という嘘八百を推奨《すいしょう》する倒錯《とうさく》した励ましの言葉になっているのかも知れない。

五　子曰、道千乘之國、敬事而信、節用而愛人、使民以時、

子曰《しのたま》わく、千乘《せんじょう》の国《くに》を道《みち》びくに、事《こと》を敬《けい》して信《しん》、用《よう》を節《せっ》して人《ひと》を愛《あい》し、民《たみ》を使《つか》うに時《とき》を以《もっ》てす。

※金谷氏は読み下し文に関して、「道びく――皇本・清本では『導』。両字は通用。以下みな唐石経に従って注記しない。」と付記しておられる。

【現代語訳】

先生は次のように言われた。

「諸侯の国を治めるには、事業を大切にして信義を守り、費用を節約して民を慈《いっく》しみ、民を使うときは適当な時節を選ぶことが肝要《かんよう》だ。」

※　金谷氏は訳文に関して、「諸侯の国――『千乗の国』とは周王朝のさだめで戦時に戦車千台を出すことのできる国、すなわち諸侯の国のこと。天子は万乗。　適当な時節――主として農民を対象にして農繁期をさけること。」と付記しておられる。

【私の見解】

さて、これは、政治のあり方を述べたものである。政治を行うとき、政府が国にとって必要な事業を大切にしなければならないことは当然のことである。

わが国にとって必要な事業はたくさんあるが、私はその中で根幹《こんかん》をなすものとして、防衛・外交・教育・経済・福祉を挙げたい。どれをとっても、常に国民を大切にすることを念頭に置き、信義に基づいて施行《しこう》されるべきものである。

費用対効果《ひようたいこうか》を図《はか》り、税の無駄遣《むだづか》いを抑《おさ》えて、国民を慈《いっく》しむ心でこれらの事業は進められるべきものである。

事業を遂行《すいこう》するに当たっては、人材が適材適所《てきざいてきしょ》に配置され活《い》かされることが基本である。これは、今日の日本のような民主主義国では言わずもがなのことであり、政治の基本である。

だから、「道千乗之國、敬事而信、節用而愛人、使民以時」（千乗《せんじょう》の国《くに》を道《みち》びくに、事《こと》を敬《けい》して信《しん》、用《よう》を節《せっ》して人《ひと》を愛《あい》し、民《たみ》を使《つか》うに時《とき》を以《もっ》てす。）は、今の感覚で言えば、何も特別なことを言っているわけではない。

だが、言わずもがなのことを、孔子がこのようにわざわざ言ったということは、孔子が生きていた時代（春秋時代）には、そう言わざるを得ない政治状況があったことを意味している。国の事業をなおざりにし、信義を守らず、国民をほったらかしにして無駄遣《むだづか》いをし、君主の都合で時をかまわず恣意的《しいてき》に民を働かせていたという現実があったのであろう。

孔子の死後数百年で中国は七つの大国（燕・斉・楚・韓・魏・趙・秦）が覇《は》を争う戦国時代に入るが、その時代は、中国伝統の「法家思想《ほうかしそう》」が蔓延《はびこ》っていたようだ。法家思想とは、民は法律でがんじがらめにしなければ国は治まらぬとするものであり、君主が厳しい法律で民を制御《せいぎょ》することを正当化するものだった。

中国を最初に中央集権の帝国として統一したのは秦《しん》の始皇帝《しこうてい》である。皇帝以外は全て奴《ど》隷扱《れいあつか》いで、民を押さえつけて皇帝の好きなように政治を行う厳然《げんぜん》たる独裁体制が確立されたのであった。だが、このような体制が長く続くはずもなく、秦王朝は成立後わずか15年で項羽《こうう》と劉邦《りゅうほう》によって滅ぼされた。

やがて、劉邦は項羽を制覇《せいは》して前漢王朝を打ち立てた。この王朝では、法律で民を縛《しば》り上げる法家思想は影《かげ》を潜《ひそ》めたが、孔子の流れを汲《く》む孟子《もうし》と荀子《じゅんし》によって提唱《ていしょう》された儒学思想（後に儒教となる）が影響力を持ったかと言えばそうではない。劉邦は無類の儒者《じゅしゃ》嫌いで儒学は軽蔑《けいべつ》すべき以外のなにものでもなく、彼は、老子と荘子の道家思想を政治の基本にしたという。道家思想とは、人為的な手を加えず、自然の成り行きに任せる、いわば「無為《むい》」を善《よ》しとするものだった。

だが、「無為」では皇帝としての威厳《いげん》も政治の道筋《みちすじ》も定まらないのは明らかであり、劉邦の政治はたちまち行《ゆ》き詰《づ》まった。そこで、劉邦は、朝廷百官《ちょうていひゃっかん》の礼式を重んじざるを得なくなり、儒者の知恵を取り入れて礼式の確立と強化を行なわざるを得なくなったのだという。（この部分は、石平氏の『なぜ論語は「善」なのに、儒教は「悪」なのか』の知見から多大な示唆を得た）。

かくして、儒者が政治に口出しすることが定着し、やがて儒学を元にした儒教が中国の国教と化したのである。これが、その後の中国という国の品位を決定づけることになったと言えるのではないか。

儒教は、孔子の流れを汲む孟子《もうし》や荀子《じゅんし》によって確立されたものであり、いわば儒学から自生したものとしての性質を備えていた。その中身は、実質的に民の福祉に目を向けるよりも、寧《むし》ろ中央集権の体制を維持《いじ》しようとするものだった。つまり、皇帝の絶大なる地位を思想の側面から支える政治理念としての役割を儒教が果たすことになったのである。石平氏が「論語は『善』なのに儒教は『悪』」と言うのにはこのような背景があるようだ。

前漢王朝は、良くも悪くもいわば当時の下層民（農民の無頼漢《ぶらいかん》）の劉邦《りゅうほう》によって築かれたものであり、皇帝による中央集権という独裁を権威づけるために、儒教は必然的《ひつぜんてき》にそのような役割を担《にな》うことになった。その背景に素地《そじ》として伝統的な法家思想が依然《いぜん》として息づいていたことも容易に想像できる。

ともあれ、以後中国は、王朝の興亡《こうぼう》や分裂《ぶんれつ》などを繰り返しながら、いわば中央集権の独裁を支える儒教の影響下に置かれることになる。儒教は、儒学の天命思想を元にして天敬（全ては天の意思で定まるとする考え方）の思想をあみだし、王朝の興亡や分裂までも、「易姓革命《えきせいかくめい》」（革命は天命によるとする）という独特の理論で説明する。こうして儒教は、その時々の政治権力に巧《たく》みに食い込み、影響力を及ぼし続けたのだ。

やっかいなことに、このような経緯《けいい》で儒教は政治に影響を及ぼすことになったため、『論語』と「儒教」は何ら矛盾することなく中国人の意識の中に一般意志として定着してしまったようだ。

仏教や道教の影響が広がり、儒教の影が薄くなった時代もあったものの、儒教は皇帝の権威を正統づける本来の役割を維持しつつ少しずつ変容《へんよう》しながらしぶとく人々の心に沈殿《ちんでん》し、日本に於ける「和」の意識のように、中国人の意識の伏流水《ふくりゅうすい》となって今も生き続けていると考えられる。

日本人は、『論語』を日本人の感性で素直に受け止め、「人倫徳目」としてそれを行動の指針として活《い》かしてきたが、中国人は、『論語』を儒教というフィルターを通して受け止め、理解している。だから、同じ『論語』でも、中国人の受け止め方は私たち日本人の受け止め方とは全く異なっていると考えて良さそうである。

「**道千乗之國、敬事而信、節用而愛人、使民以時**」は、民主主義の日本人にとっては言わずもがなのことだが、中国人にとっても、全く違った意味で言わずもがなのことなのであろう。彼らは、これを中央集権の政治体制を維持する儒教の観点から捉えて理解しており、私たち日本人とはまるで違った価値観がそこには働いているように思われる。

六　子曰、弟子入則孝、出則弟、謹而信、汎愛衆而親仁、行有餘力、則以學文、

子曰《しのたま》わく、弟子《ていし》、入《い》りては則《すなわ》ち孝《こう》、出《い》でては則《すなわ》ち弟《てい》、謹《つつし》みて信《しん》あり、汎《ひろ》く衆《しゅう》を愛《あい》して仁《じん》に親《した》しみ、行《おこ》ないて余力《よりょく》あれば、則《すなわ》ち以《もっ》て文《ぶん》を学《まな》ぶ。

【現代語訳】

先生は次のように言われた。

「若者たちよ、家の中では〔親に〕孝行し、外では年長者に仕え、慎んで誠実に振る舞い、広く人々を愛し、仁徳のある人に親しみ、さらに余力があれば書物を学びなさい。」

※　金谷氏は訳文に関して、「若もの――『弟子《ていし》』は弟たり子たる年少者の意味。書物――『文』は書かれたもの。ここでは『詩経《しきょう》』『書経《しょきょう》』などの古典。」と付記しておられる。

【私の見解】

さて、日本に於いては、この孔子の言葉は、今日の感覚で読んでもとりたてて刺激《しげき》のあるものではない。ストンと胸に落ちる。親に孝行することは、人のあり方としては当然のことであるし、年長者に仕えることも普通の場合はことさら問題をはらんではいない。誠実に振る舞うことも、広く人々を愛することも、人のあり方として当然のことである。仁

徳のある人（人柄が立派で高い教養をそなえている人）に親しむことは有益だし、書物を学ぶことも薦《すす》められるべきものである。

だが、これも中国や韓国のような儒教の国では、私たち日本人の受け止め方とは基本的に異なることを知らなければならない。

後でも触れるが、儒教の国では親が悪いことをしてもそれを子が暴《あば》くことは親不孝とされる。年長者についても同様で、年長者が悪いことをしても逆らうことは基本的に許されない。誠実に振る舞うと言っても、誠実の中身が問題だし、広く人々を愛するといっても、それは種族内の利益に叛《そむ》かない範囲に止《とど》まるのだ。「仁徳」といっても、儒教の国では政権の維持に役立つ徳であることが求められる。書物を学ぶといっても、自由には学べない。中国では昔も今も政府にとって有害と思われる書物は読むことが許されない。

あの秦の始皇帝が行なった焚書坑儒《ふんしょこうじゅ》（焚書は書物を焼き払うこと、坑儒は儒者を生き埋めにして殺すこと。ただし、坑儒の定義については異論を唱えている学者もいる。）はあまりにも有名であるし、今の中国でも、事情は基本的に変わらない。学生でさえ学問の自由も読書の自由もないのである。

だから、日本ではとり立てて刺激《しげき》のないこの章の言葉も、中国では常に一定の刺激と緊張感《きんちょうかん》をもって受け止められることになるのだ、と私は思う。

七　子夏曰、賢賢易色、事父母能竭其力、事君能致其身、與朋友交、言而有信、雖曰未學、吾必謂之學矣、

子夏曰《しかい》わく、賢《けん》を賢《けん》として色《いろ》に易《か》え、父母《ふぼ》に事《つか》えてよく其《そ》の力《ちから》を竭《つく》し、君《きみ》に事《つか》えて能《よ》くその身《み》を致《いた》し、朋友《ほうゆう》と交《まじ》わるに言《い》いて信《しん》あらば、未《いま》だ学《まな》ばずと曰《い》うと雖《いえ》ども、吾《わ》れは必《かなら》ずこれを学《まな》びたりと謂《い》わん。

※　金谷氏は読み下し文に関して、「色に易え——『色を易え』と読んで、賢人にあったときに緊張して顔色を改めるとする説（伊藤仁斎・荻生徂徠）、『色をあなどり』と読む説（顔師古）、などがあり、王念孫は『易』は『如』と同じで、子罕《しかん》篇の『徳を好むこと色を好むが如し。』と同意だという。『色の易《ごと》くし』となる。今それに従う。」などと付記しておられる。

【現代語訳】

子夏は次のように言った。

「色恋《いろこい》よりも賢人を尊敬し、父母に精一杯仕えて力を尽くし、主君には身を捧《ささ》げてお仕えし、友達とは約束を守って交わる。そのような人であれば、学問が未熟であるといっても、私はきっと学問をした人だと評価する。」

※　金谷氏は訳文に関して、「子夏――孔子の門人。姓は卜《ぼく》、名は商、子夏はあざ名。孔子より四十四歳わかい。『文学には子游《しゆう》と子夏《しか》。』といわれる。」などと付記しておられる。

【私の見解】

さて、この子夏《しか》の言葉は、当時の時代を背景にしたものであることをことさら意識して読む必要がある。「色恋に惑わされず賢人を尊敬する」ことと「友達と約束を守って交わる」ことは今日でもそのまま通用するが、「主君に身を捧げてお仕えする」は今日の民主主義の日本では通用しない。「父母に精一杯仕えて力を尽くす」は、先にも触れたように、同じ字《じ》面《づら》でも日本と中国では中身が異なる。

このことを踏まえた上での話だが、子夏が、学問そのものが未熟でも、学問をした人に匹敵《ひってき》する要件を備えることの大切さについて述べているとすれば、これは、今日的に言えば、たとえ学歴に恵まれなくても、人生に真面目に取り組み、自分の為すべきことをきっちりと行なって、世の中のために役立っている人であれば、評価すべきであるということではないか。

このように解釈すれば、この子夏《しか》の言葉を私は素直に受け入れることができるが、儒教の国ではどうか。中国の現状を見れば、そう単純には行かないようだ。

政界のみならず民間でも、汚職《おしょく》まみれの金まみれであることが報道などから窺《うかが》い知れる。嘘は平気、約束などあっても無いが如くの体たらくである。とても子夏が言うような人間評価は成立しそうにない。しかし、中国ではそれが常態《じょうたい》なのであり、儒教に適《かな》った姿なのだと理解すれば、なるほどと首肯《しゅこう》する他はない。

ところで、私は「**賢賢易色**」を「色恋《いろこい》よりも賢人を尊敬し」と訳したが、「女性の色香よりも賢人を尊敬し」と訳した方が、子夏《しか》の真意や中国の実情に合っているかも知れない。

八　**子曰、君子不重則不威、學則不固、主忠信、無友不如己者、過則勿憚改、**

子曰《しのたま》わく、君子《くんし》、重《おも》からざれば則《すなわ》ち威《い》あらず、学《まな》べば則《すなわ》ち固《こ》ならず。忠信《ちゅうしん》を主《しゅ》とし、己《おの》れに如《し》かざる者《もの》を友《とも》とするなかれ。過《あやま》てば則《すなわ》ち改《あらた》むるに憚《はばか》ること勿《な》かれ。

【現代語訳】

先生は次のように言われた。

「君子は、重々しくなければ威厳《いげん》がない。学問すれば頑固《がんこ》でなくなる。忠と信を第一にして、自分よりも劣っている者を友としてはならない。間違いに気づいたら躊躇《ちゅうちょ》することなく改めなさい。」

※　金谷氏は訳文に関して、「忠と信――誠実の徳。忠は内的良心、信はその発露としてのうそをつかない徳。」と付記しておられる。

【私の見解】

さて、これは、「君子」のあり方について述べたものだと解釈できる。

一口に「君子」と言っても、日本ではその概念が曖昧模糊《あいまいもこ》としており、どこに焦点を当てて考えれば良いか、よく分からないが、概要としては、

君子は威風堂々と構え、学問を積んで物事に柔軟に対応し、まことを貫くことを第一として、自分よりも劣っている者を友とせず、自分の誤りに気づいたら躊躇《ためら》わずに改めよ。

と言っているように読める。

ところで、「君子」が友とするのは、自分よりも優れた者でなければならないとなると、その「友」から見れば「君子」は自分よりも劣っている者ということになり、「友」は「自分よりも劣っている者を友とするな」に叛《そむ》いていることになる。つまり、「無友不如己者」

は尊大な自己矛盾《じこむじゅん》ないしは自家撞着《じかどうちゃく》だと私は思うが、どうであろうか。
石平氏は、『なぜ論語は「善」なのに、儒教は「悪」なのか』の中で、

……友だち選びに関して孔子が一貫して強調しているのは、要するに自分よりも劣った人間を友だちにしてはいけない、ということである。（234ページ）。

と書いたあとで、次のように続けておられる。少し長いが、「**無友不如己者**」（己《おの》れに如《し》かざる者《もの》を友《とも》とするなかれ。）を考える上で大切なポイントであるので、引いてみる。

このような友の選び方は狭いといえば狭いし、自己本位といえば見事に自己本位である。したがって、われわれとしては孔子のいう「無友不如己者」の意味をむしろ、「できるだけ自分よりもどこかの点で優れている人を友人に選んだほうが良い」と理解すべきであろう。

それは、「なんでもかんでも自分よりすぐれている人を友人に選べ」という意味合いではない。というのも、自分より何でもかんでも優れている人が、同じ孔子の「無友不如己者」に従って友を選ぶのであれば、逆に言えば、そもそもこの自分を友だちにするこ

とは、まずないからである。

こうして見るとわれわれが孔子の「**無友不如己者**」から学ぶべきことは、少なくとも一つの点か二つの点で自分よりも優れている人、自分よりも上である人を友だちに選んで付き合っていったほうが良い、ということである。（中略）

そしてもちろんのこと、こういう人と友人として長く付き合っていくためには、自分自身もどこかの点で人よりも優れていないといけないし、いざというときに友人を助けてやれるほどの見識と力を備えていなければいけない。（234～235ページ）。

なるほど、これも一つの見識であり、傾聴《けいちょう》に値《あたい》するが、これは、孔子の「**無友不如己者**」を自分はこう読みたいということであって、「**無友不如己者**」の意味を直接訳《やく》したとは言い難《がた》いのではないか。

「**無友不如己者**」を素直に読めば、石平氏も書いておられるように、「自分より劣ったものを友だちにはするな。」というのが本来の意味であり、尊大な自己矛盾の言葉であることに変わりはないのである。

孔子の生きた時代は、そのような尊大な考えがまかり通っていたのであろう。それ故に、孔子は堂々とこのようなことが言えたのであろうが、今日では、学校の先生が「**無友不如**

己者」のようなことを生徒たちに言えば、即《そく》アウトである。

実は、私は、「無友不如己者」を読んで思い出した苦《にが》い記憶がある。

昭和26年、小学校二年生のときのことだ。私は、友人の登君《のぼる》（仮名）から彼の通知表を見せられて愕然《がくぜん》とした。先生からの「通信欄」に「山内勇吉君と遊んではいけません。」と書かれていたのだ。私はそのとき、心を抉《えぐ》られるほどのショックを受けた。今思い返しても心に疼《うず》きを覚《おぼ》える。担任の先生は、成績優秀な登君に成績の良くない粗野な子どもであった私と遊ばないように指導したのだ。まさしく「無友不如己者」の指導である。

当時は、人権思想も今ほどではなく、私から話を聞いた私の親も取り立てて騒《さわ》ぎ立てるようなことをしなかったが、今日《こんにち》であれば、その先生は、学校にいられなくなるほどのバッシングを受けたことであろう。

ところで、「君子不重則不威、學則不固、主忠信、過則勿憚改」に着目して中国や韓国の現状を見ると、孔子の言う君子のあり方とはおよそかけ離れていることがよくわかる。威風堂々とはうらはらに虚勢を張って居丈高《いたけだか》にものを言い、柔軟《じゅうなん》どころか頑《かたく》なに自分たちの一方的な論理を押し通し、まことを貫《つらぬ》くどころか嘘とでっち上げのやりたい放題である。自分たちが間違っていることを重々承知《じゅうじゅうしょうち》の上で誤りを貫き通す。誤りを認めて謝罪するという言葉など彼らの辞書にはないかのようである。

孔子の言っていることをそのまま素直に受け止めればとてもできないことを、彼らは平然と行なっているのである。これは、そうすることが彼らの正義であり、儒教の下《もと》における正当な行ないであることを雄弁《ゆうべん》に物語っているのではないか。

九　曾子曰、愼終追遠、民德歸厚矣、

曾子《そうし》曰《い》わく、終《お》わりを慎《つつし》み遠《とお》きを追《お》えば、民《たみ》の徳《とく》、厚《あつ》きに帰《き》す。

【現代語訳】

曾子は次のように言った。

「〔上に立つ者が、〕親を手厚く葬《ほうむ》り、祖先をしっかりと供養《くよう》すれば、民も〔それを見習って〕厚い徳を身に付けるものだ。」

※　金谷氏は訳文に関して、「徳――『得』と同じで、心に取得して（身について）離れないものだと、朱子はいう。『礼記《らいき》』祭統篇には『孝子が親に仕えるには三つの方法がある。生きているときには〔従順に〕養ない、死んだときには〔悲しんで〕喪《も》に服し、喪が終わってからは〔時節ごとに慎んで〕祭る。』とある。」と付記しておられる。

【私の見解】

さて、儒教社会では、長幼《ちょうよう》の序《じょ》や親孝行が大切にされる。日本でも伝統的にそうだと言ってよいだろう。日本ではそれは、神道的価値観とあいまって、「和」の精神の中に矛盾無く溶《と》け込んでもいる。

しかし、儒教の国ではどうもそうではないらしい。曾子《そうし》の言う「**慎終追遠、民徳帰厚矣**」（終《お》わりを慎《つつし》み遠《とお》きを追《お》えば、民《たみ》の徳《とく》、厚《あつ》きに帰《き》す。）は、当時、上に立つ者の心得と民への影響をごく当然の日常として語っているに過ぎないものだと私は思うが、独裁者・皇帝の施政を権威《けんい》づける役割を担う儒教のフィルターを通してこれを読むと、親の葬式やその供養までもお上の顔色をうかがってしなければならないということになるようだ。

たとえば、日本に帰化し、中国批判を行なっている石平氏によると、中国では、政府に逆らうような言動を行なっている者は、自由に親の墓参りもできないという。同じく日本に帰化している呉善花《おそんふぁ》氏（韓国出身・大学教授）も、韓国批判を繰り返しているため親の葬式にも自由に帰れないと何かの本の中で嘆《なげ》いておられた。

このように、儒教の下では「**慎終追遠、民徳帰厚矣**」というごく普通の日常までが日本とはまるで違うのである。

一〇　**子禽問於子貢曰、夫子至於是邦也、必聞其政、求之與、抑與之與、子貢曰、夫子温良恭儉讓以得之、夫子之求之也、其諸異乎人之求之與、**

子禽《しきん》、子貢《しこう》に問《と》いて曰《い》わく、夫子《ふうし》のこの邦《くに》に至《いた》るや、必《かなら》ずその政《せい》を聞《き》く。これを求《もと》めたるか、抑々《そもそも》これを与《あた》えたるか。子貢《しこう》曰《い》わく、夫子《ふうし》は温良《おんりょう》恭《きょう》儉《けん》讓《じょう》、以《もっ》てこれを得《え》たり。夫子《ふうし》のこれを求《もと》むるや、其《そ》れ諸《こ》れ人《ひと》のこれを求《もと》むるに異《こと》なるか。

※　金谷氏は読み下し文に関して、『是』は特定の一国をさすのでなく、孔子の周遊した国々をさす不定指示詞。抑々《そもそも》——選択詞。其れ諸れ——ことばの音調を整える助字。」と付記しておられる。

【現代語訳】

子禽《しきん》が、子貢《しこう》に次のように尋《たず》ねた。

「うちの先生（孔子）は、どこの国へ行かれても必ずそこの政治について相談を受けられる。これは、〔先生が〕お求めになってのことですか。それとも、〔先方から〕求められてのことですか。」

これに対して子貢は次のように答えた。

「先生は、お人柄が温良で恭《うやうや》しく、倹《つつま》しくて、譲《へりくだ》っておられるので、そういうことになるのだ。先生の方からお求めになると言っても、〔それは、自然にそうなるのであって、〕人が求めるのとは違うのだ。」

※　金谷氏は訳文に関して、「子禽――鄭注では孔子の門人、一説には子貢の門人ともいう。姓は陳《ちん》、名は亢《こう》。子禽はあざ名。　子貢――孔子の門人。姓は端木《たんぼく》、名は賜《し》、子貢はあざ名。孔子より三十一歳わかい。『言語には宰我《さいが》と子貢。』といわれ、利財にもすぐれた。」などと付記しておられる。

【私の見解】

さて、孔子は、もともと国の政治に関わることを望んでいたようである。彼は出身国の魯の大司寇《だいしこう》（司法大臣）となり、国の政務に高官として携わっていたことがある。間もなく政界の権力闘争に巻き込まれて敗退し、逃亡を余儀なくされた。中原諸国《ちゅうげんしょこく》を回りながら、彼はどこかの諸侯国の君主に召請《しょうせい》されることを願っていたが、それは叶わなかった。あしかけ14年（以下単に14年と記す）の放浪の後、結局魯の国に戻り、三千余人に及ぶといわれる弟子たちを教育しながら生涯《しょうがい》を終えたと伝えられている。

ここで示されている子禽《しきん》と子貢《しこう》の問答は、孔子のありのままを語ったものであるが、子貢が孔子は物欲しげに政治の相談に応じていたのではないと言っていることについては、少し疑問が残る。国の政務につくことを願い続けていた孔子には、やはり、それを求めて自ら政治の相談に積極的に応じていた面があったと見るのが妥当《だとう》であろう。識者の中には、孔子にはある種の権勢欲《けんせいよく》があったと言う人もいるほどであるから、私のこの見方も当たらずと雖《いえど》も遠からずではないか。

後で触れることになると思うが、孔子は「政務で遅くなりました」と帰還《きかん》の挨拶をした弟子に苛立《いらだ》ち、「そなたがしていることは政務ではなく事務に過ぎない」と罵倒《ばとう》したという逸話《いつわ》が『論語』にも遺《のこ》っている。これは、国に召《め》されて政務につくことを孔子が渇望《かつぼう》していたことの明白な証拠《しょうこ》だとは言えないだろうか。

とはいえ、それは何も孔子の人格を卑《いや》しめるほどのことではない。権勢に近づきたいというのは、普通の人間の普通の情の中にもある。現代風に言えば、「公務員志望」ということになろうか。

孔子には「聖人」と崇《あが》められて遠ざけられるような側面だけでなく、このようにどんな人間にもあるような極めて人間くさい部分もあったのだ。

儒教が政治に絶大な影響を及ぼすようになった中国では、政治に関わることは独裁権勢《どくさいけんせい》に加担《かたん》することを意味するのであって、単なる「公務員志望」とはわけが違う。だから、前漢王朝以降の中国では、ここで述べられているような孔子の人間くさい政治関与の願望は、もはや絵空事に近いものだと言ってもいいだろう。

今の中国の政治は、中国共産党（中共）の意思を貫くための道具（装置）と化し、政治家やその下で働く官吏《かんり》たちは、そのための駒《こま》か歯車《はぐるま》の役割を担《にな》わされているに過ぎない。憲法や法律の上に中国共産党（中共）が君臨《くんりん》し、全ては中共の思うがままに行われているのだ。これは、歴代の各独裁王朝と実質的に何ら変わらない。

現在の中国では、年に一回、全国人民代表大会（全人代）が開かれるが、これは、中共の意思を全国の代表（直轄地《ちょっかつち》や自治区及び軍隊の代表）に徹底《てってい》するためのセレモニーである。全国の代表といっても、彼らは民主的に選ばれた代表ではない。全て中共が民意とは関わりなく決めた者たちだ。

全人代は国権の最高機関という表書きにはなっているが、日本に於ける国権の最高機関である国会とは全く別物だ。政党は中共の一党独裁で、野党の存在は認められていない。したがって、一つの法律を決める場合でも、賛成反対の丁々発止《ちょうちょうはっし》の議論は行われない。全人代は、すべて中共の方針を徹底するためのパーフォーマンスの場なのである。

日本のマスコミは、全人代を紹介するときに「日本の国会に当たる」と説明することが多いが、この説明は完全に間違っている。イギリスのパーラメントやアメリカのコングレスを「日本の国会に当たる」と説明するのは許されるとしても、中国の全人代をそのように説明するのは無用な誤解を日本国民に与えるものである。マスコミ各社は是非改めてもらいたいものだ。

二　**子曰、父在観其志、父没観其行、三年無改於父之道、可謂孝矣、**

子曰《しのたま》わく、父《ちち》在《あ》らば其《そ》の志《こころざ》しを観《み》、父没《ちちぼっ》すれば其《そ》の行《おこ》ないを観《み》る。三年《さんねん》、父《ちち》の道《みち》を改《あらた》めること無《な》きを、孝《こう》と謂《い》うべし。

【現代語訳】

先生は次のように言われた。

「父親が生きているうちは、父親の志をよく観察し、父親が亡くなれば、父親の行跡《ぎょうせき》をよく観察することが大切だ。父親が亡くなったあと三年間、父親の道を守るのは、親孝行だと言ってよいだろう。」

※　金谷氏は訳文に関して、「志しを観察し――父の在世中は、子としては自由な行為ができないので、外には表れないその志しをみるのである（新注）。三年の間――親の喪《も》に服している期間。陽貨篇の三五九ページの注を参照。」と付記しておられる。

【私の見解】

さて、孔子の言う「親孝行」の一端を知る上で、この言葉はとても分かり易い。要するに孔子は、親が生きているときには親が何を考えて入るかを慮《おもんばか》り、親が亡くなったあとは親の行跡《ぎょうせき》をよく観察して、死後三年間は親がしたようにする、それが親孝行だと言っているのだ。なるほど、孔子の親孝行観とはそういうものだったのだ。

だが、現代に生きる日本人の一人として、私は、引っかかりを感じる部分がある。

一つは、孔子が父親のことしか言っていないことである。父親のことだけを取り上げて親孝行について説明するのは、今の世では通用しない。

今ひとつは、父親の「志」や「行跡」に絶対の価値を置いているように読めることである。父親が何を考えて生きたか、その行跡はどのようなものであったか、その中身の是非《ぜひ》を吟味《ぎんみ》することについて、孔子は何も触れていない。「志」や「行跡」の中身がどうであろうと問題にしていないようにさえ読める。これは、有無《うむ》を言わせずに父親に従えと言っているようで、私には抵抗感がある。

とはいえ、これは目くじらを立てるほどの問題ではないかも知れない。孔子が生きた時代の価値観では親孝行とはそういうものだったのだと受け止めればいいだけのことである。

だが、孔子の生きた時代のこの親孝行観が儒教の洗礼《せんれい》を受けて時の権力者に対する「忠」

の概念《がいねん》の中にまで浸透《しんとう》していったのではないかと思える節《ふし》がある。親に対する「孝」も権力者への「忠」も、中国に於いては、古い昔から、逆らわずにただただひたすらに仕えることを求めるものであるように、私には見えるのだ。

今の中国の姿を見ていると、親が間違いを犯しても、国（の権力者）が間違いを犯しても、それに異を唱えることは許されず、まして外に向かって親や国を批判するようなことは決してしてはならないという「孝」「忠」意識が、中国の人々の意識の底にへばりついているのではないかと思われて、私はなんとも嫌な思いにさせられる。

一二　有子曰、禮之用和爲貴、先王之道斯爲美、小大由之、有所不行、知和而和、不以禮節之、亦不可行也、

有子《ゆうし》曰《い》わく、礼《れい》の用《よう》は和《わ》を貴《とうと》しと為《な》す。先王《せんおう》の道《みち》も斯《こ》れを美《び》と為《な》す。小大《しょうだい》これに由《よ》るも行《おこ》なわれざる所《ところ》あり。和《わ》を知《し》りて和《わ》すれども、礼《れい》を以《もっ》てこれを節《せっ》せざれば、亦《ま》た行《おこ》なわれず。

※　金谷氏は読み下し文に関して、「大小これに由る——新注では上の句につづけて、先王の道は立派で、小事も大

事もすべてこれに従った、と句を切る。行なわれず――『可』の字は漢の石経には無く、上の『行なわれざる所』と合っている。」と付記しておられる。

【現代語訳】

有子《ゆうし》が次のように言った。

「礼は、調和を保つことが貴《とうと》いのである。先王の道もその理に適《かな》っており、立派だった。小さな事も大きな事も調和を大切にしてもうまくいかないことがある。調和のことが分かっていて調和していても、礼で折り目をつけなければうまく行かないものだ。」

※　金谷氏は訳文に関して、「礼――主として冠・婚・葬・祭その他の儀式のさだめをいう。社会的な身分に応じた差別をするとともに、それによって社会的な調和をめざすのである。」と付記しておられる。

【私の見解】

さて、これは、孔子の弟子の有子《ゆうし》の言葉である。礼儀作法は調和を保つために必要だが、調和を保とうとしてもうまくいかないことがあるし、調和を心得て調和していても礼儀作法で折り目をつけなければうまくいかないものだと言っている。特別難しいことを言っているわけではなく、一度読めばなるほどと納得のいくものだ。

これがわざわざ『論語』に載せられているのはなぜだろう。当時は礼儀作法や調和が乱れていたため、それへの警告《けいこく》としての意味が込められているのかもしれない。

ともあれ、礼儀作法と調和のことは、今日の日本でも大切なテーマであることに変わりはない。と言うより、古来「和」を大切にしてきた日本では、いつの時代でもこのことは大切にされてきたと言って良いだろう。

二千数百年前の『論語』で述べられている「礼」と「和」が、本家の中国では、日本の状況とは大きくかけ離れているようだ。

前書きでも触れたが、石平氏は、日本に来て初めて「礼」というものに出逢《であ》ったと述懐《じゅっかい》しておられる。中国には、私たちが普通に行なっている礼儀作法というものが影も形もないというのだ。

私たち日本人の間では、「親しき仲にも礼儀あり」という言葉があり、たとえ夫婦でも、ぞんざいなものの言い方は牽制《けんせい》される。家の中では夫婦げんかをして少々荒っぽい言い方をしていても、一旦《いったん》外に出れば互いに言葉遣《ことばづか》いにも心配りをするのが普通だ。

ところが、中国の人たちは、そのような配慮《はいりょ》はしないのが寧《むし》ろ普通のようだ。夫婦げんかは、家のなかで目立たぬようにするどころか、外に出て公衆の面前で堂々と派手にやるのが古来彼らの作法なのだという。

中国や韓国の人たちが、道路上や電車の中など多くの人に囲まれているところでも、口《こう》角泡《かくあわ》を飛ばして大声で話をしているのをよく見かけるが、私たち日本人から見れば、これは礼儀に悖《もと》る顰蹙《ひんしゅく》行為である。

また、中国人は、何処へでもつばを吐いて平気である。あの蒋介石も「随地吐痰《ずいちとたん》（どこへでも痰を吐くこと）」と「立ち小便」を中国人の悪癖《あくへき》として嘆《なげ》いていたそうだ。行列への割り込みや規律破りは、今や世界中の鼻つまみになっている。どうしてこうなるのか。

儒教的価値観の下では、「利己」が最大の関心事であり、「損か得か」が行動の決定的動機だという。そうすることが得だと思えば、平気で規律も破るということのようだ。中国人は自分にとって利益になると思えばウソも平気でつく、と石平氏は指摘しておられる（『中国人の正体　中華思想から暴く中国の真の姿！』参照）。

要するに、『論語』で述べられているごく当たり前の礼儀作法も、儒教の洗礼《せんれい》を受けるとかくも無残に変容《へんよう》してしまうということなのであろう。

一三　有子曰、信近於義、言可復也、恭近於禮、遠恥辱也、因不失其親、亦可宗也、

有子曰《ゆうしい》わく、信《しん》、義《ぎ》に近《ちか》づけば、言《げん》復《ぷ》むべし。恭《きょう》、礼《れい》に近《ちか》づけば、恥辱《ちじょく》に遠《とお》ざかる。因《よ》ること、その親《しん》を失《うしな》わざれば、亦《ま》た宗《そう》とすべし。

【現代語訳】

有子は次のように言った。

「信は、義に近ければ言葉どおりに履行《りこう》できる。うやうやしさは、礼に近ければ、辱《はずかし》めから遠ざかれる。頼るには、その親しむべき人をとり違えなければ、本当に頼れる。」

※　金谷氏は訳文に関して、「信はうそをつかず約束を守る徳。それが確かなものとして完成するには正義に結びつかねばならないという意味。」と付記しておられる。

【私の見解】

さて、これは、孔子の弟子の有子《ゆうし》の言葉である。私には意味がよく分からないが、金谷氏の付記を参考にして解釈すれば、

「ウソをつかずに約束をきっちりと守れば人に信頼される。そのような信頼を得る行為は、正義に結びついていて初めて完成する。恭《うやうや》しい振る舞いは、礼儀作法に則《のっと》ってい

れば恥をかくことはない。真に親しむことのできる人には頼ることができる。」

ということになろうか。

そうだとすると、取り立てて凄《すご》いことを言っているようには思えない。これは、古来、日本では当たり前のことではないかと私は思う。

　たとえば、わが国には「ウソつきは泥棒《どろぼう》のはじまり。」という格言《かくげん》が古くからあり、親は子どもに口が酸《す》っぱくなるほど「ウソをついてはいけない」と教え込む。交《か》わした約束を守ることの大切さも、普通の親なら子どもにきっちりと教える。言わずもがなのことである。「ウソをつかない」ことと「約束を守る」ことは、信頼によって結ばれる人間関係を構築するために必須《ひっす》のことだからである。ちなみに中国では、「嘘つきほど成功する」というのが伝統なのだそうだ。（石平『中国五千年の虚言史』91ページ）。

　有子《ゆうし》は、信頼を得る行為も「正義に近ければ言葉通りに履行《りこう》できる」と言っているが、「正義」はさまざまな条件次第で変わるものであり、一概《いちがい》に敷衍化《ふえんか》はできないと私は思う。とはいえ、今このことはあまり深く考えないことにする。

　恭《うやうや》しい振る舞いも礼儀作法に則《のっと》っていなければ恥をかくことになるというのも、日本では日常生活の中で普通に経験することであり、その中身を詳《くわ》しく検証する必要もないほのしようがない。

有子《ゆうし》のこの当たり前の言葉が、『論語』に載っているということは、やはり、二千数百年前の中国ではこれが当たり前ではなかったことを意味しているのではないか。

二千数百年前だけではない。その後の中国や韓国では、儒教の影響が強くなるにつれて「利己」が人々を支配する行動原理となり、平然とウソをつき、身勝手な振る舞いを恥ずかしげもなく行うことが普通のこととなって現在に至っている。私たち日本人からみれば、全く不名誉《ふめいよ》な国民性が形成されたとしか言いようがない。

日本では、隣国の影響をたくさん受けながらも、幸いなことに儒教が深く浸透《しんとう》することはなかった。江戸時代に儒教の流れを汲《く》む朱子学《しゅしがく》が導入され、徳川幕府の政治を正統化し権威付《けんいづ》けをするための指針となったが、それはいわば表層《ひょうそう》に止《とど》まるものだったと言っていい。日本人の精神の支柱としてはあくまでも皇室に体現される神道的価値観《しんとうてきかちかん》が生きており、儒教も中国のそれとは趣《おもむき》を異《こと》にし、日本化されて取り込まれた。

お陰で、わが国は儒教の悪霊《あくりょう》に取り込まれずに済んだ。儒教よりも寧《むし》ろ『論語』をいいとこ取りして行動の規範としてきた面が強かったと言えるだろう。

明治維新によって近代化を成し遂げた頃には、頑迷固陋《がんめいころう》な儒教文化のシナ・朝鮮はわが国にとっては桎梏《しっこく》以外の何物でもなく、あの福沢諭吉はシナや朝鮮を見放すことを宣言したほどである。「脱亜入欧《だつあにゅうおう》」はそれを象徴《しょうちょう》する出来事であった。

一四　**子曰、君子食無求飽、居無求安、敏於事而愼於言、就有道而正焉、可謂好學也已矣、**

子曰《しのたま》わく、君子《くんし》は食飽《しょくあ》かんことを求《もと》むること無《な》く、居安《きょやす》からんことを求《もと》むること無《な》し。事《こと》に敏《びん》にして言《げん》に慎《つつ》しみ、有道《ゆうどう》につきて正《ただ》す。学《がく》を好《この》むと謂《い》うべきのみ。

※　金谷氏は読み下し文に関して、「のみ――『也已』は漢石経では『已矣』、皇本・清本では『也已矣』とある。みな感情をこめた助字。」と付記しておられる。

【現代語訳】

先生は次のように言われた。

「君子は、ご馳走《ちそう》を腹いっぱい食べることを求めず、安住するほどの住居を求めることもしない。仕事をきっちりとやり、言葉を慎重にし、道義ある人を見習ってわが身を正し、学問を好むものだと言える。」

※　金谷氏は訳文に関して、「君子には中心の目標があるからである。雍也篇＝賢なるかな回《かい》や。一箪《たん》の食《し》、一瓢《ぴょう》の飲《いん》、陋巷《ろうこう》に在り。人は其の憂いに堪《た》えず、回や其の楽しみを改めず。ことばを……――里仁篇＝君子は言《げん》に訥《とつ》にして、行《こう》に敏《びん》ならんと欲す。学を好むと……――孔子の学問が道徳学を主としているからである。」などと付記しておられる。

【私の見解】

さて、孔子は、飽食《ほうしょく》と贅沢《ぜいたく》な家に住むことを戒《いまし》め、仕事に励《はげ》み、自分の言葉に責任を持ち、立派な人を見習って身を正し、学問を好む人、それが君子だと言っている。

孔子は何も特別なことを言っているようには思えない。贅沢《ぜいたく》な衣食住を戒《いまし》め、立派な人を見習って自分のあり方を正し、学問に励《はげ》む、そんな人であれば、普通の日本人は誰でも立派な人だと思うだろうし、尊敬もするだろう。

古来日本では、贅沢を戒める精神文化が庶民の間では染《し》み渡《わた》っているのではないかと私は思う。権力者や成《な》り上《あ》がり者が贅沢三昧《ぜいたくざんまい》をすることはあっても、庶民は一面それを羨《うらや》みながらも、心のどこかでは冷ややかに軽蔑《けいべつ》して来たのではないか。

また、少しニュアンスは異なるが、日本には「人の振り見て我が振り直せ」という格言もある。これは、立派な人を見習って自分のあり方を正すだけではなく、良くない行ないをしている人の姿を見ても、自分の行ないを反省せよとの意味を含んでいる。

この日本人の精神文化は、一体どこから来たのだろうか。私は、国民の安寧《あんねい》を祈り質素《しっそ》倹約《けんやく》を旨《むね》としてきた皇室の在り方が、その背景にあるのではないかと思っている。

天皇のお住まい処である御所《ごしょ》は、諸外国の王室や貴族の宮殿と比較すれば、昔も今も極めて質素《しっそ》な造りと佇《たたず》まいである。金銀や宝石による飾《かざ》り付《つ》けは殆《ほとん》どなく、基本的に木材の素地を生かした地味な和風の造りになっている。

長年天皇の御在所《ございしょ》であった京都の御所を見れば、このことは一目瞭然《いちもくりょうぜん》だ。周《まわ》りを囲む塀《へい》も人の背丈《せたけ》を僅《わず》かに超えるほどの高さで、乗り越えようと思えば簡単にできてしまうし、壊《こわ》そうと思えば誰にでも壊せるような造りである。事実１５００年代後半の正親町天皇《おおぎまちてんのう》の頃には、御所の塀はあちらこちらが朽《く》ち果《は》て、誰でも簡単に入り込める状況であったという。また、民の生活を慮《おもんばか》り、雨漏《あまも》りのする御所の修理を何年も先延《さきの》ばしにされた仁徳《にんとく》天皇《てんのう》の逸話《いつわ》は余りにも有名だ。

民を国の宝と思《おぼ》し召《め》して、自らの生活は質素倹約《しっそけんやく》につとめられる、そんな皇室の姿に私たち日本人は心を寄せ、質素倹約や自省の精神文化を育んできたのだ、と私は思う。

わが国は世界第三位（つい十年ほど前までは第二位）の経済大国であるが、先進国のなかでは国民の経済格差が最も小さな国である。細部を見れば様々な問題もあるだろうが、俯瞰《ふかん》すれば、概《おおむ》ね国民は平均的に豊かで、教育水準も文化水準も高いと言ってよいだろう。企業経営者などの中には何十億何百億といった所得を得ている人もいるようだが、それも先進諸外国の大金持ちに比べれば比較にならぬほどの少額だという。つまりこれは、わが国では、誰かが富を独《ひと》り占《じ》めするようなことをせず、皆で富を分け合うことを善しとして普通に行なってきたことを意味しているのではないか。

あれやこれやを考えると、わが国の状況は、昔も今も孔子の言う「**君子食無求飽、居無求安、敏於事而愼於言、就有道而焉**」の状況そのものであったと言えるだろう。

だが、『論語』の本家中国ではどうか。秦の始皇帝を初めとして各王朝の皇帝は、権威と権力を独占し、国民を奴隷化《どれいか》し、富を独《ひと》り占《じ》めにしてきた。現在の中共も、一党独裁で政治を意のままに動かし、国民を縛《しば》り付《つ》けている。共産主義は、本来「平等」を標榜《ひょうぼう》していたはずだが、共産主義中国に「平等」はない。富は共産党員か中共に協力する一部の者だけに集中し、国民の貧富の格差は天文学的と言っても良いほどに広がっているという。

中国の現状を見ると、儒教は共産主義の全体主義と教義《きょうぎ》が重なるのであろう。儒教の権力を正統化する考え方と共産主義の全体主義とは、全く一卵性双生児《いちらんせいそうせいじ》のようによく似ていると私は思う。

韓国も、一応自由主義社会の一員の顔はしているものの、中国の支配を何百年も受けて儒教の影響を強く受け、自ら「小中華」と称してそれを喜んでいる風情《ふぜい》がある。福沢諭吉も「頑迷固陋《がんめいころう》」とさじを投げたほどである。

一五　**子貢曰、貧而無諂、富而無驕、何如、子曰、可也、未若貧而樂道、富而好禮者也、子貢曰、詩云、如切如磋、如琢如磨、其斯之謂與、子曰、賜也、始可與言詩已矣、告諸往而知來者也、**

子貢《しこう》曰《い》わく、貧《ひん》にして諂《へつら》わず、富《ふ》にして驕《おご》らずは、如何《いかん》。子曰《しのたま》わく、可《か》なり。未《いま》だ、貧《ひん》にして道《みち》を楽《たの》しみ、富《ふ》にして礼《れい》を好《この》む者《もの》には若《し》かざるなり。子貢曰《しこうい》わく、詩《し》に云《い》う、切《せっ》するが如《ごと》く磋《さ》するが如《ごと》く、琢《たく》するが如《ごと》く磨《ま》するが如《ごと》しとは、其《そ》れは、斯《こ》のことを謂《い》うか。子曰《しのたま》わく、賜《し》や、始《はじ》めて与《とも》に詩《し》を言《い》うべきのみ。諸《こ》れに往《おう》を告《つ》げて来《らい》を知《し》る者《もの》なり。

【現代語訳】

子貢が、

「貧乏であっても諂《へつら》わず、金持ちであっても驕《おご》らないというのは、いかがでしょうか。」

と言った。先生は、

「それはそれでいい。しかし、貧乏であっても道義を楽しみ、金持ちであっても礼儀を好む者には及ばないね。」

と答えられた。子貢は、

「詩経に『切《き》るが如く、磋《す》するが如く、琢《う》つが如く、磨《みが》くが如く。』とあるのは、ちょうどこのことを言うのでしょうね。」

と言った。先生は、

「賜《し》よ、はじめてそなたと共に詩の話ができるね。そなたは、一つ語れば次を悟るのだから。」

※　金谷氏は訳文に関して、「切《せっ》は骨、蹉《さ》は象牙、磨《ま》は石をみがくことで、『切磋琢磨』は学問修養にはげむ意味になった。　賜――子貢の名。　前のことを話して……――子貢が孔子の話からさとって飛躍的に詩句を連想したことをいう。」と付記しておられる。

【私の見解】

さて、孔子は、貧乏でも人に媚《こ》びることなく、金持ちでも威張《いば》らないことは、それはそれとしてよいことだが、貧乏でも人の道をしっかりと心得、金持ちでも礼儀正しいことの方がもっとよいことだと言っている。そして、詩経（衛風《えいふう》・淇奥篇《きいく》）の「切磋琢磨《せっさたくま》」の意味に触れた子貢を褒《ほ》めている（「切磋琢磨」は「互いに励まし合って学徳を磨くこと」で故事成語になっている）。これも、孔子の人柄の一端を知ることのできるエピソードだ。

「貧《ひん》すれば鈍《どん》する」という言葉があるように、人は貧乏になると、ともすれば品性がさもしくなりがちである。また金持ちになると人を見下すようになり、やたら威張り散らすようになる人もいる。孔子はそのことを戒めるとともに、貧乏であっても人の道を弁《わきま》え、金持ちになっても人としての礼儀を保つことの大切さと、「切磋琢磨《せっさたくま》」して徳を積むことの大切さを言っているのだ。素直に読めば、これも至極当然《しごくとうぜん》のことを言っているに過ぎないことが分かる。普通の日本人であれば、このことに異を唱える人はまずいないであろう。

だが、儒教の国の中国や朝鮮半島では事情が違うらしい。中国や韓国を旅行した人から聞いた話では、向こうでは金持ちは横柄《おうへい》に構えて威厳《いげん》を保つ（あるいは威張る）のが良いこととされているようだ。金持ちが居丈高《いたけだか》に貧乏人を叱り飛ばすことなど日常茶飯《にちじょうさはん》の風景であるらしい。

そう言えば、これはちょっと角度が異なるが、韓国のテレビニュースで会社の社長が社員を罵倒《ばとう》して何度も殴《なぐ》りつけている映像を私は見たことがある。韓国では今でもそのようなことは当たり前のことだとコメンテーターが言っていた。

北朝鮮の独裁者はとても恰幅《かっぷく》がいいが、かの国では、あのように他を威圧するほど威風堂々《いふうどうどう》としている方が、お大尽然としていて皆から崇敬《すうけい》されるのだという。

やはり『論語』は、儒教の呪縛《じゅばく》が生きている中国や朝鮮半島では意味が異なるようである。

一六　子曰、不患人之不己知、患己不知人也、

子曰《しのたま》わく、人《ひと》の己《おの》れを知《し》らざることを患《うれ》えず、人《ひと》を知《し》らざるを患《うれ》う。

※　金谷氏は読み下し文に関して、「人を知らざることを患う――ここの『己』の字は採らない。『経典釈文』のテクストでは『人』の字が無い。」と付記しておられる。

【現代語訳】

先生は次のように言われた。

「人が自分のことを知らないことを憂《うれ》えず、自分が人のことを知らないことを憂うることだ。」

【私の見解】

人は皆、基本的に自分が一番可愛《かわい》いものである。それが「自意識」の根本となっている。だが、人は唯我独尊《ゆいがどくそん》では生きられない。他の人との触れ合いや支え合いがあってはじめて生きてゆけるし、誰か他人《ひと》のために役立ちたいと思うのも人の常である。自分のためよりも他人《ひと》のためになると思うときにこそ一層の力を発揮《はっき》することができるのも真理である。

他人《ひと》が自分のことを知らないからといって気にすることはない、自分の方から他人のことを知ろうとすることが大切だ、と孔子は言っているが、これはまさに人間関係の機微《きび》に触れる問題であり、「**不患人之不己知、患己不知人也**」というこの短い言葉の中には、深い含蓄《がんちく》があると私は思う。

わが国には「雄弁は銀、沈黙は金」という諺《ことわざ》がある。これは、立て板に水のごとくべらべらとしゃべることよりも、沈黙《ちんもく》を守ってじっくりと他人《ひと》の言葉に耳を傾け、為すべきことをなすことが大切だという格言だが、これは、孔子の言葉とどこか波長を同じくする趣《おもむき》があるような気がする。人が雄弁になるのは、自分のことを知って欲しいとの意識が根底にあってのことであり、他人《ひと》の話をじっくりと聞くということは、まさしくその人のことを知る行為そのものだからである。

諺《ことわざ》とは一般に日々生活する庶民の生きる知恵として伝承されてきたものである。日本では、だから、孔子の言う「**不患人之不己知、患己不知人也**」は庶民の中に古くから生きているといってよいのではないかと私は思う。

儒教国ではどうか。中国や韓国の人々は、相手の事情や事実経過などはそっちのけで自分の論理で一方的に押しまくることが多い。やはり、『論語』の受け止め方が違うようである。

爲政《いせい》第二

一 **子曰、爲政以徳、譬如北辰居其所、而衆星共之、**

子曰《しのたま》わく、政《せい》は徳《とく》を以《もっ》て為《な》せば、譬《たと》えば、北辰《ほくしん》その所《ところ》に居《い》て、衆星《しゅうせい》のこれに共《きょう》するが如《ごと》し。

※　金谷氏は読み下し文に関して、「共する――新注では『向かう』と読んで、衆星がとりまいてその方を向いていることと解したが、鄭注は拱《きょう》（手を前にくむ礼）」と同じとみて衆星が挨拶していると解した。今それに従う。」と付記しておられる。

【現代語訳】

先生は次のように言われた。

「政治というものは、道徳に基づいて行えば、たとえば、自分の場所にいる北極星《ほっきょくせい》に多くの星が付き従って動くように、うまくいくものだ。」

【私の見解】

さて、道徳に基づいて政治を行えば、北極星が他の星を従えるようにうまくいく、と孔子は言っている。そのままを素直に読めば、反対する理由は見つからない。これも、ごく当たり前のことを言っているように私には思える。

だが、「道徳」というのがやっかいである。どういう行ないが道徳に適《かな》っているかは、人によって考え方が異なるだろうし、地域や国それに時代といった諸条件によっても変わるものだからである。つまり「道徳」というのは、それ自体に確かな形や色合いが定まっているわけではなく、極めて曖昧《あいまい》な概念《がいねん》なのである。

そこで、法治国家では、最低限の道徳規範《どうとくきはん》としての約束事（法令・規則・規程等）を定め、それに基づいて政治を行なうという知恵を編《あ》み出《だ》してきた。約束事をはみ出す事案が生じた場合には、新たな約束事を定めたり話し合いで妥協点《だきょうてん》を見つけ出したりする努力をする、それが、法治国家の民主政治の基本的で現実的な在り方である。

わが国では、この「話し合い」がとても大切にされてきた。万物に神が宿るとする信仰が古くからあり、わが国で古来「和」が尊重されるのもそれと深い関わりがあると思われるが、話し合いは、何よりもこの「和」を生み出すための工夫に他ならない。

１４００年ほど前に聖徳太子が、「十七条の憲法」を定め、「和」が大切であることや、議論を十分に行なうことの必要性などを説いているのは、余りにも有名だ。

時空を超えて明治天皇も、「五箇条《ごかじょう》の御誓文《ごせいもん》」によって「万機公論《ばんきこうろん》に決スヘシ」とし、何事もよくよく話し合うことを国民にお求めになった。

「十七条の憲法」と「五箇条の御誓文」の間には千数百年の開きがあるが、「和」を求めてよく話し合うようにとの趣旨《しゅし》は少しも変わらない。現在の憲法の下《もと》における議会制民主主義もこの点では同じである。わが国の「和」を尊重し話し合いを大切にする精神は、このように古代から一貫して続いているのであって、それは、日本国や日本人の国柄・国民性として世界に誇るべきものである。

武家が政治の実権を握った鎌倉幕府から江戸幕府までの間は権力者の独裁だったではないかと言う人がいるかも知れない。確かに「独裁」と指摘されるような側面が全くなかったと言えばウソになるだろうが、あれは純粋《じゅんすい》な意味の「独裁」とは言えないものだった。中央集権国家とは異なり、統治の権限を諸侯《しょこう》に振り分ける封建制《ほうけんせい》の下《もと》にあったのであり、一人の権力者が全ての権限を独占できる体制にはなかった。幕府の意向も幕閣諸侯《ばっかくしょこう》の合議によって決められ、将軍と雖《いえど》も勝手な振る舞いはできないような仕組みになっていた。皇帝が全権限を独占し、皇帝以外は皇帝に奉仕する奴隷《どれい》としての存在にすぎなかった中国や朝鮮の王朝に比べれば、わが国の武家政治はよほどましなものだったのである。

事実、武家政治下にあっても、人形浄瑠璃《にんぎょうじょうるり》や歌舞伎《かぶき》などといった様々な町人文化の華《はな》が咲《さ》き、あちらこちらに寺子屋という今日的に言えば学習塾に相当するものもできて、江戸時代の庶民の識字率《しきじりつ》は全国平均で60％以上、江戸の町に限定すれば70％以上もの高さであったという。当時は先進ヨーロッパ諸国でも、文字の読み書きができるのは、貴族など上流社会のごく一部の人たちだったことを考えれば、わが国の識字率がダントツの高さであったことが分かる。

科学の発展にもめざましいものがあった。江戸中期の和算（数学）の学者・関孝和《せきたかかず》が、世界に先駆《さきが》けて微積分《びせきぶん》の理論《りろん》を創始《そうし》したことは有名である。文学の分野でも、松尾芭蕉《まつおばしょう》や近松門左衛門《ちかまつもんざえもん》の活躍《かつやく》など、枚挙《まいきょ》にいとまがない。江戸時代の絵画《かいが》に限って見ても、夥《おびただ》しい数の画家が輩出《はいしゅつ》している。歌川広重《うたがわひろしげ》の浮世絵は、あのゴッホにも大きな影響を与えたほどである。

ことほどさように、わが国に於いては、武家の封建社会下であっても自由の気風にあふれ、豊かな文化が花開いたのであって、閉鎖的な独裁国家とは趣《おもむき》を異《こと》にしていたのである。それに、これが肝心なことなのだが、「独裁」というのは、「権力」のみならず「権威」も一手に握ることを意味している。日本の場合、武家が握っていたのは「権力」だけであって、「権威」は侵《おか》すべからざるものとして天皇が体現《たいげん》されていた。武家の棟梁《とうりょう》としての「将軍」の地位も天皇の詔勅《しょうちょく》によって授けられたものだったのだ。だから、古代はいざ知らず、武家政治以降のわが国には「独裁」と称することのできる国家体制は存在しなかったと言って良い。

中国では、王朝が革命によって興亡《こうぼう》を繰り返してきたが、それは儒教の「易姓革命」論で正統化されてきた。権力と権威を一手に握った独裁者が代わるたびに、前の王朝の歴史は否定されて書き換えられ、新たな王朝の正統性が書き込まれてきた。だから、中国は、国家としての一貫性はなく、プツンプツンと切れたコマ切れの王朝の推移《すいい》としてしか認識できないのである。

「中国5000年の歴史」などと言うが、「中国」という国は、1949年の共産主義革命によってできた異形《いけい》の「王朝」（つまり中華人民共和国＝略して中国）でしかなく、たかだか七十余年の歴史しかない。しかも、中共は、政治を行なう場合の最低限の道徳規範としての約束事（法令等）の上位に君臨し、国民の犠牲の上に手前勝手な政治を行なって平然としている。これは孔子の言う「**爲政以德、譬如北辰居其所、而衆星共之**」とはほど遠いものだが、儒教的価値観（全体主義の共産主義の価値観と重なり合う）の下では、これが正統化されているのである。

それに引き換えわが国は、国の開闢《かいびゃく》以来今日まで、神話の時代を源とする天皇が万世一系で繫《つな》がり、「和」を尊重し話し合いを大切にする国体の主柱として続いているのだ。紀元前660年に即位された神武天皇から数えても実に2700年近い歴史があるのである。

その間わが国は、細部《さいぶ》を見れば色々と問題も指摘できようが、歴史を俯瞰《ふかん》して概要《がいよう》を評すれば、まさに、孔子の言う「**爲政以德、譬如北辰居其所、而衆星共之**」の政治であったと言っても良いのではないか、と私は思っている。

二　子曰、詩三百、一言以蔽之、曰思無邪、

子《し》曰《のたま》わく、詩《し》三百《さんびゃく》、一言以《いちごんもっ》てこれを蔽《おお》う、思《おも》い邪《よこしま》無《な》しと曰《い》えり。

【現代語訳】

先生は次のように言われた。

「詩経の三百篇を一言で表せば、『心の思いに邪《よこしま》なし』だ。」

※ 金谷氏は訳文に関して、「詩経の三百篇——『詩経』の実数三百十一篇（うち六篇は題名だけ伝わる）の概数をあげた。『書経』とともに孔子学団の教科書。『心の思いに……』——『思無邪』は『詩経』魯頌《ろしょう》の駉《けい》篇の一句。それを用いて『詩経』全篇の純粋さを規定した。」と付記しておられる。

【私の見解】

『詩経《しきょう》』は、もともと儀式や祭典用の歌だったそうだ。およそ半数は民謡を集めたもので、のちに孔子がそのうちから三百十一篇を選んで、孔子学団の教科書にしたものだという。その『詩経《しきょう》』を孔子は、一言で表せば「邪心《じゃしん》を払拭《ふっしょく》せよ」ということだと言っているのだ。このことから察するに、孔子の教えは、ある意味に於いて、「邪心を捨てよ」に尽きると言って良いのかも知れない。

何をもって「邪心」とするかについては議論のあるところだろうが、「**詩三百、一言以蔽**

之、曰思無邪」（詩三百《しさんびゃく》、一言《いちごん》以《もっ》てこれを蔽《おお》う、思《おも》い邪《よこしま》無《な》しと曰《い》えり。）は文字面《もじづら》からすれば、何の異論も差《さ》し挟《はさ》む必要がないものだ。孔子は、「何事も素直な心で当たれ」「邪心を捨てよ」と言っているのであり、これは、今の世でもそのまま通用する教訓だ。

この章を読んで、私は、小学5年生と6年生のときに担任をしていただいた石倉満子先生の言葉を思い出した。先生は、「陰日向《かげひなた》なくまことを尽《つ》くしなさい」を口癖《くちぐせ》にされていた。説教がましく言うのでなく、先生は自らそのことを率先《そっせん》して実行され、子ども達がまことを尽くした行ないをすると、満面《まんめん》に笑《え》みを溜《た》めて褒《ほ》めて下さった。貧しい家の生まれで粗野《そや》に育った私は、人から褒《ほ》められることなど殆《ほとん》どなかったが、放課後の掃除《そうじ》や校庭の花壇《かだん》の世話などを無心《むしん》にしていると、先生はニコニコしながら褒《ほ》めて下さった。先生に褒められると、そのたびに私は、心がほんわか温《ぬく》もるのを感じたものだ。

大人になって働くようになっても、先生の言葉は折々に蘇《よみがえ》り、私の心を励《はげ》ました。「陰日向《かげひなた》なくまことを尽《つ》くす」は、傘寿《さんじゅ》が目前に迫ったこの年齢《とし》になっても、教訓として私の心にしっかりと生き続けている。

石倉満子先生の「陰日向《かげひなた》なくまことを尽《つ》くしなさい」は、孔子の言う「邪心を捨てよ」とどこか重なり合っているように私は思う。「陰日向なく」は、「人が見ていようが見ていまいが、真心をもって」ということであり、「まことを尽くす」は、「他のことは何も考えず（つまり邪心をもたず）にやり通す」ことだと理解できるからである。

先生は、令和元年に93歳の天寿《てんじゅ》を全うされ、「この人生、満足しました。ありがとう。」の言葉を遺《のこ》して永眠《えいみん》された。まことに見事なご生涯《しょうがい》であった。私は、私が教員の道に進むことができたのも、石倉先生のお導きがあったからに違いないと思っている。

孔子の「邪念を捨てよ」の教えは、私が石倉先生から受けた教え同様に、弟子たちの心に生涯にわたって響《ひび》いたことであろう。

だが、儒教の影響を強く受けるようになった中国や朝鮮半島では、この教えが不当にねじ曲げられて、素直には伝わらなかったようだ。かの国々は、何事によらず「邪心」に満ち溢《あふ》れているように思われて仕方がない。

たとえば中国の人たちは、基本的に人を信じることができず、常に騙《だま》されないように精神を緊張《きんちょう》させているのだという。日本の中国研究の泰斗《たいと》・岡田英弘氏（故人）は、妻でさえも敵なのだと本に書いておられた。石平氏も、「基本的に中国人は儒教の影響から家族主義であり、血族および地縁や利益共同体の疑似家族（『圏子《チェンツ》』という）以外は、すべて信用できない相手とみなす。また家族であっても、夫婦は完全には信用しない。」と書いておられる。（『中国五千年の虚言史』２ページ）。

また、報道によると、中国は急速な経済発展の力を発展途上国への「援助」に使っている。「一帯一路」を提唱した2013年以降の5年間を見ても、アジア、アフリカなどの途上国に開発援助と称して年平均850億ドル（約9兆6千億円）もの巨費を投じている。これは、米国の2倍以上、日本の3倍以上だという。ところが、この援助は、純粋《じゅんすい》な意味での援助ではなく、自国の覇権《はけん》を広げるもくろみ（邪心）によるものなのだそうだ。

事実、「援助」という名のもとに発展途上国の港湾を整備し、それを中国が自国の船舶の港として使っている例も珍しくないし、中国の覇権《はけん》がらみの援助話は、マスコミをよく賑わしてもいる。中国の「援助」を受けた国の中には、中国の「邪心」に気づいて中国離れに動き出した国もあると新聞は伝えている。

「従軍慰安婦」「戦時徴用＝強制労働」などという嘘まみれの難癖《なんくせ》をつけて日本にたかっている韓国も、「邪心」の国としか表現のしようがない。日本に対してはこのように難癖《なんくせ》をつけながら、自国には政府主導で「米軍慰安婦」の制度があったことやベトナム戦争時に韓国兵がベトナム女性を強姦《ごうかん》してたくさんの「父なし子」を遺《のこ》してきたことなどの不都合な真実には頬被《ほおかぶ》りしているのだ。

北朝鮮では、独裁者・金正恩朝鮮労働党総書記によって国民が奴隷に貶《おとし》められているが、独裁者というのは、誰も信じられず、常に精神が緊張しているものらしい。彼は邪心の虜《とりこ》になり、実の兄や義理の叔父までも平然と殺した。兄は外国で毒殺し、義理の叔父は「機関銃で全身を穴だらけにした上、遺体を犬に食わせるという、李朝時代そのままの、まことに残忍なものだった」（呉善花『韓国を蝕む儒教の怨念』20ページ）という。邪心も凝《こ》り固《かた》まればかくの如く残酷《ざんこく》な悲劇をもたらすことになるのである。孔子がここまでのことを見通して「**詩三百、一言以蔽之、曰思無邪**」と言ったのかどうかは推察《すいさつ》すべくもない。

三　**子曰、道之以政、齊之以刑、民免而無恥、道之以徳、齊之以禮、有恥且格、**

子曰《しのたま》わく、これを道《みち》びくに政《せい》を以《もっ》てし、これを齊《ととの》うるに刑《けい》を以《もっ》てすれば、民免《たみまぬが》れて恥《は》ずること無《な》し。これを道《みち》びくに徳《とく》を以《もっ》てし、これを齊《ととの》うるに礼《れい》を以《もっ》てすれば、恥《はじ》ありて且《か》つ格《ただ》し。

※　金谷氏は読み下し文に関して、「格《ただ》し――新注では『至る』と読んで善に至ることと解する。今、古注による。」と付記しておられる。

【現代語訳】

先生は次のように言われた。

「政治で導き、刑罰で統制していくならば、民は法の網をすり抜けて恥ずかしいとも思わない。道徳で導き、礼で統制していくならば、〔民は〕恥を知り且つ身を正す。」

※　金谷氏は訳文に関して、「礼――法律と対して、それほどきびしくはない慣習法的な社会規範。」と付記しておられる。

【私の見解】

戦国時代末期に韓非《かんぴ》が著した『韓非子《かんぴし》』は中国社会に大きな影響を与えたという。これは法家思想の流れを汲む性悪説《せいあくせつ》に立つもので、民というのは、法令でしっかりと抑えておかなければならないものだとする思想だった。秦の始皇帝は、この思想を高く評価し、それを具体化した政治を行ない、中央集権の一大帝国を完成させたと言われている。

孔子が生きていたのはこの中央集権の秦帝国成立よりも数百年前の時代だから、『韓非子』の性悪説のことが念頭にあったとは言えないが、おそらく、孔子が生きていた時代にも、このような思想に通底する考え方が一般的にあったのであろう。もともと民は法令によって統制すべきものだとする考え方が一般意思としてあって、それを基にして韓非が『韓非子』を著したものと思われる。この推察が正しいとすれば、この章の話は、そのような状況を踏《ふ》まえ、民を刑罰で締め上げるような政治をすることを孔子が戒めたものだと理解することができるだろう。

中国には、古くから「上《かみ》に政策あれば、下《しも》に対策あり」という言葉があるそうだ。これは、「どんな政策で民を縛《しば》り付けても、民はその抜け穴をうまく見つけてすり抜ける。」というほどの意味だそうだが、孔子は、くしくも、「**道之以政、齊之以刑、民免而無恥**（これを道《みち》びくに政《せい》を以《もっ》てし、これを齊《ととの》うるに刑《けい》を以《もっ》てすれば、民免《たみまぬが》れて恥《は》ずること無《な》し。）」とそのことを喝破《かっぱ》しているのだ。その上で、道徳と礼に基づいて政治をすれば、民は自ずと恥を知り政策に従うものだと言っているのである。これは、今の世にも通じる話である。

ただ、道徳とか礼というのは、時代や国や宗教などの前提条件で如何様《いかよう》にも変わるものであり、どのような政治が道徳や礼に適《かな》っているかは、にわかには想定《そうてい》できない。各国それぞれの事情によって異なるものであり、わが国のような議会制民主主義の国では、それに則《のっと》った作法《さほう》で政治が行なわれることになる。

民主主義国の国会や議会の議論を経て定められた法令等は、いわば「最低限の道徳」として認められたものであり、それに従うことは、国民の当然の義務であり権利でもある。したがって、民主主義の政治においては、孔子の言う「**道之以徳、齊之以禮、有恥且格**」（これを道《みち》びくに徳《とく》を以《もっ》てし、これを齊《ととの》うるに礼《れい》を以《もっ》てすれば、恥《はじ》ありて且《か》つ格《ただ》し。）の要件が自ずと整っていると考えて良いだろう。

儒教国ではどうか。

例えば中国では、法令が、国民の知らぬところで、中国共産党（中共）の一方的な考えの下《もと》で恣意的《しいてき》に定められている。国民は、理由《わけ》も分からずただただそれに従うことが求められる。法文の解釈や運用も中共の思いのままで、中共にとって好ましくないことを言ったりしたりした者は、十分な理由を示されないまま突然拘束《こうそく》されたり刑務所に送られたりする。

中国を訪れる外国人であっても例外ではない。純粋に法令に基づいて理由を明確にして拘束されるのは寧《むし》ろ例外的なことであって、法令等に基づいてというより政治的判断や外交上の駆《か》け引《ひ》きで突然拘束されることなどが多いのだ。日本人も何人もその犠牲になっている。

中国の人たちが順法精神に欠けていることは、日頃の報道からも知ることができる。交通ルールは守らない、並んでいる列に割り込むのは当たり前、電車の中でも平気で排尿や排便をする等々のことが、マスコミを賑《にぎ》わしている国なのだ。

この惨状《さんじょう》は、孔子が予見したように、まさしく「**道之以政、齊之以刑、民免而無恥**」の姿そのものである。文字通り「上《かみ》に政策あれば、下《しも》に対策あり」で、人々は法の網をくぐり抜けて好き勝手のし放題《ほうだい》。恥ともなんとも思っていない様子が窺《うかが》える。

これは、政治というより、寧《むし》ろ中国の国柄そのものに、根本的な問題があるために生じている悲劇と言って良いだろう。

韓国も、法治国家の秩序を守っている私たちから見れば、おかしな所が目につく。れっきとした法律や決まり事があるのに、「大衆」の情動が政治を動かしている実態があるのだ。たとえば、「慰安婦の少女像」を日本大使館の前に設置し、ねちっこく日本への嫌がらせを続けている。国際社会の儀礼などお構いなし。その像を撤去《てっきょ》するという日本政府と韓国政府の約束があっても知らぬ顔。韓国が「情治国家」とか「情動国家」と揶揄《やゆ》される所以《ゆえん》である。

四　子曰、吾十有五而志乎學、三十而立、四十而不惑、五十而知天命、六十而耳順、七十而従心所欲、不踰矩

子曰《しのたま》わく、吾《わ》れ十五歳《じゅうごさい》にして学《がく》を志《こころざ》し、三十歳《さんじゅっさい》にして立《た》ち、四十歳《よんじゅっさい》にして惑《まど》わず、五十歳《ごじゅっさい》にして天命《てんめい》を知《し》る。六十歳《ろくじゅっさい》にして耳順《みみした》がい、七十歳《ななじゅっさい》にして心《こころ》の欲《ほっ》するところに従《したが》って、矩《のり》を踰《こ》えず。

※　金谷氏は読み下し文に関して、「学に志す――『乎』の字は、唐石経・通行本」には『于』とある。」と付記しておられる。

【現代語訳】

先生は次のように言われた。

「私は、十五歳で学問を志し、三十歳で独立し、四十歳で迷いを棄《す》て、五十歳で天命を知り、六十歳になると人の言葉に素直に耳を傾け、七十歳になると心のおもむくままに行動して道を外すことがなくなった。」

※　金谷氏は訳文に関して、「天命――朱子の新注は、天が物に賦与した正理でものごとのあるべき道理だと解し、それに従って人間の内的な道徳的使命とみる説が有力であるが、『命』字の用例から帰納すると、天のさだめごと、人間の力をこえた運命としての意味が強い。天は不可知なものである。」と付記しておられる。

【私の見解】

さて、これは、日本でもよく知られた『論語』の一節である。孔子のある種の「人生観」・「生き様」が素直に表現されており、私は、読む度に「すごいなあ」と思い、ほとんど成り行き任せに生きてきた自分の人生を振り返って、恥《は》じ入《い》ることしきりである。

私の親友・藤野孝夫《ふじのたかお》君（元高校教員、隠岐《おき》の島《しま》在住）は、『論語』を朗誦《ろうしょう》することを今も日課にし、ひとりでに言葉が口をついて出るほど『論語』に精通《せいつう》している。

彼は、最近次のような書き出しのエッセイを郷土誌《きょうどし》に寄稿《きこう》した。

> 心の欲する所に従い矩を超えず
>
> 七十代を心豊かに生きたい
>
> はじめに
>
> 表題は孔子先生の70代の生き方の教えである。
>
> 私は、無欲に飄々《ひょうひょう》と生きなさい。ただし、調子に乗ってはめを外してはいけないよと解釈して自分を律している。80歳代の教えはない。80歳を超えれば、自分で創造しなさいという事であろう。今私は、77歳である。70歳代の私の周囲での出来事との関わりを思いつくままに、取り上げてみたいと思い立った。

こう書き始めて、彼は、郷土愛や郷土の人々との触れあいなどのことを温《ぬく》もりのある言葉でこまやかに綴《つづ》り、「おわりに」で次のように締《し》め括《くく》っている。

おわりに

孔子先生は、30にして立ち、40にして惑わず、50にして天命を知る。60にして耳順《したが》うと教えて表題の教えで締めにしておられる。

人生は年代年代でやることがある。高校生の時、漢文で、金ポンこと金本浩次先生に暗記させせられた一文である。これまでの各年代で、私を律してきた言葉である。いつの間にか、最高年齢の70歳代になってしまった。

これからの人生を妻と健康に気を付けて生活し、80歳、90歳の先進の言われる事をよく聞いて味わい、先祖は大事にして、社会にし残しはないかを考える。そういう生き方を模索したいと思う。

「ご立派」と言う他はない。

それに引き換え、私の人生のなんと貧相《ひんそう》なことか。

15歳の春、「皆が行くから自分も行く」程度の軽い気持ちで高校に進学し、取り立てて志《こころざし》を抱くこともなく漫然《まんぜん》と過ごした。月600円の授業料も滞《とどこお》りがちな貧乏生活と勉強の難《むずか》しさに音《ね》をあげて、高校を中途退学することを模索《もさく》したこともあった。高校では『論語』も少し学んだはずだが、藤野君とは大違いで、何の記憶も教訓も残っていない。

18歳の春、高校を卒業すると、とにかく赤貧《せきひん》の家から逃げたくて、大阪の大手の山一証券に就職した。特段入りたかったわけではない。高校の就職担当の先生に紹介されるままに、はじめは川崎製鉄を受験したが不合格、次に紹介された野村証券も不合格、三回目に紹介されたのが山一証券だった。

山一証券に就職したものの仕事について行けず、人間関係にも失敗して、二年後の20歳の春に会社を辞《や》めた。

街で見かけた大学生の姿に憧《あこが》れて、三月の締め切り間近《まぢか》になって、たまたま新聞広告で知った私立大学に入学志願書を出した。その大学の特徴も何も分からぬまま、行き当たりばったりの出願だった。もちろん受験勉強は全くしていない。

なんとか合格したものの、入学金も授業料も払えない。親に泣きついて四万円を工面してもらい（母がどこからか借金して作ってくれた）、僅《わず》かな退職金と着古した数着の背広を質入れした金《かね》でなんとか入学金と前期の授業料を納めた。

大学生活は、バイト、バイト、バイトの連続だった。志を抱くこともなく、ただ食うためと学費を稼《かせ》ぐために追いかけられるような毎日だった。

授業だけは休まなかった。借金となけなしの金で入学したからには授業は無駄《むだ》なく受けたいと思った。教科書を買う金もなく、大学の図書館で借りた本を教科書代わりにして凌《しの》いだ。バイトで稼《かせ》いだ金で後期の授業料を納めたときには、なぜか涙が溢《あふ》れた。

二回生になると、日本育英会から特待生奨学金（月額八千円）の支給を受けることができた。大学からも特待生扱いを受けて奨学金（四万二千円）の貸与《たいよ》を受けることができ、お陰で授業料の問題はなんとか解決したが、食うための闘いは続いた。

無理が祟《たた》ったのか、三回生の終わり頃に神経衰弱《しんけいすいじゃく》とパニック障害に陥《おちい》った。「人生もこれまでか」と奈落《ならく》の底《そこ》に落ち込んだ。

縁とは不思議なものだ。大学に入学した直後から、山一証券に同期入社した女性と交際するようになった。彼女の支えもあり、神経衰弱とパニック障害を乗り越えることができただけでなく、三回生の12月には彼女と結婚の運びになった。23歳の時だ。金欠の学生風《ふ》情《ぜい》が結婚とは無謀《むぼう》も甚《はなは》だしいが、後にして思えば、神の思《おぼ》し召《め》しだったとしか思えない。ふがいないわが身が原因で何度も離婚の危機があったが、すでに結婚55周年が過ぎた。ひとえに妻の忍耐《にんたい》の賜《たまもの》である。

四回生の夏、奈良県の教員採用試験を受けたが、見事に失敗した。受験のための準備を何一つしていなかったのだから当然の報いだった。

卒業が近づいた一月、24歳のときに、長女が誕生した。就職はまだ決まっていなかった。ある著名な食品会社に応募したが失敗した。私立工業大学の事務員に応募したがこれも不合格。ある小さな銀行になんとか受かったが、神経衰弱とパニック障害の残滓《ざんし》に苦しめられて辞《や》めざるを得なくなった。仕方なく、町の役場に雇われて働くことになった。だが、これも、自分にはしっくりと来ない感じがして悩んだ。一体何がしたいのか分からなかった。焦《あせ》りと不安に押しつぶされそうな毎日だった。

落ち込んでいた私を見かねて、大学の同級生の藤野孝夫君が、ある大阪府立学校の講師の仕事を紹介してくれた。すでに大阪府の教員採用試験に合格していた彼には、赴任校《ふにんこう》の内示だけでなく講師の仕事の誘いも来ていたのである。彼は、その講師の仕事を私に回してくれたのだ。

紹介された講師の仕事は、半年間の期限付きではあったが、その年の夏の教員採用試験に合格すれば半年後には教諭として正規採用されるという好条件のものであった。

校長先生の面接を受けて講師として採用された。これが、教員としての始まりだった。このときにはじめて、天職を得たのだという感慨《かんがい》を覚《おぼ》えた。不思議な感覚だった。そして、恩師・石倉満子先生のことを思った。「石倉先生のような先生になりたい。」と心の底から思った。「志」と言えるものを自覚したのは、人生であの時が初めてだ。

藤野君の厚意を無駄にしないためにも、教員採用試験にはどうしても合格しなければならなかった。生まれて初めて本気になって「受験勉強」なるものに取り組んだ。お陰で教員採用試験に合格し、10月から大阪府立学校の教員として正規採用となった。だから、生涯、藤野君には足を向けては寝られない。

教員になって四年後の一月に長男が生まれた。29歳の時だ。以後、教員として可も無く不可も無くの人生を送ってきた。

30代は、アメリカへの短期留学が少し印象に残るくらいで、立志伝《りっしでん》としてはパッとしない。

40代には左上腕部に骨腫瘍《こつしゅよう》ができて死にかけたことが最も印象に残っている。

50代には転機が訪れたかに思われたが、振り返ってみれば残念な結果に終わったことが分かる。つまり、平成7年（52歳のとき）に、当時勤務していた学校の校長先生に推薦していただいて教頭になり、平成10年（55歳のとき）に校長になったが、ストレスの蓄積《ちくせき》もあって心臓・肺・胃腸・目などの病《やまい》に冒《おか》され、校長職の重みに堪《た》えられなくなった。校長としての資質に欠ける所があったのかも知れない。

その結果、平成15年3月末に60歳定年よりも一年早く退職することになった。自分ではそれなりに力を尽くしたつもりだったが、残念ながら空回りに終わった。校長として満足な実績は何ひとつ残すことができず、関係の皆様に大変申し訳ない仕儀となった。

退職後、60代は、体調と相談しながら、母校の大学でアドミション・オフィサーとして三年半ほど働き、さらに小さな専門学校で二年ちょっと働いて、65歳のときに一切の給料取りの生活から身を退《ひ》いた。

その後は、しがない年金生活だ。シルバーセンターの植木剪定《うえきせんてい》の仕事をしたこともあったが、身体《からだ》が保《も》たなくなり、三年ほどで辞《や》めた。

十年ほど前に、編集委員からの依頼を受けて、産経新聞のコラム「解答乱麻」に寄稿させていただく機会を得た。わずか三年半ほどの期間であったが、これは、60代から70代にかけての特筆すべき出来事と言ってよいだろう。

70代の今は、これまで以上に病《やまい》との闘いである。持病の心疾患《しんしっかん》が悪化し、六年前（73歳のとき）に手術を受けたが、体力がめっきり落ちた。おまけに、昨年（令和3年）夏には肺癌《はいがん》の疑いが指摘され、検査検査の連続で、目下《もっか》のところ経過観察中だ。昨年10月には心臓病が再発して再び手術を受けた。体力にますます自信がなくなり、趣味の鮎釣りも妻との小旅行もままならなくなった。

これまでに、半生の経験を踏まえて、八冊ばかりの本を世に出した。市場では殆《ほとん》ど売れない。親戚《しんせき》や数少ない友人に配って読んでもらうのがささやかな楽しみだが、これも、取るに足らない自己満足に過ぎない。

改めて「**吾十有五而志乎學、三十而立、四十而不惑、五十而知天命、六十而耳順、七十而**

従心所欲、不踰矩」を読んでみると、わが身のふがいなさを思い知らされる。

右に見たように、「**吾十有五而志乎學**」どころか、その頃は腑抜《ふぬ》けのような高校生活を送っていたし、30歳の頃には一男一女の父親ではあったものの、毒にも薬にもならぬような父親であり教員だった。「石倉先生のような先生になりたい。」と常に心がけてはいたが、成果を挙げたという実感はない。「**三十而立**」とはかけ離れた教員だったと思う。

「**四十而不惑**」も胸を張って言えるような実績は何も無い。それどころか、重い病気に罹《かか》ったこともあって、いつも死の恐怖におびえていた。

「**五十而知天命**」は私には最も無縁の境地《きょうち》だ。傘寿《さんじゅ》が近くなった今でさえ、わが身に与えられた「天命」が何なのか分からない。55歳で校長職を拝命したことが天命だったのだろうか。それにしては、悲惨《ひさん》な結末だった。

「**六十而耳順**」も自信がない。元来、融通《ゆうずう》の利《き》かぬ意地張《いじっぱ》りで、他人《ひと》の話にじっくりと耳を傾ける素養に欠けるところがある。当然他人《ひと》からあまり好かれない。

今、70代も終わりに近づいているが、「**七十而従心所欲、不踰矩**」の境地にはまだまだほど遠い。

過ぎ去った時間はどうにもならぬ。もう繰《く》り言《ごと》は言うまい。ここまで生きることができたことに素直に感謝し、これから先何年生きられるか分からないが、「**七十而従心所欲、不**

矩」を鏡として、少しでも世の中の役に立つ生き方を考えながら自分の行動を律して行きたいものだ。

と、ここまでわが人生を振り返って気づいたことがある。天命とは、要するに自分の意志や行ないとは関わりのないところでわが身に降りかかる全てのことを指すのではないかということだ。生まれて来たのも天命なら悩みながら生きるのも天命、病気になるのも事故に遭《あ》うのも全て天命だ。そして、やがて自分の意志とは関わりなく死が訪れる。慌《あわ》てることはない、うろたえることもない。泰然自若《たいぜんじじゃく》としてわが人生を受け入れておればいいのだ。そして、「ああ、いい人生だった、ありがとう。」と言って死んでいけたら最高ではないか。「天命を知る」とは、まさにこのことなのかも知れない。

それにしても、高校生の頃から孔子の言葉をそらで言えるほど身につけ、「**吾十有五而志乎學、三十而立、四十而不惑、五十而知天命、六十而耳順、七十而従心所欲、不踰矩**」を当然の如く実践してきた藤野孝夫君には、本当に頭が下がる。

余談だが、「**吾十有五而志乎學、三十而立、四十而不惑、五十而知天命、六十而耳順、七十而従心所欲、不踰矩**」は、実は孔子自身の言葉ではないとの指摘がある。

たとえば井上靖は、小説『孔子』の中で、

「私のお仕えした、私のよく存じ上げている子《し》は、こうしたことは一切、御自分の口からは出さない方ではなかったか、と思います。」(189ページ。ふりがなは山内がつけた)。

と孔子の架空の弟子・蔫薑《えんきょう》に語らせている。

孔子に仕えていた誰かが、孔子の生き様を見聞きして、それを表す言葉として創作したものだったとしても、今やそのようなことはどうでもよいように思われる。『論語』の中に孔子の言葉として載っていること自体が、歴史的な光彩《こうさい》を放っているのだ。

五　孟懿子問孝、子曰、無違、樊遲御、子告之曰、孟孫問孝於我、我對曰無違、樊遲曰、何謂也、子曰、生事之以禮、死葬之以禮、祭之以禮、

孟懿子《もういし》、孝《こう》を問《と》う。子曰《しのたま》わく、違《たが》うことなし。樊遅《はんち》、御《ぎょ》たり。子《し》これに告《つ》げて曰《のたま》わく、孟孫《もうそん》、孝《こう》を我《わ》れに問《と》う、我れ対《こた》えて曰《い》わく、違《たが》うこと無《な》しと。樊遅《はんち》曰《い》わく、何《なん》の謂《い》いぞや。子曰《しのたま》わく、生《い》けるにはこれに事《つか》うるに礼《れい》を以《もっ》てし、死《し》すればこれを葬《ほうむ》るに礼《れい》を以《もっ》てし、これを祭《まつ》るに礼《れい》を以《もっ》てす。

【現代語訳】

孟懿子《もういし》が先生に孝について訊ねた。先生は次のようにお答えになった。

「親に逆らわないということです。」

樊遅《はんち》が御者《ぎよしや》を務めていたが、先生はその樊遅《はんち》に、

「孟孫《もうそん》（孟懿子《もういし》）が孝《こう》とは何かと問うてきたので、『親に逆らわぬことだ』と答えたよ。」

と話された。すると、樊遅は、

「それはどういう意味ですか。」

と訊ねた。先生は、

「親が生きているうちは、礼によってお仕えし、親が死んだならば、礼によって葬《ほうむ》り、礼によってお祭りをすることだ。」

とお答えになった。

※　金谷氏は訳文に関して、「孟懿子——魯《ろ》の国の家老。仲孫氏、名は何忌《かき》。懿は死後のおくり名。下文の孟孫《もうそん》も同じ人物で、孔子に礼を学んだことがある。魯では公室の一族の孟孫・叔孫・季孫という三家が実力者であった。　樊遅——孔門の門人。名は須《す》、あざ名は子遅《しち》、孔子より三十六歳わかい。」と付記しておられる。

【私の見解】

さて、これは、孔子が「孝」について答えたものである。彼は、親に逆らわぬこと、具体的には、親に対する礼儀作法を守ること、それが「孝」だと言っている。

この考え方は、今の時代にそのまま当てはめることはできないように思われる。今日の日本で『論語』のこの一節があまり人口に膾炙《かいしゃ》されないのはそのためであろう。

「親を大切にする」という一般的な意味に解釈すれば、今日《こんにち》でも何の抵抗もなく受け入れることもできようが、孔子がここで言っている「親孝行」は、何だか異様な感じがする。

儒教の国では、今も、孔子が言った「親に逆らわぬこと」を「孝」だと考えているのであろうか。中国でも朝鮮半島でも、「身内の恥は隠す」のが正義だというが、これは、「親に逆らわぬ」という価値観の拡大版なのだろうか。

そうだとすると、たとえば、身内の悪事を内部告発することは絶対に許されないことになり、中国や北朝鮮で内部告発が絶対にできない仕組みになっているのも、韓国から内部告発のニュースが殆《ほとん》ど耳目に入って来ないのも、孔子の思想（儒学）やそこから生まれた儒教に呪縛《じゅばく》されているせいなのかも知れない。

呉善花《おそんふぁ》氏は、このあたりのことを次のように述べておられる。

韓国には、強固な血縁集団を単位として社会を形づくってきた伝統的な価値観がある。その価値観とは何かというと、「身内こそ正義」の価値観である。そこでは、「身内＝自分の属する血縁一族とその血統」は絶対的な善であり、「身内＝自分の属する血縁一族とその血統」の繁栄を犯す者は絶対的な悪である。

韓国人が、法に反してまで嘘をつくことが少なくないのは、身内（親族・仲間・同民族）への情の厚さは道徳心の基盤であり、それは法を守る心（順法精神）に勝るものでなくてはならない、という古くからの（儒教的な）価値観があるからだ。そこで身内をかばうためには当然のように嘘をつくことになる。（『韓国「反日民族主義」の奈落』67～68ページ）。

なるほど、やはり儒教による呪縛《じゅばく》によって、身動きができなくなっているということのようである。

中国や朝鮮半島の国々が、私たち日本人の感覚からすれば信じられないような不道徳な振る舞いをするのは、『論語』（儒学）やそれを元にした儒教の影響によるものだと見るのは、どうやら間違ってはいないようだ。

六　孟武伯問孝、子曰、父母唯其疾之憂、

孟武伯《もうぶはく》、孝《こう》を問《と》う。子曰《しのたま》わく、父母《ふぼ》には唯《た》だ其《そ》の疾《やまい》をこれ憂《うれ》えしめよ。

※　金谷氏は読み下し文に関して、「新注では『父母は唯だ其の疾をこれ憂う。』と読む。今古注による。」と付記しておられる。

【現代語訳】

孟武伯《もうぶはく》（懿子《いし》の子《こ》）が、孝について訊ねた。

先生は次のように答えられた。

「父母は、いつも子どもの病気のことを心配するものだよ。〔だから病気のことは仕方がないとしても、他のことでは心配をかけないことだ。〕」

※　金谷氏は訳文に関して、「孟武伯――懿《い》子《し》の子。名は彘《てい》。武はおくり名、伯は長兄の称。古注の説。新注では、子として父母は子の健康のことばかりを案じている、その心を想いやって身を謹むのが孝だと解し、伊藤仁斎では、子として父母の健康をこそ心配せよという意味にとる。」と付記しておられる。

金谷氏の訳は、

孟武伯《もうぶはく》が孝のことをたずねた。先生はいわれた、「父母にはただ自分の病気のことだけを心配させるようになさい。〈病気はやむを得ないばあいもあるが、そのほかのことでは心配をかけないように。〉」

となっているが、私は新注の解釈の方が話として分かり易いのでそちらを採用した。

【私の見解】

さて、孔子の言葉は、その時々に微妙に変化する。「孝」についての説明もそうだ。孟懿子《もういし》には「親に逆らわぬこと」だと説明していたが、孟懿子《もういし》の子《こ》の孟武伯《もうぶはく》には「自分の病気以外で心配をかけないこと」だと答えている。一見、孔子の言うことには一貫性がないように見える。一般的に、孔子は聖人とも大哲学者とも大思想家とも称されているが、石平氏は、『なぜ論語は「善」なのに、儒教は「悪」なのか』の中で、『論語』で示されている孔子の考えはごく普通の不連続な良識と言えるものであり、学問的な一貫性に欠けていることや体系的にまとまった思考内容ではないこと、さらに人生や世界の根本原理を追求していないことなどを挙げて、思想家でもなければ哲学者でもないと言っておられる。また、孔子は波瀾万丈《はらんばんじょう》の人生を歩んだ苦労人であり、『論語』には人生の達人としての「融通無碍《ゆうずうむげ》の境地《きょうち》」が示されていると言い、孔子を聖人扱いすることは正しくないとも言っておられる。石平氏の指摘を踏まえて『論語』を読み返してみると、私のような無学な者もなるほどと納得がいく。

「孝」についての考えも、孔子がその時々に合わせて角度を変えて話しているのだと解釈すれば、その内容に一貫性がなくても、微妙《びみょう》な違いがあっても、気にはならない。

さて、「父母には、自分の病気のこと以外で心配をかけないこと」だという「孝」の話である。この場合、孔子は、子が病気になって親に心配をかけることはやむを得ないことだと言っているように裏読みできる。生命あるものにとって「生老病死《しょうろうびょうし》」は避けられない哲理であることを踏まえれば、これはごく常識的な考え方だと言えるだろう。

単に「病気以外のこと」と言っても、その中身は実に範囲が広い。「親が嫌がることはするな。それが『孝』だ。」と言っていると解釈すれば、「親に逆らわぬこと」とほとんど中身は同じだと言える。表現の角度が少し違うだけのことだ。

七　子游問孝、子曰、今之孝者、是謂能養、至於犬馬、皆能有養、不敬何以別、

子游《しゆう》、孝《こう》を問《と》う。子曰《しのたま》わく、今《いま》の孝《こう》は是《こ》れ能《よ》く養《やしな》うを謂《い》う。犬馬《けんば》に至《いた》るまで皆《み》な能《よ》く養《やしな》うこと有《あ》り、敬《けい》せずんば何《なに》を以《もっ》て別《わか》たん。

※　金谷氏は読み下し文に関して、「別たん――『別』字の下、唐石経・通行本には『乎』の字がある。」と付記しておられる。

【現代語訳】

子游《しゆう》が、先生に孝について訊ねた。先生は次のように答えられた。

「今の孝は、親をよく養うことを指しているが、犬や馬でもよく養う。親への尊敬がなければ、犬や馬が養うことと違わない。」

※　金谷氏は訳文に関して、「子游――孔子の門人。姓は言《げん》、名は偃《えん》、子游はあざ名。孔子より四十五歳わかい。『文学には子游と子夏《しか》。』といわれる。犬や馬でも人を養うという意味（古注）。これと別に、犬や馬でも親と同様に養ってやっているではないかとする解釈もある（古注の一説と新注。）」と付記しておられる。

【私の見解】

さて、孔子は、今度は親の扶養と親への尊敬に焦点をあてて「孝」を説明している。ただ物質的に親を養うのは本当の「孝」ではない、親への尊敬が根底になければならぬ、と言っているのだ。この場合、この「尊敬」は「愛」に置き換えても問題はないであろう。

これは、今日《こんにち》の価値観でもまったく当てはまる。犬や馬を引き合いにして説明しているのは、それが誰にでも分かり易い譬《たと》えだからであろう。

ところで、金谷氏の付記にあるように、新注では、「**至於犬馬、皆能有養**」（犬馬《けんば》に至《いた》るまで皆《み》な能《よ》く養《やしな》うこと有《あ》り、）を「犬や馬でも親と同様に養ってやっているではないか、」と解釈するという。そうなると、「養う」の主客《しゅきゃく》が替わることになるが、その場合も話の趣旨は基本的に変わらないと思われる。

この「孝」の説明は、平明で学問臭《くさ》くないし、哲学臭くもない。ごく素直に「親を尊敬して扶養せよ」と言っているのだと解すれば、基本的に抵抗なく受け入れることができる。

八　子夏問孝、子曰、色難、有事弟子服其勞、有酒食先生饌、曾是以爲孝乎、

子夏《しか》、孝《こう》を問《と》う。子曰《しのたま》わく、色難《いろかた》し。事《こと》あれば弟子其《ていしそ》の労《ろう》に服《ふく》し、酒食《しゅし》あれば先生《せんせい》に饌《せん》す。曾《すなわ》ち是《こ》れ以《もっ》て孝《こう》と為《な》さんや。

【現代語訳】

子夏が先生に孝について訊ねた。先生は次のように答えられた。

「顔の表情というのはむずかしい。仕事があれば若い者が労に服し、酒食があれば年上の

人にすすめる。さてそんなことを孝と言えようか。〔親への愛がなければ本当の孝行とは言えぬ。〕」

※　金谷氏は訳文に関して、「顔の表情――親の前でやわらいだ顔つき。心の中に本当の愛情があってこそできる。それでむつかしいといった（新注）。『礼記』祭義篇＝孝子の深愛ある者は必らず和気あり。和気ある者は必らず愉《たの》しき色あり。古注では親の表情をよみとることと解する。」と付記しておられる。

【私の見解】

ここでも孔子は、子の親への愛情に焦点を当てて「孝」を説明している。仕事に精を出して酒食で親をもてなしても、そこに親への愛がなければ本当の「孝」とは言えぬ、と孔子は言っているのだ。心の中に本当の愛情がなければ、態度にそれが表れるとも言っている。何一つ難しいことは言っていない。前の第七章の趣旨と同じである。

儒教国では、しかし、孔子が言っている「孝」を素直に受け止めるのではなく、そこに、「身内の利益を第一に考える」という儒教的な味付けを行なって受け止めている。だから、前にも触れたように、たとえば親が悪事を働いてもそれを隠蔽《いんぺい》するのが「孝」であり正義だということになるのだ。

この考え方が増幅《ぞうふく》すれば、地域社会の悪事や国の悪事なども隠すのが正義ということになる。既に触れたように、悪名高い中国や韓国の「隠蔽《いんぺい》と嘘つき体質」はこのことと深い関わりがあるのだという。

九　子曰、吾與回言終日、不違如愚、退而省其私、亦足以發、回也不愚、

子曰《しのたま》わく、吾《わ》れ回《かい》と言《い》うこと終日《しゅうじつ》、違《たが》わざること愚《ぐ》なるが如《ごと》し。退《しりぞ》きて其《そ》の私《し》を省《み》みれば、亦《ま》た以《もっ》て発《はっ》するに足《た》れり。回《かい》や愚《ぐ》ならず。

【現代語訳】

先生は次のように言われた。

「私が顔回と一日中話をしても、私の言うことと全く違わず（私の言うことに一切反論せず）、まるで愚か者のようだ。しかし、引き下がって顔回の私生活を見ると、しっかりと私の言うことを実践している。顔回は愚か者ではないね。」

※　金谷氏は訳文に関して、「回——孔子最愛の門人。姓は顔、名は回、あざ名は私淵《しえん》。孔子より三十歳わかかったが、四十一歳で孔子に先だって死んだ。」と付記しておられる。

【私の見解】

これは、孔子の人間観を端的に示している話である。人は言葉ではなく実行（実践）が大切だと言っているのだ。**「巧言令色、鮮矣仁」**にも通じる言葉だ。

日本では、どんなに達者な論客であっても、実行が伴わなければ信用を失う。逆に、寡《か》黙《もく》でも為すべきことをしっかりと為している人は、ごく自然に信頼を得る。いわずもがなのことである。

だが、この至極《しごく》当然のことも、儒教国では違うようだ。事実がどうであれ、とにかく言葉で相手を威圧《いあつ》して言い負かせばよいという価値観が蔓延《まんえん》しているように見える。

たとえば中国は、「わが国は、どこの国も侵略したことはない」などと世界に向かって平然と言うが、現にチベットや内モンゴルやウイグルなどを有無《うむ》も言わせずにわがものにしているだけでなく、歴史をねつ造してわが国の尖閣諸島《せんかくしょとう》や沖縄を虎視《こし》眈々《たんたん》と狙《ねら》っているではないか。

韓国も、慰安婦問題などについて最終的かつ不可逆的《ふかぎゃくてき》な解決を合意しながら、その舌の根も乾《かわ》かぬうちにそれを破り、いっそう力を込めて日本批判を繰り返している。まさしく「口先で巧《うま》いことを言う者は恥を知らぬ。」所業《しょぎょう》である。

一〇　子曰、視其所以、観其所由、察其所安、人焉廋哉、人焉廋哉、

子曰《しのたま》わく、其《そ》の所以《ゆえん》を視《み》、其《そ》の由《よ》る所《ところ》を観《み》、其《そ》の安《やす》んずる所《ところ》を察《さっ》すれば、人焉《ひといずく》んぞ廋《かく》さんや、人焉《ひといずく》んぞ廋《かく》さんや。

【現代語訳】

先生は次のように言われた。

「人間は、その所作を視、その人の経歴を観察し、その人の落ち着き所を調べたなら、〔その人柄は、〕どんな人でも隠せるものか。どんな人でも隠せるものか。」

【私の見解】

人柄は、その人の持って生まれた資質のうえに親の養育姿勢や育った環境及び教育などの要素が加味されて形成され、人間性の総体として立ち居振る舞いに自ずと現れるものだ。それゆえ、それは、その人の所作と経歴を見ればはっきりするし、どのような生活をしているかを見ればもう隠しようがない。孔子の言っていることは、人柄の真理に触れている。

わが国では、粗野《そや》な振る舞いをすると、「育ちが知れる。」とか「親の顔が見たい。」などと揶揄《やゆ》されることがあるが、これも、孔子のこの章の言葉に通じるものがあるような気がする。

ところで、「人柄」について言えることは「国民性」についても言えるのではないか。

評論家の黄文雄氏（台湾出身・日本に帰化）は、ご著書『中国と中国人は、この五文字で理解できる』の中で、日本人の国民性を「誠（まこと）・施（ほどこす）・和（やわらぐ）・公（おおやけ）・浄（きよめる）」の五文字で表し、中国人の国民性については「詐（いつわる）・盗（ぬすむ）・争（あらそう）・私（オレが）・汚（けがす）」の五文字で表しておられる。

この黄氏の指摘は、日本と中国のこれまでの言動や振る舞い及び歴史を素直な気持ちで見れば、言《い》い得《え》て妙《みょう》だと思う。中国がどんなに言葉で取《と》り繕《つくろ》うとも、その国柄・国民性はもはや隠しようがない。

私がかつて専門学校で教えたことのある中国人（20代男性）は、私の「歴史とは何か」との問いかけに、即座《そくざ》に「政治のツールだ。」と答えた。石平氏も「中国にとって、歴史とはあくまで政治に利用するものなのだ。」と著書に書いておられる。（『中国五千年の虚言史』44ページ）。歴史までも自分たちに都合のよいように書き換えるのだから、その国柄がどんなものか、もう何をか謂《い》わんやである。

一一　子曰、温故而知新、可以爲師矣、

子曰《しのたま》わく、故《ふる》きを温《たず》めて新《あたら》しきを知《し》る、以《もっ》て師《し》と為《な》るべし。

※　金谷氏は読み下し文に関して、「温めて――鄭注『燖温《ぜんおん》の温』の意味に従う。古注と新注では『尋繹《じんえき》』と解して、『たずねて』と読む。」と付記しておられる。

【現代語訳】

先生は次のように言われた。

「古いことに習熟して新しいことも知るなら、人の師となれる。」

【私の見解】

「**温故而知新**」の額《がく》は、日本の学校にもよく掲げてある。それほど有名な言葉だ。

「古いこと」を端的に言えば「歴史」ということであろう。歴史をよく調べて習熟し、その上に新しい事実や真理を見つけることができる人は、人の師として慕《した》われると、孔子は言っているのだ。

孔子は、ここでも何も難《むずか》しいことを言っているわけではない。ごく普通のことを言っている。日本人的な素直な気持ちで読めば、ストンと胸に落ちる言葉である。

だが、日本人の中にも、「歴史」を史実に基づいて謙虚《けんきょ》に調べるのではなく、後の世の高みから史実をねじ曲げ、場合によっては捏造《ねつぞう》して、自分たちに都合の良いように新たな理論を構築《こうちく》する人たちがいる。彼らは、孔子のこの言葉をどう受け止めているのであろうか。

拙著『保守の顔をした左翼を叩く』でも書いたことだが、たとえば松本健一（学者及び評論家・故人）は、著書『日本の失敗』（岩波文庫）の中で、「歴史（history）とは、つねに現在の物語（story）である。なぜなら、かつてあった事実を、いま『わたし』が物語るからだ。」と述べ、彼が抱く現在の価値観で日本の歴史を物語り、自分の思想に合わせて祖国日本に「帝国主義」「侵略国家」「軍国主義」などのレッテルを貼《は》り付けている。（5〜9ページ）。

確かに「歴史」にはstory性があるが、それは、「歴史」そのものに備わったstoryのことであって、後の世の者が自分の価値観に基づいて勝手に歴史を「物語る」ことではない。つまり、「歴史」は、松本が言うような「現在の物語」でもなければ「いま『わたし』が物語る」ものでもないのだ。

歴史に向き合う時の基本は、江戸時代中期の学者・伊勢貞丈《いせさだたけ》が言っているように、「いにしえをいにしえの目で見る」ことであり、歴史上の時点の価値観や時代背景（時勢）を史実の中に読み取ること、そして、そこから現在や未来への教訓を引き出すことであると私は思う。（伊勢貞丈のことは渡部昇一氏〈元上智大学教授・故人〉の著作で知った）。

阿倍源基（戦前の特別高等警察部長。警視総監《けいしそうかん》や内務大臣を歴任・故人）も、次のように述べている。

およそ昭和動乱を研究し、その歴史を書く場合、ただ軍部が横暴だとか右翼がけしからぬというだけでは、歴史の真相に触れることはできない。時代の背景を正確に究明することによって、はじめて正しい歴史を知ることができると思う。導火装置があっても、火がつき燃え上がるだけの時代的背景と素地がなければ、大事件は起こらないからである。（『昭和動乱の真相』78ページ）。

松本には、歴史に向かうときのこの基本姿勢が欠けているのだ。彼は時代背景（時勢）に目を向けず、まず自分の価値観ありきで歴史の事象を捉《とら》え、自分の思想に合わせて歴史にレッテル貼りをしている。これは、ドグマ（教義）に基づいて演繹的《えんえきてき》に事柄を捉えようとする左翼系《さよくけい》の人たちが陥《おちい》りやすい悪癖《あくへき》である。

左翼といえば、日本共産党も歴史捏造《ねつぞう》とごまかしの名人だ。この政党は、祖国日本の歴史を独《ひと》りよがりな教義に基づいて暗黒に描くだけでなく、自分たちの政党の歴史までもウソと欺瞞《ぎまん》で塗《ぬ》り固《かた》めている。コミンテルンの日本支部としてスタートし、何もかもソ連の指導の下に活動を始めたにも拘《かか》わらずそれを隠蔽《いんぺい》し、「解放運動」の高まりを受けて自発的に党を立ち上げたかのように美化している。そして、彼らの主張は、「科学的社会主義を理論的な基礎とする」と大見得《おおみえ》を切ってはいるものの、はったりに満ちたレトリックに陶酔《とうすい》して、全て現実から遊離《ゆうり》したバーチャルな内容に終始している。（詳しくは拙著『日本共産党の仮面を剥《は》ぐ』参照）。

中国共産党（中共）もその基本は同じである。コミンテルンの中国支部として出発したがそれを隠蔽《いんぺい》し、あたかも毛沢東たちが作った自前の政党であるかのように脚色《きゃくしょく》して公表している。歴史の中で自分たちに都合の悪いことは隠蔽《いんぺい》するだけでなく、事実を捏造《ねつぞう》し、ウソと騙《だま》しで勝手に歴史をこね上げて平然としている。

それればかりではない。現在の中共は、共産主義を標榜《ひょうぼう》しながら共産主義の根本に悖《もと》ることさえ積極的に遂行《すいこう》している有様だ。政治は一党独裁の共産党支配を堅持《けんじ》しつつ、経済は「改革開放」の名の下に自由主義経済の仕組みを取り入れている。一昔前には「反動」とか「反革命」と批判していたことを、今では何の恥《は》じらいも無く自《みずか》ら実行しているのだ。欺《ぎ》瞞《まん》の極地《きょくち》である。

その結果、貧富の格差は広がる一方で、全国民の一割に満たない人たちが富を独り占めにし、九割を超える圧倒的多数の人たちが貧困にあえいでいるという。「平等の実現」をうたい文句にしていたはずの共産主義がまったく聞いて呆《あき》れる所業《しょぎょう》ではないか。それでも中共は、日本共産党同様いまだに「科学的社会主義」を理論的基礎にしているというのだから、開いた口が塞《ふさ》がらない。

　このように、歴史を身勝手に作り替えて自分たちに都合の良い物語を捏造《ねつぞう》する人たちには、孔子の言う「**温故而知新、可以爲師矣**」は全く馬の耳に念仏であろう。なぜそうなるのか。左翼の人たちは、まず思想ありきで現実を見ず、その思想から演繹的《えんえきてき》に現実を解釈して、「〇〇のはずだ」とか「△△であるべきだ」と観念的に結論を導き出す「はずべき人たち」なのだ。だからすべてがバーチャルな仮想論に行き着くことになるのである。

　共産主義は、バーチャルな仮想論でむりやり現実に向かうから、政治手法が強権的にならざるをえない。それは、自然で自由な「**温故而知新**」のありかたとは対極《たいきょく》の所業であり、人々から慕《した》われることは決してないだろう、と私は思う。

　儒教の洗礼を受けている中国は、独裁を正当化する儒教の教義と一党独裁を党是とする共産主義とが一卵性双生児のように重なり合って、いっそう『論語』から遠ざかっているように見えるが、彼らにはそのような自覚はないようだ。

　それどころか、彼らは、『論語』（儒学）を儒教の教義を通して正しく実践しているとさえ思っている節《ふし》がある。

でなければ、孔子を聖人の中の聖人と崇《あが》めてあちらこちらに「孔子学院」なるものを設立しながら、『論語』と対極のことを平然と行なっていることの説明がつかないではないか。

一二　子曰、君子不器、

子曰《しのたま》わく、君子《くんし》は器《うつわ》ならず。

【現代語訳】

先生は次のように言われた。

「君子というのは、単なる器ではない。」

【私の見解】

短い言葉だが、それだけに深い意味が含まれているようで、解釈が難《むずか》しい。

金谷治氏は、

先生がいわれた。「君子は器《うつわ》ものではない。〔その働きは限定されなくて広く自由である。〕」

と訳しておられる。石平氏によると、漢籍《かんせき》の泰斗《たいと》・加地伸行氏（大阪大学名誉教授）は、『論語〈増補版〉』（講談社学術文庫）で、

老先生の教え。教養人は一技・一芸の人ではない。〔大局を見ることのできる者である。〕

と訳《やく》しておられるそうだ。（『なぜ論語は「善」なのに、儒教は「悪」なのか』224ページ）。

お二人の解釈からすると、なるほど、君子というのは単に限定的なことに精通《せいつう》しているだけではなく、もっと自在にさまざまな事柄を大局的に見通すというか見抜くというか、そのような包括的な能力を備えている人のことを言う、と孔子は言っていると理解できる。

わが国には、「学者バカ」とか「専門バカ」という言葉がある。これは、専門的なことには精通《せいつう》していても一般的なことや市井《しせい》の事には疎《うと》い人を揶揄《やゆ》するときに使われるが、孔子も「学者バカ」とか「専門バカ」では君子とは言えないよと言っているのであろう。

一つのことを深く研究して、そのことについてなら誰にも負けないというものを身に着けること自体が並大抵《なみたいてい》ではないのに、広く自在にいろいろなことに精通することなど凡人にはなかなかできることではない。凡人にできないことをやってのけるからこそ君子なのだと、孔子は言っているのだろう。

では、孔子はなぜこのように自明なことをわざわざ「君子不器」と言ったのか、そして、『論語』にそれが収録されている意味を現代の私たちはどう理解すればよいだろうか。

石平氏は、加地伸行氏の解釈が自分には分かり易いとしたうえで、次のように書いておられる。

……より豊かで満足のいく人生を送っていくためには、われわれは何らかの専門家や技術者である以外に、あるいはそれ以上に、社会や人生についてさまざまな問題意識を持ち、歴史や芸術や大自然などのさまざまな領域の世界に興味を持ち、そして家族や友人やその他の多くの人々と交流して、多彩な社会生活を体験しておくべきであろう。

つまり「一技・一芸」はわれわれの人生のための手段であっても、われわれの人生はそのためにあるわけではない。孔子のいう「君子は器ならず」は、まさにこのことを言い表しているのではないかと私は思う。（中略）

……われわれ一人一人はただの「器」ではなく、「器」以上の人生を送っていくべきであろう。孔子と『論語』は、「君子不器」という、漢文にしてわずか四文字の短い言葉をもって、この大事なことをわれわれに教えてくれているのである。（『なぜ論語は「善」なのに、儒教は「悪」なのか』225～227ページ）。

さすがである。「**君子不器**」という短い言葉から、石平氏はかくも行き届いた教訓を引き出しておられるのだ。

傘寿《さんじゅ》がすぐそこに迫っている私には、「**君子不器**」をこのように受け止めて人生に生かしていく器量《きりょう》はもう残っているように思えないが、日々生起《せいき》する様々なことがらに関心と感動をもって接し、少しでも視野を広げて、ささやかでもいい、世のために役立つ余生《よせい》を歩みたいものだと思う。

一三　子貢問君子、子曰、先行其言、而後從之、

子貢《しこう》、君子《くんし》を問《と》う。子曰《しのたま》わく、先《ま》ずその言《げん》を行《おこ》ない、然《しか》る後《のち》にこれに従《したが》う。

【現代語訳】

子貢が先生に君子について訊ねた。先生は次のように答えられた。

「君子は、まず自分の言おうとすることを実行し、その後に言葉を発する。」

※　金谷氏は訳文に関して、「里仁篇＝古者《こしゃ》、言をこれ出《い》ださざるは、躬《み》の逮《およ》ばざるを恥じてなり。また＝君子は言《げん》に訥《とつ》にして、行《こう》に敏《びん》ならんと欲す。」などと付記しておられる。

【私の見解】

さて、君子つまり本当の教養人というのは、言葉よりも先に行動で示すものだ、と孔子は言っているのだ。

日本にも「不言実行」とか「口よりも手を動かせ」という言葉があるが、孔子の「**先行其言、而後従之**」（先《ま》ずその言《げん》を行《おこ》ない、然《しか》る後《のち》にこれに従《したが》う。）はこれに近いニュアンスがあるように思う。

だとすれば、孔子の言っていることは、今日《こんにち》の普通の常識人が日常の生活の中で経験して引き出した教訓に近いものであり、特別なことを言っているわけではない。しかし、『論語』の一節《いっせつ》として読むと、深い含蓄《がんちく》ある言葉として響いてくる。そして、二千数百年前の孔子の言葉が、今日でもそのまま当てはまることに驚きを覚える。

「**先行其言、而後従之**」は、「**巧言令色、鮮矣仁**」とどこか似ている。孔子は、言葉巧《たく》みに世渡りする人よりもしっかりと地に足をつけて為すべき事を為す人を高く評価していたことが分かる。

金谷氏の付記にもあるように、同趣旨《しゅし》の言葉は、里仁第四第二二章及び第二四章にもある。後で読むことになるので、突っ込んだ考察はその時に譲《ゆず》る。

国民教育の師父《しふ》と仰がれる偉大な教育者であり哲学者でもあった森信三先生は、『論語』

をも凌駕《りょうが》するほどの名言・至言を数多く遺《のこ》されたが、その中に、

真理は、唯人間の行為を通してのみ自らを実現す。未だ行為を通して現われざるものは、真理の半面に過ぎず。則ち又その射影のみ。（『下学雑話』106ページ）

という言葉がある。まさにこれには、孔子の「**先行其言、而後従之**」や「**巧言令色、鮮矣仁**」にも匹敵《ひってき》するほどの含蓄《がんちく》がある。

年を取ると、体が思うように動かなくなり、行動しないで繰り言《くごと》が多くなる。繰り言はともすれば愚痴《ぐち》になりやすい。愚痴はどこまで行っても愚痴に過ぎない。私も、ついつい愚痴をこぼすことが多くなった。「**先行其言、而後従之**」を読んで、反省することが多い。

現在（令和4年）の日本は、百歳を超える年寄りが9万人を超えたという。今私は79歳。もうすぐ傘寿《さんじゅ》だが、百歳以上の人から見れば子どもみたいなものだ。愚痴をこぼしている場合ではない。孔子の「**先行其言、而後従之**」や森信三先生の言葉をしっかりと胸に刻《きざ》んで、為すべき事を確実に為したいものだと、改めて思った次第である。

一四　子曰、君子周而不比、小人比而不周、

子曰《しのたま》わく、君子《くんし》は周《しゅう》して比《ひ》せず、小人《しょうじん》は比《ひ》して周《しゅう》せず。

【現代語訳】

先生は次のように言われた。

「君子は、いろいろな人と接して誰かに阿《おもね》ることはないが、小人は誰かに阿《おもね》るばかりでいろいろな人に接することはない。」

※　金谷氏は訳文に関して、「小人――君子に対するつまらない人。身分の低い者と徳の無いものとの両意があり、ここでは後の意味。　子路篇第二三章参照。」などと付記しておられる。

【私の見解】

さて、これは、徳のある人は、見識が広く知識や知恵の「引き出し」をたくさん持っている、だから、いろいろな人と接しても動じることはないし、また、人に阿《おもね》る必要もない、だが、徳のない人は、見識が狭く知識も知恵も乏しいので誰かに縋《すが》ろうとするし、ついつい人に阿《おもね》ることになっていろいろな人に接することがない、と解釈すればよいだろうか。

なるほど、言い得て妙である。

徳のある人は、誰かに阿ることもなく、たくさんの人と接するから、ますます見識が広がる。一方、徳のない人は、誰かに阿るばかりで多くの人と接することがないから、見識の広がりは限定的で縮《ちぢ》こまったものになりがちだ。

「**君子周而不比、小人比而不周**」（君子《くんし》は周《しゅう》して比《ひ》せず、小人《しょうにん》は比《ひ》して周《しゅう》せず。）は、現役でばりばり働いている若者にだけではなく、私のような年老いた者にも、ほどよい教訓になり得る。

年を取ると、ついつい出不精《でぶしょう》になり、自分の殻《から》に閉じこもりがちになる。人と接するのが億劫《おっくう》になり、ごく身近な者に阿《おもね》りがちにもなる。私は、妻に阿るばかりで世界がどんどん狭まるばかりだ。新型コロナのパンデミック騒ぎで、この傾向は加速度的に強まっている。

教員としてはじめて勤務した学校の校歌（いずみたく作詞）に、

心の窓をうちひらき
いまとりいれるこの風は
世界のひびきこもる風
胸いっぱいにうけとめて

というフレーズがあったが、まさに、今の私のような者にこそ、このフレーズが当てはまる。妻に阿《おもね》るばかりでなく、積極的に人と接し、思考を柔軟にし、少しでも知識や知恵を蓄《たくわ》えて、心豊かに過ごしたいものだ。

なお、金谷氏の付記にもあるが、子路篇第二三章に次のような言葉がある。

子曰、君子和而不同、小人同而不和
(子曰《しのたま》わく、君子《くんし》は和《わ》して同《どう》ぜず、小人《しょうじん》は同《どう》じて和《わ》せず。)

似たような言葉である。とても有名な言葉であるが、これについてはその章で改めて考察することにする。

ところで、「君子」「小人」という言葉は、当時の人間観が表れているとはいえ、やはり違和感《いわかん》を覚える。そのような言葉を使わなくても表現できるだろうに、と私は思う。「徳のある人」にしても「徳の無い人」にしても、決して固まったものではない。「徳のある人」も油断すれば取り残されるし、「徳の無い人」も心得次第で徳を身に付けることは可能であ

る。人間をパターン化する手法には、偏《かたよ》った人間観（つまり高みから見た差別観）がある
ように思われてならない。

一五　子曰、學而不思則罔、思而不學則殆、
子曰《しのたま》わく、学《まな》んで思《おも》わざれば則《すなわ》ち罔《くら》し。思《おも》うて学《まな》ばざれば則《すなわ》ち殆《あやう》うし。

【現代語訳】

先生は次のように言われた。
「学んでも考えなければ、よく分からない。考えても学ばなければ、危《あぶ》なっかしい。」

※　金谷氏は訳文に関して、「学んでも――学とは本を読み先生に聞く、外からの学習をいう。危険――新注による。
王引之は殆《まど》（疑）うと読む。」と付記しておられる。

【私の見解】

さて、これも、わが国ではよく知られた『論語』の一節である。
「学ぶ」ということと「考える」ということは、一般的にはワンセットのことだと思われ

がちだが、孔子はそこをきっちりと分けている。

金谷氏の付記にあるように、「学ぶ」とは、外からの情報を受け止めることで、いわば受動の概念《がいねん》である。「考える」とは、受け止めた情報を自分の思考を働かせて吟味《ぎんみ》・分析《ぶんせき》し、自分のものとして新たに再構築すること、すなわち能動の概念である。このように「学ぶ」と「考える」を押さえてこの章を受け止めると分かり易い。

なるほど、情報は、受け止めただけでは「知」として止《とど》まるだけである。思考を働かせて吟味・分析し、自分の一つの知恵に昇華《しょうか》させてこそ「わかった」ということになる。また、どんなに自分の思考を働かせても、外からの客観的な情報を得ることがなければ、その思考は独りよがりな主観に終始《しゅうし》する恐れがあり、説得力に乏しい独断に陥《おちい》る危険性がある。

このように解釈すれば、この章の言葉は、普通の学徒にとっても専門的な学究者《がくきゅうしゃ》にとっても、とても基本的で貴重な教訓であり真理であることが分かる。

仮にも学問を志すほどの者は、常に心得ておくべき言葉だ、と私は思う。

一六　子曰、攻乎異端、斯害也已矣、

子曰《しのたま》わく、異端《いたん》を攻《おさ》むるは斯れ害《こがい》のみ。

【現代語訳】

先生は次のように言われた。

「異端（聖人の道を外れていること）を研究するのは、ただ害があるだけだ。」

※　金谷氏は訳文に関して、「子張篇第四章参照。」などと付記しておられる。

【私の見解】

さて、「子曰、攻乎異端、斯害也已矣」（子曰《しのたま》わく、異端《いたん》を攻《おさ》むるは斯れ害《こがい》のみ。）は、おしなべて学問というものは、人としての徳を積むこと（あるいは世の中に役に立つこと）に繋《つな》がるものでなければならず、それと外れたことを研究するのは人生（あるいは人の世）に害を及ぼすものだ、と言うほどの意味であろう。

確かにこれは、一理を衝《つ》いていると思うが、問題は、一口に「徳を積む」と言っても、その中身は様々だということだ。

今私は、「徳を積むこと」を「世の中に役立つこと」と言い換えたが、それでもまだ曖昧《あいまい》模糊《もこ》としている。「世の中に役立つ」と言っても、どんな世の中にどう役立つのかが曖昧なまま残るからである。

なぜ曖昧な言い方しかできないのかと言えば、人間も人の世も必然的にその時々の時代を映《うつ》しているものであり、「徳」も「人の世」も、時代の落とし子であるからである。

だから、「**攻乎異端、斯害也已矣**」は、一般論としては真理であっても、中身は時代背景や状況を考慮してよくよく吟味《ぎんみ》する必要がある。

共産国の中国の現状を見れば、孔子の言う「異端」は、まさしく「共産主義（あるいは中国共産党）に反対すること」ということになり、「異端を研究する」は「共産主義（あるいは中国共産党）に反対することを研究する」ということになろうか。中国の現状に合わせて「**攻乎異端、斯害也已矣**」を読めば、中国は文字通り『論語』を実践していると言えるのではないか。

ところで、金谷氏は「子張篇第四章参照。」と付記しておられる。そこには、

子夏曰、雖小道必有可觀者焉、致遠恐泥、是以君子不爲也、

（子夏《しか》曰《い》わく、小道《しょうどう》と雖《いえど》も必《かなら》ず観《み》るべき者《もの》あり。遠《とお》きを致《いた》さんには泥《なず》まんことを恐《おそ》る、是《ここ》を以《もっ》て君子《くんし》は為《な》さざるなり。）

とある。この言葉は「**子曰、攻乎異端、斯害也已矣**」と意味が重なる部分もあるが、見方を変えれば違った意味も含んでいるようにも思える。考察はその章を読むときに改めて行なうことにする。

一七　子曰、由、誨女知之乎、知之爲知之、不知爲不知、是知也、

子曰《しのたま》わく、由《ゆう》よ、女《なんじ》にこれを知《し》ることを誨《おし》えんか。これを知《し》るをこれを知《し》ると為《な》し、知《し》らざるを知《し》らずと為《な》せ。是《こ》れ知《し》るなり。

※　金谷氏は読み下し文に関して、「女——皇本・清本では『汝』。両字は通用。以下みな唐石経に従って注記しない。」と付記しておられる。

【現代語訳】

先生は次のように言われた。

「由よ、そなたに知るということはどういうことか教えようか。知っていることは知っているとし、知らないことは知らないとする、それが知るということだよ。」

※　金谷氏は訳文に関して、「由——孔子の門人。姓は仲、あざ名は子路《しろ》。孔子より九歳わかい。もと侠客であったが孔子に感化されて愛弟子となった。『政事には冉有《ぜんゆう》と季路《きろ》。』といわれる、その季路。」などと付記しておられる。

【私の見解】

さて、自分が何を知り、何を知らないか、それを知ることが、知るということだと孔子は言っているのだ。なんだかまどろっこしい言い方だが、よく考えてみれば、ごく当たり前のことを言っているに過ぎないことが分かる。

市井《しせい》の私たちは、日頃、何を知っているか、何を知らないかをことさら自覚することなく生活しているのが普通だ。しかし、何か問題に直面すると、それを解決するためにあれこれと思案する。そのときには、知っていることと知らないことを改めて認識せざるを得なくなる。それが、「知る」ということなのだと理解すればこの章の言葉はいっそう分かり易いのではないか。

そのように考えれば、孔子は、何か問題にぶち当たってはじめて人は何かを「知る」ものだと言っているようにも、また、問題意識がないところに「知る」ということはないよと言っているようにも、この章は読める。人は、年を取ると物忘れが酷《ひど》くなる。つい先ほど思っていたことを忘れてあたふたすることも増える。私も御多分《ごたぶん》に洩《も》れない。日頃から何かの問題意識を持って脳神経を刺激《しげき》しておれば、知力の衰《おとろ》えを防ぐことができるかも知れない、とこの章を読んで思った。孔子もビックリの読み方だとお叱りを受けるかも知れないが、ともあれ、脳神経を刺激《しげき》することを心がけて、何事にも積極的に取り組んで行きたいものだと思う。

一八　子張學干祿、子曰、多聞闕疑、愼言其餘、則寡尤、多見闕殆、愼行其餘、則寡悔、言寡尤行寡悔、祿在其中矣、

子張《しちょう》、禄《ろく》を干《もと》めんことを学《まな》ぶ。子曰《しのたま》わく、多《おお》く聞《き》きて疑《うたが》わしきを闕《か》き、慎《つつし》みてその余《あま》りを言《い》えば、則《すなわ》ち尤寡《とがめすく》なし。多《おお》くを見《み》て殆《あや》うきを闕《か》き、慎《つつし》みて其《そ》の余《あま》りを行《おこ》なえば、則《すなわ》ち悔寡《くいすく》なし。言《げん》に尤寡《とがめすく》なく行《こう》に悔寡《くいすく》なければ、禄《ろく》はその中《うち》に在《あ》り。

※　金谷氏は読み下し文に関して、「学ぶ――『史記』の引用に『問う』とあるので、学と問とは古くは通用したとする説もある。」と付記しておられる。

【現代語訳】

子張が禄を得ることを学ぼうとした。先生は次のように言われた。

「多くのことを聞いて疑わしいことは除き、それ以外の確かなことを慎重に言えば、咎《とが》められることは少ない。多くのことを見て危なっかしいことは除き、それ以外の確かなことを慎重に行動すれば、悔いを残すことは少ない。言葉に咎められるところが少なく、行動に悔いを残すことが少なければ、禄《ろく》は自然に得られるものだ。」

※　金谷氏は訳文に関して、「子張――孔子の門人。姓は顓孫《せんそん》、名は師。子張はあざ名。孔子より四十八歳もわかい。衛霊公篇＝君子は道を謀《はか》りて食を謀らず……学べば禄《ろく》は其の中《うち》に在り。」などと付記しておられる。

【私の見解】


さて、「禄」は今風に言えば「給料」あるいは「報酬」ということになろうか。孔子は、給料あるいは報酬は、咎《とが》められるようなことを言わず後悔しないように物事を実行していれば自然に得られるものだ、と言っている。契約に基づいて給料や報酬が支払われる今の感覚では、ちょっと分かりにくい言い回しだ。孔子が生きた時代には、孔子が言うような振る舞いをしていれば自然に「禄」が得られたのであろう。

「疑わしいことは口にせず、自信の持てることを慎重に口にすれば、咎められることは少ない」とか、「危なっかしいことは口にせず、確実なことを慎重に口にしていけば、悔いを残すことは少ない」というのは、今日《こんにち》でも通用する知恵だ。口の軽い私のような凡人にはなかなかできないことだが、信頼される振る舞いというのは、そのような慎重さがあってはじめて成立するものなのだろう。ただ、孔子の時代は今の時代以上に身を慎《つつし》むことが求められたのであろう。

数千年の時空を隔《へだ》ててなおこのように通用する知恵というのは、それが、人間関係の神髄《しんずい》に触れる事柄であることを物語っている。

わが国では、その智恵を素直に受け止めて活《い》かしてきたが、『論語』の本家本元の中国では、これまで何度も触れてきたように、『論語』で語られている知恵が儒教の種族主義や家族主義の価値観で歪《ゆが》められ、あたかもその歪められた事柄こそが正義であるかのようになっている。

ところで、金谷氏の付記にあるように、霊公篇第三二章にもこの章に通底する言葉がある。その章のところで改めて思考を試みたい。

一九　哀公問曰、何爲則民服、孔子對曰、擧直錯諸枉、則民服、擧枉錯諸直、則民不服、

哀公《あいこう》問《と》うて曰《い》わく、何《なに》を為《な》さば則《すなわ》ち民服《たみふく》せん。孔子対《こうしこた》えて曰《のたま》わく、直《なお》きを挙《あ》げて諸《こ》れを枉《ま》がれるに錯《お》けば則《すなわ》ち民服《たみふく》す。枉《ま》がれるを挙《あ》げて諸《こ》れを直《なお》きに錯《お》けば則《すなわ》ち民服《たみふく》せず。

※金谷氏は読み下し文に関して、「諸《こ》れを枉《まが》れるに……――『諸々《もろもろ》の枉《まが》れるを錯《お》けば』と読んで、多くの邪悪な人を捨て退けることと解するのがふつう。下の『諸直』も同じ。今は徂徠の説に従った。」と付記しておられる。

【現代語訳】

哀公《あいこう》が、

「どうすれば民は服従するだろうか。」

とお訊ねになったので、孔子は、

「正直な人を心根の曲がった人の上に置けば、民は服従します。心根の曲がった人を正直な人の上に置けば、民は服従しません。」

とお答えになった。

※金谷氏は訳文に関して、「哀公――魯《ろ》の国の君主。孔子五十九歳（孔子の年齢は、魯の襄公二十一年（B・C・五

五二年）生誕説に従い、寿七十四歳説をとる。）のときに定公のあとを継いだ。孔子の死はその十六年（B・C・四七九年）。」と付記しておられる歳。

【私の見解】

さて、ごく当たり前のことを孔子は言っている。これは、どんな組織にも一般的に通用することだ。心根《こころね》の曲がった者が人の上に立てば、人間関係が壊《こわ》れることになるであろうし、組織であれば崩壊《ほうかい》する恐れがある。逆に、正直な人が心根の曲がった者の上に立てば、場合によっては心根の曲がった者を矯正《きょうせい》することもできるだろうし、常識的に考えて、人間関係も組織もスムーズに運ぶことが推察できる。

だが、現実はそれほど単純ではない側面があることも知っておく必要があるのではないか。孔子の言っていることは教科書的にはまったく正論だが、人間関係や人間の組織はそう簡単にはいかないのが普通なのだ。

第一、単純に「正直」であることが絶対的に正しいことかと言うと、そうでない場合も現実にはある。「ウソも方便」という言葉があるように、人間関係に於いても組織を運営して行く上に於いても、時として事実や真実を伏せなければならないことやウソを言って取り繕《つくろ》うことが必要な場合もあるのだ。正直に真実を明らかにしたために人間関係が壊れたり組織運営が巧《うま》く行かなかったりといったことは普通に起こり得ることである。

もちろん、これは「そういう場合がある」ということであって、「いつでもそうだ」ということではない。真実を隠蔽《いんぺい》したりウソをついたりすることは、人として基本的には避けるべきであることは言うまでもない。

「心根の曲がった者」という決めつけた概念《がいねん》も、場合によっては危険なことがある。ある人のことを、誰がどんな立場で何故《なにゆえ》に「心根の曲がった者」と概念づけるのか、によってその中身が変わるからだ。Aさんは、Bさんから見れば「心根が曲がっている」と言えてもCさんから見ればそうでないかも知れないのだ。

それに、正直とか正義とか不正などという概念は、時代や地域や国や宗教などといった周辺条件によって大きく左右されるものでもある。

例えば、伊藤博文を暗殺した安重根は、韓国では「正義」の人であり英雄であっても、日本から見れば単なるテロリストであって「不正義」の悪人に過ぎない。

「正直」も、孔子の言う「正直」と今日《こんにち》日本で普通に考えられている「正直」とは明らかに違っているのだ（これについては後で改めて詳しく触れる機会がある）。

ともあれ孔子は、魯の国の君主である哀公《あいこう》の問いに対して「**擧直錯諸枉、則民服、擧枉錯諸直、則民不服**」と答えた訳だが、現実の中国は、その対極の国に成り下がっている。

つまり、正直者はバカにされて生き残れない社会であり、どんなに親しい人でも疑ってかかる人間不信の社会である。

中国の国民は、共産党政権の強権によって押さえ込まれ、言いたいこともしたいこともままならず、いわば奴隷の安逸《あんいつ》を味わわされている状態だと言えるだろう。

もはや共産主義や社会主義を信じている国民などいないのに、「社会主義強国を目指す」などと主張する。独裁政治で言論弾圧を行いながら、「わが国はどこよりも民主主義的だ」などとうそぶく。嘘がそのまま現実をつくる。欺瞞が世の中に蔓延しているのだ。（石平『中国五千年の虚言史』113ページ）。

一方、何かにつけて中国から悪く言われている日本はどうか。国民は自分たちが選んだ議員による議会制民主主義の下で自由を謳歌《おうか》し、世界も羨《うらや》む豊かな文化生活を営んでいる。選挙によって成立する国会や地方議会は、信頼の象徴でもあるのだ。

どちらの国民が政府に信頼を寄せているか、そしてハッピーか、普通の感覚で見れば一目瞭然《いちもくりょうぜん》ではないか。

二〇　季康子問、使民敬忠以勸、如之何、子曰、臨之以莊則敬、孝慈則忠、擧善而教不能則勸、

季康子《きこうし》問《と》う、民《たみ》をして敬忠《けいちゅう》にして以《もっ》て勧《すす》ましむるには、これを如何《いかん》。子曰《しのたま》わく、これに臨《のぞ》むに荘《そう》を以《もっ》てすれば則《すなわ》ち敬《けい》す。孝慈《こうじ》なれば則《すなわ》ち忠《ちゅう》あり、善《ぜん》を挙《あ》げて不能《ふのう》を教《おし》うれば則《すなわ》ち勧《すす》む。

【現代語訳】

季康子《きこうし》が、

「民が敬虔忠実《けいけんちゅうじつ》になって仕事に励《はげ》むようにするには、どうすればよいでしょうか。」

と訊ねた。先生は、

「民に荘重《そうちょう》な態度で臨めば、民は敬虔《けいけん》になります。親に孝行し、民に慈愛深《じあいふか》くしていけば、民は忠実になります。善人を引き立て、不能な者を教育すれば、民は仕事に励むようになります。」

と言われた。

※　金谷氏は訳文に関して、「季康子――魯の家老。季孫氏、名は肥《ひ》、康はおくり名。哀公四年に季桓子のあとを相続した。顔淵篇第一七章以下を参照。」などと付記しておられる。

【私の見解】

さて、孔子は、民というものは、権力者が荘重《そうちょう》な態度で臨めば敬虔《けいけん》になり、親に孝行して民に慈愛《じあい》深くすれば忠実になり、そして、善人を引き立てて不能な者を教育すれば仕事に励むようになる、と言っている。

現代の民主主義の感覚でこれを読むと、私は、少し違うような気がする。現代は、二千数百年前とは異なり、人はそう単純には動かないからだ。

まず、荘重《そうちょう》な態度で民に臨むということについてである。

「荘重」とは文字通り「おごそかでおもおもしいこと」（『広辞苑』）を意味し、「威厳《いげん》」と極めて近い言葉だ。民主主義の社会では、荘重や威厳をちらつかせるだけでは人は動かないし、まして敬虔《けいけん》な態度を示すようになる訳でもない。コミュニケーションの度合い・合意と納得の如何《いかん》・組織内の力関係・相互の利害関係等々のさまざまな要素が微妙《びみょう》に絡《から》み合い、その下《もと》で人は動く。その結果として、人は敬虔な態度に落ち着くこともあるが、必ずしもそうならない場合もある。

次に、親に孝行して部下に慈愛深《じあいぶか》く接すれば部下は忠実になるかという問題である。

確かに親を大切にし部下に慈愛深く接する上司は、好感を持たれ、信頼もされるだろうが、それで部下が仕事上で上司に忠実になるかと言えば、そう単純には行かないように思われる。親孝行とか慈愛といういわば「情」と、乾いた物理的なメカニズムで動く「仕事」とは直接的には結びつかないし、結びつけてはいけない場合も多いのだ。

さらに、善人を引き立てて不能な者を教育すれば仕事に励むようになる、ということについてである。

これは、もう多言は不要であろう。全くそのようなことがないとは言えないとしても、現代人はそのような単純な筋立てでは動かない。

身《み》も蓋《ふた》もないように聞こえるかも知れないが、私は、孔子の言っていることを全面否定するつもりでこのようなことを言っているのでは勿論《もちろん》ない。「**臨之以莊則敬、孝慈則忠、擧善而教不能則勸**」は、孔子が生きていた時代の人間関係や人間観を知る上でとても貴重な言葉であることを認識した上で、現代風に読み換えて見ただけである。

現在の中国の有様に「**臨之以莊則敬、孝慈則忠、擧善而教不能則勸**」を当てはめてみると、とても興味深い読み方ができることに気がつく。

中国共産党は、一党独裁で権威と権力を独占し、国民に対して莊重・威厳どころか厳格な強権によって臨み、国民をねじ伏せてそれを国民の敬虔な態度だと受け止めているような節がある。何人の子どもを産むか、どんな塾に子どもを通わせるか、などといった国民生活の隅々《すみずみ》のことにまで介入することが慈愛深く接することだと勘違《かんちが》いしているような節《ふし》も見える。共産党に積極的に協力する国民を善人として引き立て、反抗的な者には思想教育を施して共産党に役立つ仕事をさせて「仕事に励むようになった」と悦《えつ》に入《い》っているような所も垣間見《かいまみ》える。

これが、そのように「見える」だけではなく、儒教の教義に導かれて本当に『論語』の通りに実践している結果だとすれば、もはやブラックユーモアとしか言いようがない。ところで、金谷氏の付記にあるように、似たような話は顔淵篇第一七章にもある。その章のところでも改めて考察したい。

二一　或謂孔子曰、子奚不爲政、子曰、書云、孝于惟孝、友于兄弟、施於有政、是亦爲政也、奚其爲爲政、

或《あ》るひと孔子《こうし》に謂《い》いて曰《い》わく、子奚《しなん》ぞ政《せい》を為《な》さざる。子曰《しのたま》わく、書《しょ》に云《い》う、孝《こう》なるかな惟《こ》れ孝《こう》、兄弟《けいてい》に友《ゆう》に、有政《ゆうせい》に施《ほどこ》すと。これ亦《ま》た政《せい》を為《な》すなり。奚《なん》ぞそれ政《せい》を為《な》すことを為《な》さん。

※　金谷氏は読み下し文に関して、「孝なるかな――『孝于』の『于』は、唐石経・通行本では『乎』とある。」と付記

しておられる。

【現代語訳】

ある人が、孔子に対して、

「あなたは、どうして政治をなさらぬのですか。」

と言った。先生は、

「書経《しょきょう》には『親に孝行であり、兄弟に親密であり、それがおのずから政治に及んでいる』とある。家庭生活をしっかりとするのも政治なのだ。わざわざ政治をすることもありますまい。」

と答えられた。

※　金谷氏は訳文に関して、「書経――今の『書経』の君陳篇には似たことばがあるが、それは後世の偽作で、原典は亡びた。『施於有政』の一句をも『書経』の引用とみるかどうかに異説があり、読み下しの方は通説に従っていて、訳文と違っている。」と付記しておられる。

【私の見解】

さて、孔子は、『書経』の言葉を引く形で、親孝行をすることと兄弟仲良くすることも政治と言えば言えるのであり、わざわざ政治をすることもない、と言っている。

なるほど、政治の基本は生活をしっかりと保持できるようにすることだと考えれば、親孝行して、兄弟仲良くすることも政治だとする考えも成り立つかもしれない。孔子の一つの見識を示すものだと言えよう。

だが、政治は、個々の生活に視点を置いたミクロ概念だけで説明が完結するほど単純ではないし狭くもない。領土保全・防衛・教育・外交・経済・福祉などといった広範囲な領域をカバーしなければならないものだ。

だから、孔子が生きた時代には、親孝行と兄弟仲良く暮らすことが政治の一大関心事だったかもしれない、と思いを馳《は》せることはできても、現代の政治に当てはめて首肯《しゅこう》することはとてもできないな、と私は思う。

二三　子曰、人而無信、不知其可也、大車無輗、小車無軏、其何以行之哉、

子曰《しのたま》わく、人《ひと》にして信《しん》無《な》くんば、その可《か》なることを知《し》らざるなり。大車輗《だいしゃげい》なく小車《しょうしゃ》軏《げつ》無《な》くんば、其《そ》れ何《なに》を以《もっ》てかこれを行《や》らんや。

【現代語訳】

先生は次のように言われた。

「人として信義がなければ、うまくやって行くことはできない。牛車に輗《ながえ》のはしの横木がなく、馬車に軏《ながえ》のはしの軛止《くびきど》めがなければ、〔牛馬を〕どうやって動かせようか。」

【私の見解】

人間関係は、信義によって成り立っていると、孔子は言っている。まったくもってその通りだ、と私も思う。

牛車の「輗《ながえ》のはしの横木」と馬車の「軏《ながえ》のはしの軛止《くびきど》め」は、信義がいかに大切なものであるかを比喩《ひゆ》として示したものである。巧《うま》い譬《たと》えだ。

わが国では、信義を重んじる伝統がしっかりと根付いている。嘘をついたり欺《あざむ》いたりして人を騙《だま》すのは信義に悖《もと》る行為であり、人間として最もしてはならないことの基本である。「嘘つきは泥棒のはじまり」だと子どもに口が酸っぱくなるほど言うのも、このことを教えるためだ。

日本では、『論語』がこのように現代に生きていて、人々の言動を導いていることが多いが、本家本元の中国では、古くから孔子を儒教の祖として仰ぎながら、『論語』に示された「善」の精神が歪《ゆが》められて嘘《うそ》・欺瞞《ぎまん》・騙《だま》しが蔓延《まんえん》している。全く以て奇《き》っ怪《かい》という他はない。

石平氏は、『中国五千年の虚言史』で中国の信義に悖《もと》る嘘体質《うそたいしつ》を詳細《しょうさい》に暴《あば》いている。この本には「なぜ中国人は嘘をつかずにいられないのか」という副題が付けられており、帯には「嘘と騙しこそ中国最大の文化」とある。

目次の一部を列挙してみる。

◎中華民国「暗黒史」をでっちあげる中国共産党
◎嘘が嘘を呼び数千万人が餓死
◎誰もが虚言の加担者になる社会
◎嘘を礼賛する儒教
◎嘘で殺され、嘘で成功する物語が満載
◎中国では「はかりごと」が当たり前
◎中国では愚か者は「騙されて当然」
◎嘘こそ立身出世の手段
◎正直者は生き残れない中国
◎いちばん親しい者こそ最大の敵となる「人間不信社会」
◎反乱も嘘から始まる

◎ペテン師だけが英雄になれる
◎中華では異人でも腹黒くなければ生きられない
◎冤罪による粛清は中国の伝統

これはほんの一部である。延々と語られる醜《みにく》い中国という国の嘘体質をつぶさに読むと、胸苦しくなって吐き気を催《もよお》すほどだ。

二三　子張問、十世可知也、子曰、殷因於夏禮、所損益可知也、周因於殷禮、所損益可知也、其或繼周者、雖百世亦可知也、

子張《しちょう》問《と》う、十世《じゅっせい》知《し》るべきや。子曰《しのたま》わく、殷《いん》は夏《か》の礼《れい》に因《よ》る、損益《そんえき》する所《ところ》知《し》るべきなり。周《しゅう》は殷《いん》の礼《れい》に因《よ》る、損益《そんえき》する所《ところ》知《し》るべきなり。其《そ》れ或《ある》いは周《しゅう》を継《つ》ぐ者《もの》は、百世《ひゃくせい》と雖《いえど》も知《し》るべきなり。

【現代語訳】

子張が、

「十代先のことが分かりますか。」

と先生にお訊ねした。先生は、

「殷《いん》は夏《か》の諸制度を受け継いでいて、改変した跡《あと》がよく分かる。周は殷の諸制度を受け継いでいて、改変した跡がよく分かる。だから、もし周のあとを継ぐものがあれば、たとえ百代先でも分かるのだ。」

と言われた。

【私の見解】

孔子は、夏―殷―周と続いた王朝の諸制度の継続性や変化について述べて、その「歴史」を知れば周に続く時代がどういうものになるか百代先でも分かる、と言っている。

だが、これを読んで、私は、「ん？」と首をかしげてしまった。

孔子を祖とする「儒学」は、かなりの時を経て「儒教」に変転したが、その儒教の理論の中心に「天命思想」がある。天命思想では、例えばA王朝が革命によって倒されてB王朝に代わるのはA王朝の天命が尽きたからだとし、新たなB王朝を正統視する。いわゆる易姓革命《えきせいかくめい》の理論だ。

この理論の下《もと》では、古い王朝は天命から見放されたのであり、新王朝は古い王朝を徹底的にこき下ろしてその歴史を抹殺《まっさつ》ないしは都合良く書き換え、新たな王朝の正統性を飾《かざ》る歴史を改めて書くことが正義だとされる。そこには、歴史が継続《けいぞく》する国としての存在は認められず、不連続な王朝の積み重ねという状況が残っているに過ぎない。

この章で孔子が言っていることは、この易姓革命論とは明らかに矛盾していることが分かる。なぜなら、孔子は歴史の継続性に言及しているからだ。

この章の孔子の言葉が易姓革命の理論と矛盾するのは、勿論孔子の責任ではない。あくまでも儒教の責任である。儒教は、孔子の死後だいぶ経《た》ってから現出したものであり、孔子は全くあずかり知らぬことなのだ。

とはいえ、儒教をもたらした大本《おおもと》の思想が儒学にあることは否定できない。儒教は、その時その時の王朝に阿《おもね》りその王朝の正統性を担保《たんぽ》する役割を果たすことになったが、その核となった理論が易姓革命論なのである。

この理論がこの章の孔子の言葉と矛盾していることは誰の目にも明かであり、この点に関して言えば、「易姓革命論」は真っ赤な嘘ということになる。石平氏も、「中国でもっとも典型的な嘘は、儒教が理論づけた『易姓革命』だろう。」と書いておられる。(『中国五千年の虚言史』72ページ)。

中国は、気の毒だが、儒教に毒されて嘘まみれの国になってしまっていると言っていいだろう。これは、小中華を自負している韓国にも言えることである。

二四　子曰、非其鬼而祭之、諂也、見義不爲、無勇也、

子曰《しのたま》わく、其《そ》の鬼《き》に非《あら》ずしてこれを祭《まつ》るは、諂《へつら》いなり。義《ぎ》を見《み》て為《せ》ざるは勇《ゆう》なきなり。

【現代語訳】

先生は次のように言われた。

「我が祖先の霊でもないのにそれを祭るのは、諂《へつら》いである。しなければならないことを目の前にしながらしないのは、勇気がないということだ。」

※　金谷氏は訳文に関して、「精霊――原文の『鬼《き》』とは死者の霊をさす。」と付記しておられる。

【私の見解】

さて、孔子は、自分の祖先でもない霊を祭るのはしなくてもよいことだと言い、しなければならないことをしない人は臆病者《おくびょうもの》だと言っている。

私の知る限り、「**非其鬼而祭之、諂也**」（其《そ》の鬼《き》に非《あら》ずしてこれを祭《まつ》るは、諂《へつら》いなり。）はともかく、「**見義不爲、無勇也**」（義《ぎ》を見《み》てせざるは勇《ゆう》なきなり。）は日本でもよく知られたフレーズの一つである。

小学生の頃、先生から、「困っている友だちがいたら助けてあげなさい。助けない人は臆病者です。『義を見てせざるは勇なきなり』です。」と教えられたことを今でもよく憶《おぼ》えている。

日本では、幼い子どもにさえこのように「**見義不爲、無勇也**」を教えている。だが、儒教の国の中国ではどうだろう。この論語は生かされているのだろうか。

中国で、交通事故に遭《あ》って倒れている少女が目の前にいるのに通行人の誰一人として彼女を助けようとせずに行ってしまった、という報道が数年前にあった。本当だとすれば、ずいぶん酷《ひど》い話だが、そもそも中国では、相手が弱いと見たら徹底的に叩くのが伝統文化だというではないか。「水に落ちた犬は打て」という意味の「**打落水狗**」や井戸に落ちた者には石を投げろ」という意味の「**下井投石**」という言葉があり、それが正しいことだと言われているというから驚くばかりだ。まったく「**見義不爲、無勇也**」など何処《どこ》吹く風といった風情ではないか。

ところで、「**非其鬼而祭之、諂也**」についてだが、これは、日本と中国の歴史の違いから、そのまま日本に当てはめることはできないと私は思う。

わが国には、神話の時代に源を発する皇室があり、有史以来初代の神武天皇から126代の今上《きんじょう》天皇に至るまで数千年も連綿と万世一系《ばんせいいっけい》で繫《つな》がっている。

皇室は、日本の主柱であり、皇室の祖先は日本人の祖先（ルーツ）と言ってもよいものだ。だからこそ、天皇は「日本国の象徴」「日本国民統合の象徴」たりうるのである。日本人が祖先を大切にするのは、仏教の影響もあるが、それよりも先に神道の影響があったと、私は観ている。

神道祭司《しんとうさいし》の頂点たる天皇は日本人の祖の系譜《けいふ》でもあるという信仰《しんこう》が、古来日本人の精神にＤＮＡとして染《し》みついており、私たちは、意識するかしないかは別として、祖先をお祭りする気持ちでごく自然に神社にも詣《もう》でていると言えるのではないか。

仏教のお寺参りやお墓参りそれに仏壇祭祀《ぶつだんさいし》は、孔子も言う自分の直接の祖先を祭祀する行為の一貫である。しかし、神社に詣《もう》でる行為は、孔子から見れば「自分の祖先でもない霊を祭る」ものであって、しなくてもよいことになるかもしれない。

だが、わが国ではそうではないのだ。神社に詣《もう》でる行為もれっきとした祖先祭祀《そせんさいし》行為と言えるのである。

一貫して連《つら》なる歴史を持たない中国と、肇国《ちょうこく》以来万世一系で繋《つな》がる皇室を擁《よう》する日本との違いと言えばそれまでのことだが、これは、両国を比較観察する上で決して見落としてはならない重要な観点だ、と私は思う。

論語　巻第一　終

論語　巻第二

八佾《はちいつ》第三

一　**孔子謂季氏、八佾舞於庭、是可忍也、孰不可忍也、**

孔子《こうし》、季氏《きし》を謂《のたま》わく、八佾《はちいつ》、庭《てい》に舞《ま》わす、是《こ》れをも忍《しの》ぶべくんば、孰《いず》れを忍《しの》ぶべかざらん。

【現代語訳】

孔子は季氏《きし》のことを次のように言われた。

「八列の舞を廟《おたまや》の庭で舞わせている。その非礼を辛抱《しんぼう》できるなら、どんな辛抱もできないことはないであろう。」

※　金谷氏は訳文に関して、「季氏――魯《ろ》の家老で実力者、季孫氏のこと。　八列の舞――『八佾《はちいつ》』の佾は列の意味。礼のさだめでは、八佾（八八、六十四人）は天子の舞。諸侯は六佾（六六、三十六人）、卿大夫は四佾（四四、十六人）、士は二佾（二二、四人）。季氏はそれをおかした。　しんぼうできるなら――新注では『これまでも平気でや

れるなら、どんな非礼でも……、』と季氏自身のことと解する。」と付記しておられる。

【私の見解】

さて、孔子のこの言葉は、当時のしきたり（つまり礼）が分かっていないと理解不能である。金谷氏が付記してくださっているので大助かりである。

つまり、孔子は、季氏がしきたり（礼）をおかしたことを「我慢ならぬ」と怒っているのだ。「聖人」と目《もく》される孔子が怒りを露《あら》わにするのは珍しい感じがするが、それほど孔子は、「礼」を重んじていたのだということがよくわかるエピソードである。

だが、序文でも少し触れたように、孔子の死後、中国ではその「礼」がまったく廃《すた》れて、『論語』で語られているような「礼」は完全に消えてしまったのだ。これは一体どうしたことか。石平氏は、儒教こそが『論語』の「善」の世界を破壊したのだと喝破《かっぱ》し、「新儒教」とも称される「礼教」が、強制力のある社会規範として中国国民の人間性と人間的欲望を抑制《よくせい》し圧殺《あっさつ》したのだと怒りを込めて断罪《だんざい》しておられる。「中国及び中国人の不幸、ここに極《きわ》まれり」の観があると言わなければならない。

ところで、この章は、孔子が季孫氏に直接怒りをぶつけるのではなく、弟子以外の誰かに向かって愚痴を言っている様子が窺われる話である。それは、この章が「**孔子謂**」の表記になっていることから推察できる。言ってみれば、これは「陰口《かげぐち》」の類《たぐい》なのだ。孔子もごく普通の市井人《しせいじん》のように、このような陰口をたたいていたのは興味深いが、はて、一体誰に向かって言ったのであろうか。

二　三家者以雍徹、子曰、相維辟公、天子穆穆、奚取於三家之堂、

三家者《さんかしゃ》、雍《よう》を以《もっ》て徹《てっ》す。子曰《しのたま》わく、相《たす》くるは維《こ》れ辟公《へきこう》、天子《てんし》穆穆《ぼくぼく》と。奚《なん》ぞ三家《さんか》の堂《どう》に取《と》らん。

【現代語訳】

三家の実力者が、雍《よう》の歌で供物《くもつ》を捧げていた。先生は、『助くるのは諸侯たち、天子はうるわしく。』とある。どうして三家の御殿でその歌が歌われるのか。」と言われた。

※　金谷氏は訳文に関して、「三家――魯の公室一族で孟孫・叔孫・季孫という三家の実力者。雍の歌――雍は『詩経』周頌《しゅうしょう》の篇名。これを歌うのは天子の礼で、三家はそれをおかしていた。」と付記しておられる。

【私の見解】

これも、当時の「礼」のことが分からないと理解不能である。

やはり孔子は怒っている。陪臣《ばいしん》の身で天子の歌を歌うとは何事か、と憤《いきどお》っているのだ。この憤りも、三家に直接ぶつけるのではなく、今度は弟子に向かってぶちまけている様子である。

孔子は、かくも「礼」を重んじていたのである。「礼を弁《わきま》えなさい」という口吻《こうふん》が目に浮かぶようだ。

その「礼」が中国では時を重ねるにつれて変貌《へんぼう》し、「礼教」という化け物になって国民を締め付け、今日に至っている。

善良なる国民は気の毒としか言いようがないが、中国国民は、彼らの歴史と言動の実像を見る限り、骨の髄《ずい》まで「礼教」の毒が回っており、その異常さにさえ気づいていないようだ。これはもう、悲劇の二重奏《にじゅうそう》だとしか表現のしようがない。(「礼教」の実像と詳細については、石平氏の『なぜ論語は「善」なのに、儒教は「悪」なのか』を参照)。

孔子の言う「礼」は、周王朝から維持されてきた「礼」のことで、今日的に見ればどうということはない話であるが、「礼」を大切にするということは、今日にも通じるものがある。

それにしても、「礼」がごく自然に生きている日本はなんて素晴らしい国だろう。石平氏の本を読むと、そのことに改めて気づかされる。私たちはこのことを誇《ほこ》りとし、大切にして行かなければならないとつくづく思う。日本に生まれてよかった。

三　**子曰、人而不仁、如禮何、人而不仁、如樂何、**

子曰《しのたま》わく、人《ひと》にして仁《じん》ならずんば、礼《れい》を如何《いかん》。人《ひと》にして仁《じん》ならずんば、楽《がく》を如何《いかん》。

【現代語訳】

先生は次のように言われた。

「不仁な者が礼を行なっても何になろう。不仁な者が音楽を演奏しても何になろう。」

※　金谷氏は訳文に関して、「楽――音楽。礼儀と並んで人間の容儀・品性をととのえる。」と付記しておられる。

【私の見解】

さて、孔子は、右の一と二で「礼」を守ることの大切さを説いていたが、ここでは、「仁」の重み・重要性について説いている。

「仁」は「礼」や「楽」よりも大切であり、人に「仁」がなければ「礼」や「楽」があってもどうにもならぬと言っているのだ。礼や楽は人としての品性を整えるものとして重要なものだが、仁はそれよりもずっと重要だと孔子は言っているのである。

では、孔子の言う「仁」とは一体何か。

広辞苑によれば、「仁」は孔子が提唱《ていしょう》した道徳観念を指し、「忠」と「恕」の両面を備えた徳のことだという。端的に言えば愛情と思いやりに満ちた徳のようだ。

「仁」はとてつもないほどの広くて篤《あつ》い円熟《えんじゅく》した人間性の概念《がいねん》であろうことはぼんやりと理解できる。わが国では円熟した人のことを「人間ができている」というが、「仁」はこれに似た概念なのかも知れない。

ともあれ、この章からは、孔子が「仁」をいかに重要視しているかを読み取ることができる。無学な私には、「なるほど、そういうものか」との感慨《かんがい》を以て受け止める以外に、今のところ何の術《すべ》もない。

ところで、中国は「仁」とは対極の「不仁の国」になり下がってしまっている観がある。例えば、外交上自国にとって不都合なことが起こると、相手の国の国民を罪状を適当にでっち上げて逮捕するいわゆる「人質外交」とよばれるような忌《い》まわしい汚い手を常套手段《じょうとうしゅだん》としている。実に腹黒《はらぐろ》い。かつてオーストラリアと日本が被害を受けた。最近はカナダもその餌食《えじき》になった。

その上、すでに見たように利己主義を基底《きてい》にして人間不信が蔓延《まんえん》し、いまや嘘《うそ》と欺瞞《ぎまん》と騙《だま》しの性《さが》が民族性に抜きがたく染《し》みついてしまっている。

とはいえ、後でもなんどか触れるように、これはあくまでも、日本人の感覚だからこそ言えることなのだ。中国の側から言えば、自分たちは『論語』の通りに振る舞っているということになるのであろう。（詳細は後述）。

四　林放問禮之本、子曰、大哉問、禮與其奢也寧儉、喪與其易也寧戚、

林放《りんぽう》、礼《れい》の本《もと》を問《と》う。子曰《しのたま》わく、大《だい》なるかな問《と》うこと。礼《れい》は其《そ》の奢《おご》らんより寧《むし》ろ倹《けん》せよ。喪《も》は其《そ》の易《おさ》めんよりは寧《むし》ろ戚《いた》め。

【現代語訳】

林放《りんぽう》が礼の根本について訊ねた。先生は次のように言われた。

「大きな質問だね。礼は、贅沢《ぜいたく》にするよりもむしろつつましくし、葬儀《そうぎ》は、立派にするよりもいたみ悲しむことだよ。」

※　金谷氏は訳文に関して、「林放――魯《ろ》の国の人。　礼は末節の文飾より誠心が根本だという意味。喪《も》のことをいうのは礼の重要部門だからである。」と付記しておられる。

【私の見解】

さて、礼の根本について問われた孔子は、まず「**大哉問**」（大《だい》なるかな問《と》うこと。）と応じている。この反応を見るだけで、孔子が「礼」を重んじていたことがよく分かる。金谷氏はこれを「大きいね、その質問は。」と訳しておられる。

「**大哉問**」と応じた割には、孔子の答えはやや拍子抜けがするほどあっけない。礼は贅沢《ぜいたく》であるよりもつつましい方がいいと言い、「礼」の根本とは、一見、外《はず》れたような答え方をしている。一読しただけでは、私にはその真意がよく分からなかった。

しかし、よくよく読み返して見ると、なるほど、事柄の本質をずばり衝《つ》いて回答していることが分かる。礼の本質は真心が籠《こ》もっていることにあるのであって、贅沢《ぜいたく》に行なったからといって礼の本義に適《かな》うとは限らない、それどころか、むしろ贅沢は虚飾《きょしょく》に終始《しゅうし》する危険性を孕《はら》む――孔子はそう言っているのではないか。このように解釈すれば、孔子の答えには無駄《むだ》がないことが分かる。

また、孔子は、礼の根本を問われているのに葬儀《そうぎ》のことを持ち出し、葬儀はいたみ悲しむことが第一だと述べている。これも、一読したときにはよく真意が飲み込めなかったが、金谷氏の付記にあるように「喪は礼の重要部門」であることを考えると、孔子の説明はよく理解できる。

「葬儀」が「礼」と深い関わりがあるというのは、言われてみれば確かにその通りである。葬儀は死者を弔《とむら》う儀式であるから、死者への最も敬虔《けいけん》な気持ちでお見送りをするのが真の礼儀というものであろう。孔子が、葬儀は贅沢にするよりも心を込めて死者を悼《いた》むことが第一であると言っているのは、至極尤《しごくもっと》もなことである。

とかく礼式というものは、見栄《みえ》もあって贅沢《ぜいたく》かつ派手になりがちである。葬儀も、死者への真摯《しんし》な弔《とむら》いの気持ちよりも世間体《せけんてい》を憚《はばか》って立派なものにしたがるのが人情というものだ。このことに鑑《かんが》みれば、孔子の「**禮與其奢也寧儉、喪與其易也寧戚**」は、現代でも立派に通じる戒《いまし》めだ、と私は思う。

ところでこれはちょっと異聞《いぶん》に属する話だが、神話の時代や古代の日本では、葬儀のときに「泣き女」の風習があったらしい。「泣き女」とは、死者に縋《すが》って泣くのを職業としている女性のことで、遺族に雇われて泣くのが仕事だという。つい最近までこの風習が残っていた地方もあると言われている。

日本以外でも、世界各地にこの習俗があったようだ。とりわけ儒教下の中国や韓国では、現在でも「泣き女」を雇うしきたりが生きているという。「泣き女」たちは、遺族に代わって「悲しい」「辛い」「寂しい」などの気持ちを独特の節を付けて表現し、一晩中泣き通すのだという。中国では「泣き女」の数が多ければ多いほど、そして、泣き声が高ければ高いほど、葬儀を行なっている家の名誉《めいよ》だとされるそうだ。

様々な理由があってこのような習俗《しゅうぞく》が生まれたのであろう。中国では、儒教の影響が生じるよりもはるか昔からこの風習があったようである。孔子が生きていた時代にもあったものと思われる。「**禮與其奢也寧儉、喪與其易也寧戚**」は、孔子の嘆き節《なげぶし》であったのかもしれない。

五　子曰、夷狄之有君、不如諸夏之亡也、

子曰《しのたま》わく、夷狄《いてき》の君《きみ》有《あ》るは、諸夏《しょか》の亡《な》きに如《し》かざるなり。

※　金谷氏は読み下し文に関して、「亡《な》きに如《し》かず——皇侃《おうがん》の『義疏』に従う。新注では『亡きが如《ごと》くならず。』と読んで、夷狄《いてき》にさえ君があるのに、という嘆きとみる。鄭注も新注に近く、こちらの説も有力である。」と付記しておられる。

【現代語訳】

先生は次のように言われた。

「君主がいる夷狄《いてき》は、君主がいない中国に及ばない。」

※　金谷氏は訳文に関して、「夷狄――中国周辺の未開民族。東夷・西戎《せいじゅう》・南蛮《なんばん》・北狄と分けることもある。」と付記しておられる。

【私の見解】

さて、私の訳は、金谷氏の付記と同じ解釈によるが、齋藤孝氏の訳は、新注の解釈によるようである。

次のようになっている。

わが国の東方の夷《い》や北方の狄《てき》といった文化程度の高くない国でも君主がいて上下の別があるのに、わが中国において君主をないがしろにしているのはなげかわしい。（本来、わが国の文化のよさは秩序を大切にするところにあるのだ。）」

同じ言葉なのに、このように読み手によって解釈が異なっている。

読む人によってこれほど意味が変わるのも、『論語』の『論語』たる所以《ゆえん》といったところだろうが、私のような素人にはなんとも厄介《やっかい》なことである。

このような解釈の違いは、実は『論語』のいたるところに見られるが、私は例外を除いて基本的に金谷氏の訳に沿って解釈している。

さて、孔子の「**夷狄之有君、不如諸夏之亡也**」（夷狄《いてき》の君《きみ》有《あ》るは、諸夏《しょか》の亡《な》きに如《し》かざるなり。）を考えるに当たっては、中国古来の伝統的な「華夷秩序《かいちつじょ》」について触れなければならないようだ。

「華夷秩序」は日本では「中華思想」とも言われているが、これは漢民族こそが世界で一番優れた民族だとする考え方だ。自分たちの王朝が世界の中心であり、その文化・思想こそが至高《しこう》なものだとする極めて尊大不遜《そんだいふそん》な思想である。

この思想のもとで、彼らは、自分たちは国とも呼べぬ不連続な王朝の歴史しか持たないにも拘《かか》わらず、自分たちの「国」を「夏」「華夏」「中国」などといった美称《びしょう》で表現し、周辺の国々を文化程度の低い野蛮《やばん》な国と見なして東夷《とうい》・西戎《せいじゅう》・南蛮《なんばん》・北狄《ほくてき》などといった蔑称《べっしょう》で呼んで来た。

そればかりか、儒教の古典（『詩経』）には、

普天之下　莫非王土　率土之浜　莫非王臣
（普天《ふてん》の下《もと》、王土《おうど》にあらざるはなく、率土《そつど》の浜《はま》、王臣《おうしん》にあらざるはなし。＝天下のもの全《すべ》て、帝王《ていおう》の領土《りょうど》でないものはなく、大地《だいち》のはてまで、帝王《ていおう》の家来《けらい》でないものはいない。）

　ということまで書かれているという。呆《あき》れるばかりの自民族中心主義である。尖閣諸島周辺の海底に豊富な石油資源があることが指摘された70年代になってはじめて領有権を主張し始めたにも拘わらず、尖閣諸島は昔から中国の領土だなどと涼《すず》しい顔をして言えるのも、このような歪《いびつ》な思い上がりがあるからに違いない。

　孔子が「夷狄《いてき》」と言っているのは、齋藤氏の解釈では東夷《とうい》と北狄《ほくてき》を指している。「東夷」は、具体的に言えばおそらく日本のことだと思われる。だとすれば、孔子も日本を蔑視《べっし》していたことになる。「諸夏」とは、自分の国（不連続な諸王朝）を美化した言葉である。

　このように、哀《かな》しいかな、孔子といえども伝統的な「華夷思想《かいしそう》」に染《そ》まっていたことが「**夷狄之有君、不如諸夏之亡也**」という短い言葉から窺《うかが》える。その蔑視《べっし》に基づいて、孔子は、夷狄《いてき》に君主がいたとしても、それは君主がいない中国にも及ばないもので、取るに足らない。」と言っているのだ。まことに以て失礼な話ではないか。

小中華を自任する韓国も、「華夷秩序」の価値観の虜《とりこ》となっていることが分かる。だからこそ、「東夷の日本」に支配されたという過去の呪縛《じゅばく》から抜けきれず「恨《はん》」を抱いているのだ。戦後70年を超えても華夷秩序思想の尊大な気分と「東夷」にやられたという劣等感のはざまでのたうち回っているのである。いつまでも過去の呪縛《じゅばく》から抜けられない姿は、もはや哀《あわ》れでさえある。

それにしても、孔子が生きた時代にすでに自民族中心主義が出来上がっていたことは驚愕《きょうがく》に値する。現在の中華人民共和国（中国）や韓国の振る舞いを見ていると、「中華思想」のＤＮＡが数千年の時空を貫いて受け継がれていることが分かる。この点から言っても、『論語』は現代の中国・韓国にもしっかりと生きていると言えよう。

「華夷秩序」の思想は、国名にも現れている。

「中華人民共和国」（中国）という国名は、自分たちこそが世界の中心だとする思い上がりを体現したものであり、世界を虚仮《こけ》にする不遜《ふそん》な国名と言う他はない。

六　季氏旅於泰山、子謂冉有曰、女不能救與、對曰、不能、子曰、嗚呼、曾謂泰山不如林放乎、

季氏《きし》、泰山《たいざん》に旅《りょ》す。子《し》、冉有《ぜんゆう》に謂《い》いて曰《のたま》わく、女《なんじ》救《すく》うこと能《あた》わざるか。対《こた》えて曰《い》わく、能《あた》わず。子曰《しのたま》わく、嗚呼《ああ》、曾《すなわ》ち泰山《たいざん》を林放《りんほう》にも如《し》かずと謂《おも》えるか。

【現代語訳】


季氏が泰山で旅《りょ》の祭りをしようとした。

先生は冉有《ぜんゆう》に向かって、

「そなたは、季氏の過ちを救うことができないのか。」

と言われた。冉有は、

「できませぬ。」

と答えた。先生は、

「ああ、泰山〔の神〕が林放《りんぽう》にも及ばぬと言うのか」

と言われた。

※　金谷氏は訳文に関して、「泰山――山東省の名山。旅――祭の名。諸侯が領内の山川を祭るのは礼であったが、季氏は陪臣《ばいしん》の身でそれをおかした。冉有――孔子の門人。姓は冉、名は求。子有があざ名。孔子より二十九歳わかい。当時季氏の家の執事であった。『政事には冉有・季路。』といわれる。さきの林放でさえ礼の根本を問題としている、泰山の神が非礼をしらぬはずはないのに、と戒めた。」と付記しておられる。

【私の見解】

孔子がここで言っていることは、日本人の私たちにはあまりなじみのないものだ。山の名や祭りのことがわかっていないと、よく理解できない。

金谷氏の付記にあるように、「泰山」は山東省の名山のことで、「旅《りょ》」とは山川の祭りのことだ。本来、山川の祭りは諸侯が行うべきものであるが、季氏は陪臣《ばいしん》の身でありながらその掟《おきて》を破った。孔子はそのことが礼の根本を冒《おか》すものだとして、季氏家の執事《しつじ》であり自分の門下生でもある冉有《ぜんゆう》に「**女不能救與**」(女救《なんじすく》うこと能《あた》わざるか。)と言ったのだ。しかし冉有が「**不能**」(能《あた》わず。)と答えたので孔子は、「**嗚呼、曾謂泰山不如林放乎**」(嗚呼《ああ》、曾《すなわ》ち泰山《たいざん》を林放《りんほう》にも如《し》かずと謂《おも》えるか。)と嘆いたのである。

「林放」というのは、本篇の第四章で孔子に礼の根本について訊ねたあの魯の国の人の名である。孔子は、その「林放」でさえ礼の根本について関心を持っているのだ、名山である「泰山」の神が季氏の非礼を知らぬ訳《わけ》はなかろうに、と嘆いたのである。

要するにこの章の話は、当時の「礼」について、その重さを冉有に知らしめるために言った言葉であり、孔子が、「礼」を重視していたことを物語るエピソードなのだ。

繰り返しになるが、孔子がこれほど大切にしていた「礼」が、その後の中国ではほぼ完全に姿を消し、現在の中華人民共和国(中国)では、石平氏も嘆いておられるように、「礼」

のかけらも残っていない。それどころか、「礼」はすっかりその内実を変え、中国は、むしろ「礼」に反する行為を「礼」と思って行動している節さえ窺《うかが》える。

たとえば、南シナ海の島を一方的にわが物にし、国連の機関からダメ出しされると、「そんな裁定は紙くずだ」と言って改めようとしない鉄面皮《てつめんぴ》である。国際法を守るのは、究極《てんけい》の「礼」であるとも言えるのであって、このような中国の態度は、「礼」に悖《もと》る一つの典型と言えるのではないか。

その点、わが国は自信を持っていいと私は思う。「和」を貴《とうと》ぶ国民性は「礼」を重んじる国民性でもあるのだ。なぜなら、「和」は実質的に「礼」によって保たれているからである。

『論語』は日本で生き、中国では死んでしまった。」という石平氏の指摘は、右のような事実に照らせば中《あた》っていると言えそうだが、それはあくまでも日本の視点に立ってのことである。中国の側から言えば、中国の振る舞いこそが『論語』に沿《そ》っていると言うであろう。どういうことなのかは、追々《おいおい》述《の》べる。

七　子曰、君子無所争、必也射乎、揖讓而升下、而飲、其争也君子、

子曰《しのたま》わく、君子《くんし》は争《あらそ》う所《ところ》なし。必《かなら》ずや射《しゃ》か。揖譲《ゆうじょう》して升《のぼ》り下《くだ》り、而《しか》して飲《の》ましむ。其《そ》の争《あらそ》いは君子《くんし》なり。

【現代語訳】

先生は次のように言われた。

「君子は争うことをしない。あるとすれば、弓争いだろう。会釈し譲《ゆず》り合《あ》って上《のぼ》り下《お》りし、〔競技がおわると勝者が敗者に〕酒を飲ませる。その争いは君子的だ。」

※　金谷氏は訳文に関して、「弓争い――射礼のこと。『儀礼《ぎらい》』の郷射礼《きょうしゃれい》と大射礼にそのさだめがある。」などと付記しておられる。

【私の見解】

「射礼」は、平安時代の日本でも行われた行事の一つであったようだ。それは、次のようなものだったという。

建礼門の前で、天皇臨席のもとに親王以下五位以上及び六衛府の官人が参加して射技を披露したもの。終了後には宴が開かれ、禄を賜った。（デジタル大辞泉）。

中国の「射礼」がどのようなものだったか私には分からないが、『儀礼』というものにわざわざ定められているということだから、正式な儀式だったのであろう。

孔子は、君子と謂《い》われるほどの人格者は人と争うことをしない、と言い、争うとすれば儀式に則《のっと》った弓争いくらいなもので、互いに礼儀を守って上り下りし、競技が終わると勝者は敗者に酒を振る舞う、その在り方は君子的だ、と言っているが、要するに、「君子喧嘩《けんか》せず」ということを、儀礼に則《のっと》っておこなう「弓争い」を対比的に示しながら言っているのだと私は解釈する。

そうだとすれば、これは、君子というものの資質について語っているように見えるものの、裏を返せば、礼を重んじることの大切さについて述べているようにもとれる。

ところで、わが国には「金持ち喧嘩せず」という言葉がある。これは、

金持ちは利にさとく、けんかをすれば損をするので、人と争うことはしない。または、有利な立場にある者は、その立場を失わないために、人とは争わないようにする。（デジタル大辞泉）。

という意味だそうだ。しかし、この解釈ではなんだかしっくりとこない。

現実には、金持ちでも有利な立場の人でも喧嘩《けんか》はするし、利害関係が絡《から》んで訴訟事案《そしょうじあん》に発展することも普通に見られることである。金持ちほど金《かね》に拘《こだわ》り、金にまつわる争いが絶えないのも現実だ。だから、「金持ち喧嘩せず」の「金持ち」を右のように現実の「金持ち」とか「有利な立場にある者」と理解すると、つじつまが合わなくなる。

「金持ち喧嘩せず」の由来は麻雀にあるとの説もあるようだが、「**君子無所争**」を日本式に分かり易く表現したものではないかと、私は思っている。現実の金持ちのことを言っているのではなく、「君子喧嘩せず」の「君子」の意味で比喩《ひゆ》的《てき》に言っているのだと理解すれば「金持ち喧嘩せず」は無理なくストンと胸に落ちると思うのだが、どうであろうか。

日本では孔子の言う「君子」という表現は一般的ではなく、庶民にはなんとも分かりにくい。そこで、先人の知恵として、誰にでも分かるように「君子」を「金持ち」に置き換えて表現したのではないかと私は思うのだ。事実、庶民の感覚としては、大様《おおよう》に構える「金持ち」は親方様《おやかたさま》であり大旦那様《おおだんなさま》であって、「君子」に見えなくもないのである。

八　子夏問曰、巧笑倩兮、美目盼兮、素以爲絢兮、何謂也、子曰、繪事後素、曰禮後乎、子曰、起予者商也、始可與言詩已矣、

子夏問《しかと》うて曰《い》わく、巧笑倩《こうしょうせん》たり、美目盼《びもくはん》たり、素以《そもっ》て絢《あや》を為《な》すとは、何《なん》の謂《い》いぞや。子曰《しのたま》わく、絵《え》のことは素《そ》を後《のち》にす。曰《い》わく、礼《れい》は後《のち》か。子曰《しのたま》わく、予《わ》れを起《お》こす者《もの》は商《しょう》なり。始《はじ》めて与《とも》に詩《し》を言《い》うべきのみ。

※　金谷氏は読み下し文に関して、「盼たり――唐石経・通行本で『盼』とあるのは誤り。　素を後にす――新注では『素より後る。』と読んで、素を素質すなわち、忠信の意味に見る。」と付記しておられる。

【現代語訳】

子夏が、

『笑う口元かわいいえくぼ、目はぱっちりと美しく、白さで美しさをしあげたよ。』とありますが、どういう意味でしょうか。」

と先生にお訊ねした。先生は、

「絵の場合に白い胡粉《こふん》で仕上げをする。」

と言われた。すると子夏は、

「礼で仕上げでしょうか。」

と言った。先生は、

「自分を啓発《けいはつ》してくれるのは、商（子夏）だね。それでこそそなたと共に詩を語ることができるね。」

と言われた。

※　金谷氏は訳文に関して、「上二句は『詩経』衛風《えいふう》の碩人篇《せきじん》にあるが、下一句はみえない。礼であとしあげ――白をあとにするということばからさとって、それを修養のばあいに転じたのである。商――子夏の名。」と付記しておられる。

【私の見解】

さて、子夏が引用したのは、『詩経』にある詩のことだと金谷氏の付記にある。

子夏が、白粉《おしろい》でおめかしをする女性のことを歌った詩の意味を問うたところ、孔子は、絵を白い胡粉《こふん》で仕上げるようなものだよ、と答えた。すると子夏が、それは礼で仕上げるということでしょうか、と重ねて訊ねた。孔子はそれには直接答えず、そのように突っ込みをいれた子夏を、「詩のことがわかっているね、だからそなたと共に詩を語ることができるのだ。」と褒《ほ》めている。さて、この件《くだり》のポイントは何であろうか。

金谷氏は、「礼でしあげ」の意味を「白をあとにするということばからさとって、それを修養の場合に転じたのである。」と説明しておられる。

なるほど、そうすると、そのように覚《さと》った子夏の感性に孔子が感心したことが、この件《くだり》の一番のミソということになる。この話も、やはり孔子が「礼」をどんなに重んじていたかを知らしめる逸話《いつわ》だったのだ。

それにしても、これほどまでに礼を重んじた孔子の『論語』が、本家本元の中国ではなぜか衰退《すいたい》したり歪《ゆが》められたりしている。

儒教の国・韓国の人たちについても同じことが言える。何かにつけて過去の怨念《おんねん》から抜けきれず、戦後70年が過ぎてもネチネチと筋の通らぬ反日の嫌がらせを繰り返している。

今朝の新聞記事を見て、いつものことながら私は呆《あき》れかえってしまった。韓国のあるゴルフ場が、日本製の車の乗り入れを禁止するというのだ。その理由がふるっている。「歴史を歪曲《わいきょく》し、謝罪しない日本」への意思表示だというのだ。日本車の乗り入れは禁止しながら、そのゴルフ場は日本製のカートを使用しているというのだから支離滅裂《しりめつれつ》だ。それに、プレイヤーに人気のある日本製のゴルフクラブやウェアなどはおとがめなしだという。ご都合主義もいいところだ。何というでたらめ、何という姑息《こそく》、何という小心、何という卑《ひ》劣《れつ》！

そもそも、歴史にしっかりと向き合わず、事実をねじ曲げているのは韓国の方である。

戦後日本は、韓国の理不尽《りふじん》な要求にも誠実に対応し、謝罪を何度もしているし多額の経済支援もしてきた。

たとえば昭和40年に両国が締結した「日韓基本条約」では、日本は韓国に対して無償3億ドルと有償2億ドルを供与することを約束し、実質的には総額11億ドルの経済援助を行なってきた。

それに、韓国を併合していた1910〜1945年の間に日本が朝鮮半島に残した資産は52億ドル（約6千億円。現在の価値で数千億ドル＝数十兆円）に上《のぼ》る（令和3年11月27日付産経新聞記事）が、日本はこの膨大《ぼうだい》な資産を朝鮮半島にそのまま置いて引き上げている。

韓国は、日本からの資金援助とこの残留資産によって「漢江の奇跡」といわれる経済復興をなしとげて今日の繁栄《はんえい》を手に入れているのだ。

慰安婦問題に関しては、平成5年に当時の河野洋平官房長官が「軍の関与の下に、多数の女性の名誉と尊厳を深く傷つけた」として心からのお詫《わ》びと反省の気持ちを表明した。このいわゆる「河野談話」は、「軍の関与の下に」などの事実誤認《じじつごにん》があり、私は適切なものだとは思わないが、ともかくこれを皮切りに、日本政府は機会あるごとに元慰安婦の方々に対して心からお詫《わ》びと反省の気持ちを表明してきた。平成7年には「アジア女性基金」

が設立され、日本は平成19年3月にこの基金が解散するまで約48億円を支出して事業の推進《すいしん》に最大限の協力を行なった。また、近年には、韓国と慰安婦問題を不可逆的に解決することを確認した上で、日本は10億円の解決金を拠出している。

　そもそも、慰安婦問題は、問題になるような事実が無かったのであり、「日韓基本条約」締結時には話題にも上《のぼ》っていない。朝日新聞などが「従軍慰安婦」記事を捏造発信《ねつぞうはっしん》したことによって1980年代後半になって騒ぎ出したものだ。

　また現在騒いでいる徴用工《ちょうようこう》への保障問題も、「日韓基本条約」締結時《ていけつじ》に交わされた「日韓請求権協定」に基づいて日本は韓国への支払いを済ませており、既に解決済みのものなのだ。個人への保障は、韓国政府の責任でなすべきことであって日本ではない。

　日本は、「日韓請求権協定」をしっかりと守り、残留資産の返還請求は一切していないが、韓国は条約や協定等を守らず、決着した問題を蒸《む》し返《かえ》して、壊れたレコードのように「謝罪しろ」「従軍慰安婦に保障しろ」「戦時徴用工に金を払え」などと理不尽な要求を繰り返している。これでは、ならず者のたかりと同じではないか。まったく、信義も礼儀もあったものではない。厚顔《こうがん》無恥《むち》とはまさにこのことを言うのだろう。もう韓国には関わりたくないというのが日本人一般の気持ちではないか、とさえ私は思う。

「礼」を失した国と国民は哀《あわ》れである。

九　子曰、夏禮吾能言之、杞不足徴也、殷禮吾能言之、宋不足徴也、文獻不足故也、足則吾能徴之矣、

子《し》曰《のたま》わく、夏《か》の礼《れい》は、吾《わ》れ能《よ》くこれを言《い》えども、杞《き》は徴《しるし》とするに足《た》らざるなり。殷《いん》の礼《れい》は、吾《わ》れ能《よ》くこれを言《い》えども、宋《そう》は徴《しるし》とするに足《た》らざるなり。文献《ぶんけん》、足《た》らざるが故《ゆえ》なり。足《た》らば則《すなわ》ち吾《わ》れ能《よ》くこれを徴《しるし》とせん。

【現代語訳】

先生は次のように言われた。

「夏王朝《かおうちょう》の礼について私は話すことができるが、杞《き》の国の礼については、〔話すほどの〕証拠が足りない。殷《いん》の礼についても私は話すことができるが、宋の国の礼についても〔話すほどの〕証拠が足りない。文献が不足しているからだ。文献があれば、私もそれを証拠に話せるのだが。」

※　金谷氏は訳文に関して、「杞・宋――周になってから夏と殷の王室の子孫がそれぞれに封ぜられた小国。杞は河南省杞県、宋は河南省商邱県の地。　賢人も――『文献』の献は賢人の意味。」と付記しておられる。

【私の見解】

さて、中国は、古来様々な王朝が興《おこ》っては消え、消えては興るを繰り返してきたが、国としての一貫した歴史を持っていない。そのため、国としての概念《がいねん》が成り立たず、不連続な王朝の歴史としてしか把握できない特性がある。

各王朝は、不連続であるが故に礼式も一貫していなかったのであろう。各王朝のことに精通《せいつう》しているはずの孔子でさえ、夏王朝や殷王朝の礼式については話せるが杞《き》の国や宋の国の礼式については文献が足りないので話せないと言っている。それほど、礼式あるいは風習は、国や地域や時代によって様々なのだ。

ちなみに、卑近《ひきん》な例で言えば、日本では家には靴などの下足《げそく》を脱いで上がるのが普通だが、西洋など多くの国では下足のまま上がるのが普通だ。また、日本では脱いだ下足はつま先を出口側に向けて揃《そろ》えるのが上品とされるが、韓国では逆につま先は内側に向けてそろえるのが普通のようだ。このように、「所変われば品変わる」が世間の慣《ならい》というものである。

このような礼式や風習は、それぞれの国や地方の時代時代の文化・伝統と深く関わっているものであり、よほどの理由がない限りどちらのやり方が良いとか悪いとか言えるはずのものではないが、残念ながら現実には、身勝手な感情で他国の風習をけなしたり笑ったりする国がある。

前にも触れたが、たとえば韓国の人々は、日本の足袋《たび》を履《は》く風習を軽蔑《けいべつ》して、日本人を「チョッパリ」という侮蔑語《ぶべつご》で呼んで悦《えつ》に入《い》っているのだ。

「チョッパリ」とは豚など動物の蹄《ひづめ》のことであり、足袋《たび》の形が蹄《ひづめ》に似ていることからそのように呼んでいるらしいが、精神が歪《ゆが》んでいると言わざるを得ない。

孔子が、杞《き》の国や宋の国の礼式については文献が足りないので話せない、と言ったことに、私は、孔子の高い品性を感じる。韓国の人々は、自分たちの貧しい品性に気づいて欲しいものだ。

一〇　**子曰、禘自既灌而往者、吾不欲観之矣、**

子曰《しのたま》わく、禘《てい》、既《すで》に灌《かん》してより往《のち》は、吾《わ》れこれを観《み》ることを欲《ほっ》せず。

【現代語訳】

先生は次のように言われた。

「灌《かん》の儀式が済んだ後の禘《てい》の祭は、私は見たくない。」

※　金谷氏は訳文に関して、「禘――祭の名。先祖の源である帝を中心に衆祖をあわせ祭る大祭。新注では、祭に誠意

がなくなるからだと解し、古注では、当時の魯では、位牌《いはい》などの序列が乱れていたからだという。」と付記しておられる。

【私の見解】

さて、馴染《なじ》みのない言葉があって分かりにくいが、金谷氏の説明書きによれば、「禘《てい》」は祭の名で、「先祖の源である帝を中心に衆祖をあわせ祭る大祭」のこと、「灌」は「黒きびの香り酒を地に注ぐ儀式」のことだという。

孔子は、黒きびの香り酒を地に注ぐ儀式が終わったらもう禘の祭を見たくない、と言っているが、どうしてそう言ったのかについて金谷氏は、「祭に誠意がなくなるから」とする解釈と「当時の魯では、位牌《いはい》などの序列が乱れていたから」とする解釈があると付記しておられる。

いずれにしても、孔子は、自分が本来こうあるべきだと考える祭と違うことに嫌気《いやけ》がさして、「見たくない」と言っているようである。さすれば、これも「礼」の在り方について、孔子が如何《いか》にこだわりを持っていたかを示す逸話であると言えようか。先祖を祭る大祭で、礼式を損なうようなことをするのは許せない、という孔子の強い気持ちが伝わってくる。

現代の日本でも、礼式についてはいろいろと口うるさい部分があるが、時代はそれを凌《りょう》駕《が》するほどの速さで動いている。結婚式や葬式をはじめとして、儀式という儀式は一昔前とはすっかり様変わりしている。過去の礼式にこだわっていては、何事も前に進まない。孔子が今の世に生きていたら、何と言うだろうか。おっと、これは、想像するだけ野暮《やぼ》というものであろう。

一一　**或問禘之説、子曰、不知也、知其説者之於天下也、其如示諸斯乎、指其掌、**

或《あ》るひと、禘《てい》の説《せつ》を問《と》う。子《し》曰《のたま》わく、知《し》らざるなり。其《そ》の説《せつ》を知《し》る者《もの》の天下《てんか》に於《お》けるや、其《そ》れ諸《こ》れを斯《こ》に示《み》るが如《ごと》きかと。その掌《たなごころ》を指《さ》す。

【現代語訳】

ある人が、先生に禘の祭の意義について訊ねた。先生は、「私は知らないね。その意義がわかっているほどの人であれば、天下のことも、ほれ、ここに見るようなものだろうね。」

そう言って、先生はご自分の掌《てのひら》を示された。

【私の見解】

右の第一〇章で孔子は、「**禘自既灌而往者、吾不欲観之矣**」（禘《てい》、既《すで》に灌《かん》してより往《のち》は、吾《わ》れ、これを観《かん》するを欲《ほっ》せず。）と言っている。これは、禘《てい》の祭の意義を知っているからこそ言えたことではないか。なのに今度は、禘の祭の意義について聞かれて「**不知也**」（知《し》らざるなり。）と答えている。はて、これは一体どう理解すればよいのだろう。

孔子は、その時々の気分で、口から出任せを言っているのだろうか。とてもそうは思えないが、そうとでも言いたくなるほど訳が分からない。

禘《てい》の祭の意義を知っているほどの人なら天下のことも掌《てのひら》を見るようなものだ、とは「禘《てい》の祭の意義」はそれほど難しいものだという意味で言っているのだろうか。そうだとすれば、第一〇章の「**禘自既灌而往者、吾不欲観之矣**」とのつじつまが益々合わなくなる。残念だが、これは、私には理解不能である。

一二　**祭如在、祭神如神在、子曰、吾不與祭、如不祭、**

祭《まつ》ること在《いま》すが如《ごと》くし、神《かみ》を祭《まつ》ること神在《かみいま》すが如《ごと》くす。子曰《しのたま》わく、吾《わ》れ祭《まつり》に与《あずか》らざれば、祭《まつ》らざるが如《ごと》し。

【現代語訳】

先祖の祭は先祖がおられるようにし、神の祭は神がおられるようにする。

先生は次のように言われた。
「私は祭に関わらないと、祭をしていないような気がする。」

【私の見解】

「先祖の祭は先祖がおられるようにし、神の祭は神がおられるようにする。」というのは、まさに日本の祭を説明しているように、私には響く。

日本では、地方地方で祭の在り方が異なるが、私の故郷では、お盆にはキュウリやナスを使って馬を作り、仏壇《ぶつだん》にお供えする。先祖の霊がそれに乗って帰って来ると信じているのだ。玄関先では麻柄《あさがら》で迎え火を焚《た》いて、その炎の上に足を何度もかざしながら「盆さん、盆さん、道に迷わずごだっしゃいや。蛇《へび》に噛《か》まれないようにごだっしゃいや」と迎え歌を歌って先祖をお迎えする。「ごだっしゃい」というのは「お帰りください」というほどの意味だ。お盆が終わると、キュウリやナスの馬は海に流し、玄関では送り火を焚いて先祖の霊をお見送りする。

神社の祭礼にも同様に気持ちを込める。神主や巫女《みこ》が鎮守《ちんじゅ》の神をお迎えしてお神楽《かぐら》を舞い、私たちは平伏《ひれふ》して神に手を合わせる。当番の家の人は、毎朝、清水《しみず》を汲《く》んで神前にお供えをする。秋祭りには農産物をお供えして、神のお加護《かご》に感謝をする。神社の前にしつらえた土俵では、奉納相撲《ほうのうずもう》も行なう。参道の両側には夜店が並び、大人も子どもも満面に笑みを溜《た》めて祭を楽しむ。

孔子は、「祭に関わらないと、祭をしていないような気がする。」と言っているが、私も村の青年団で祭りの手伝いをしたときには同様の実感を抱いた。神社への参道をいくつもの大きな灯籠《とうろう》で飾るのだが、その灯籠はすべて自分たちの手作りだった。灯籠に灯《ひ》が入って参道があかあかと照らされ、参拝の人たちがその下をくぐって行くのをみると、何とも言えぬ幸せ感に包まれたものだ。

今も、昔のままにお盆や神社の祭が行なわれているかどうかは定かではない。もう何年もお盆や祭に里帰りをしていないので確たる自信はないが、少なくとも先祖の霊や鎮守の神に対する村人の敬虔《けいけん》な気持ちは、いささかも衰《おとろ》えていないはずである。

右の孔子の言葉から察するに、孔子が生きた時代の中国にも先祖や神の祭があったことが分かる。だが、現在の中国はどうだろう。「宗教は阿片《あへん》だ」と言う共産主義の下で、人々の心は疲弊《ひへい》してしまって、先祖の祭や神の祭は忘れられているのではないか。

聞くところによると、今の中国にもお寺があり、仏教も存在するらしいが、人々は敬虔《けいけん》な気持ちで拝むのではなく、お金にまつわる現実的な利益を求めての祈願《きがん》が第一の目的になっているとのことだ。

それに、儒教の価値観のもとでは、「罪人」はあの世にいっても罪人で、死んだ後も責められ、墓を暴《あば》かれて遺体が辱《はずかし》めを受けることも珍しいことではないという。日本では考えられないことだ。

やはり、孔子の言う「先祖の祭は先祖がおられるようにし、神の祭は神がおられるようにする。」が生きているのは、日本だとつくづく思う。そして、日本に生まれてよかったと、改めて思う。

一三　**王孫賈問曰、與其媚於奧、寧媚於竈、何謂、子曰、不然、獲罪於天、無所禱也、**
王孫賈《おうそんか》問《と》うて曰わく、其《そ》の奥《おう》に媚《こ》びんよりは、寧《むし》ろ竈《そう》に媚《こ》びよとは、何《なん》の謂《い》いぞや。子《し》曰《のたま》わく、然《しか》らず。罪《つみ》を天《てん》に獲《う》れば、祈《いの》る所《ところ》無《な》きなり。

※　金谷氏は読み下し文に関して、「何の謂いぞや――『何謂』の下、唐石経・通行本には『也』の字がある。」と付記しておられる。

【現代語訳】
王孫賈《おうそんか》が、

『奥の神のご機嫌をとるより、竈《かまど》の神のご機嫌をとれ』とは、どういうことですか。」

と訊ねた。先生は、

「そうではありません。天に対して罪を犯せば、どこにも祈りようがありません。」

と言われた。

※　金谷氏は訳文に関して、「王孫賈――衛の霊公に仕えた大夫で実権者。自分に媚《こ》びよという王孫賈のなぞをはねつけた。」と付記しておられる。

【私の見解】

金谷氏の付記にあるように、王孫賈《おうそんか》というのは、衛の国の霊公に仕えた大夫で実力者である。その王孫賈が「**與其媚於奥、寧媚於竈、何謂**」（其《そ》の奥《おう》に媚《こ》びんよりは、寧《むし》ろ竈《そう》に媚《こ》びよとは、何《なん》の謂《い》いぞや。）と孔子に訊ねた。これは、「衛の主君よりも、権臣である自分のきげんをとれ、というなぞ」だったと金谷氏は付記しておられる。

王孫賈の問いかけを受けて孔子は、「諺《ことわざ》にかこつけて衛の君主（奥の神）よりも衛の実権を握っている王孫賈が自分を竈《かまど》の神に見立てて自分に媚《こ》びよといった」ものだとその腹を見抜き、「**不然、獲罪於天、無所禱也**」（然《しか》らず。罪《つみ》を天《てん》に獲《う》れば、祈《いの》る所《ところ》無《な》きなり。）と答えている。

この話は、腹に一物の王孫賈のことを批難《ひなん》することがメインなのか、それとも、王孫賈の腹を見抜いて「**不然、獲罪於天、無所禱也**」と答えたことがメインなのか、一見、判断に迷うところだが、二つのことは密接不可分の一連の話であり、分離して考えるのは不適切であろうことが読み取れる。

孔子は、王孫賈の腹を見抜きながらも、直接批判するのではなく、王孫賈が隠喩《いんゆ》として用いた諺《ことわざ》に焦点を当てて諭《さと》すように言っている。

「**獲罪於天、無所禱也**」には、天に対する並々ならぬ孔子の信仰が窺《うかが》える。「衛の神」は「衛の君主」の隠喩《いんゆ》であり「竈の神」は王孫賈の隠喩だが、孔子は「衛の神」を「天」に置き換え、「竈の神」のご機嫌をとるのは天に対して罪を犯すことだと言い、天に対して罪を犯せば、どこに向かって祈ることができるのか、と言っているのだ。

ところで、『論語』を背景にした儒学、そして儒学が昇華《しょうか》した儒教という関係性の中で、天を崇拝《すうはい》する孔子の儒学は、儒教の天命思想に基づく「易姓革命論《えきせいかくめいろん》」を生み出したが、これは、『論語』（儒学）の孔子にとっては悪夢だったと言えるかも知れない。

天命思想に基づく易姓革命というのは、すでに触れたように、王朝が革命によって改まるのは、その王朝が徳を失って、新たに天命を受けた有徳者が王朝を建てるというものだ。

王朝の姓が替わることから易姓革命と呼ぶ。

これは、革命を正当化し、新しい王朝を権威づける理論であり、この理論によって儒教は、その時々の王朝に阿《おもね》り、絶大な力を維持し続けてきた。前にも触れたように、石平氏は、儒教のこの易姓革命論を、「中国でもっとも典型的な嘘」だと断罪しておられる（『中国五千年の虚言史』72ページ）が、これが中国や儒教国（韓国など）を狂わせた悲劇の根幹《こんかん》と言えなくもない。

日本にも儒教は朱子学の形で伝わりはしたものの、幸いなことに伊藤仁斎などの儒学者の慧眼《けいがん》によってそのいかがわしさが見抜かれ、深入りすることはなかった。朱子学がもたらした「礼教」に毒されることもなく、『論語』を『論語』として素直に受け止めて、日本式の「和」の行動規範に絡《から》めて生かしてきたのだ。同じ『論語』の影響を受けた国と言っても、日本と中国とでは天と地ほどの開きがある、と私は思う。

一四　子曰、周監於二代、郁郁乎文哉、吾從周、

子曰《しのたま》わく、周《しゅう》、二代《にだい》に鑑《かんが》みて郁郁乎《いくいくこ》として文《ぶん》なるかな。吾《わ》れ、周《しゅう》に従《したが》わん。

※ 金谷氏は読み下し文に関して、「鑑みて——古注では『くらべれば』の意味に読む。」と付記しておられる。

【現代語訳】

先生は次のように言われた。

「周《しゅう》は、〔夏《か》と殷《いん》の〕二代に習って、いかにもはなやかに立派だね。私は周に従おう。」

【私の見解】

夏王朝と殷王朝は周王朝の前の王朝だ。周王朝は、夏と殷の両王朝の文化をよく受け継いでいたのであろう、孔子はそれを「**郁郁乎文哉**」（郁郁乎《いくいくこ》として文《ぶん》なるかな。）と言い、自分は周の文化に従うと言っている。

孔子が評価する周とはどんな王朝だったのか。私が得た断片的な知識を整理すると、およそ次のようにまとめることができる。

周王朝は、紀元前１０４６年頃に殷王朝を革命で倒して出来た王朝で、紀元前256年頃に秦に滅ぼされるまでの約800年間続き、中国史上最も長く続いた王朝と言われている。儒教では周王朝前半の西周は理想的な時代だったとされる。

孔子は周末の春秋時代に魯の国で生まれた。西周への復古を理想として身分秩序の再編と仁道政治を掲げた。魯の国の役人になった時期もあったが、魯の国を追われたあとは、政治に関わることを求めて諸国を遍歴《へんれき》した。

弟子たち（所謂《いわゆる》「儒家」）が孔子の教えを語り継いだものを編纂《へんさん》したのが『論語』だから、孔子本人は『論語』の存在もその後の儒教の存在もましてや礼教の忌《い》まわしい教義も知らないわけである。

『論語』に残る孔子の言葉の多くは、周の初め頃をベースにしたものと思われるが、彼が理想とした周王朝は秦王朝によって滅ぼされた。その秦王朝も劉邦《りゅうほう》たちに滅ぼされて、その後は劉邦が建てた前漢王朝を皮切りに中央集権の独裁王朝が興《おこ》っては滅《ほろ》びを繰り返し、孔子が理想とした国とは違う方へ違う方へと変遷《へんせん》していった。それが中国という国なのである。

孔子の弟子たちは儒家を形成して儒学を成《な》したが、時代の変遷《へんせん》とともに、儒学の流れを汲《く》む者たちによって儒教が生み出され、孔子や儒家の理想はある意味で変質させられてしまった。そして、儒教の行き着く先が、人々を無権利状態に貶《おとし》める礼教だったのである。

礼教は、勿論共産主義とは全く別物だが、双方の教義は人々を無権利状態に貶《おとし》めるという点でとてもよく似ている。中国で共産主義革命が成功したのは、時間をかけて中国に根を張った「儒教—礼教」の流れが好都合に働いたからではないかと私は観ている。中国の人々にとって、これはまさに悲劇以外の何物でもない。孔子が現在の中国を見たら、腰を抜かすであろう。

一五　**子入大廟、毎事問、或曰、孰謂鄹人之子知禮乎、入大廟、毎事問、子聞之曰、是禮也、**

子《し》、大廟《たいびょう》に入《い》りて、事《こと》ごとに問《と》う。或《あ》るひと曰《い》わく、孰《たれ》れか鄹人《すうひと》の子《こ》を礼《れい》を知《し》ると謂《い》うや、大廟《たいびょう》に入《い》りて、事《こと》ごとに問《と》う。子《し》これを聞《き》きて曰《のたま》わく、是《こ》れ礼《れい》なり。

【現代語訳】

先生は、大廟に入ると、いちいちお訊《たず》ねになった。ある人が、

「鄹《すう》の役人の子どもが礼を知っているなどと誰が言ったんだろう。大廟の中で礼についてことごとく訊ねている。」

と言った。先生はこれを聞いて、

「それが、礼なのだ。」

と言われた。

※　金谷氏は訳文に関して、「大廟――始祖の霊廟。ここでは魯の周公の廟。鄹――魯の国の町の名で、孔子の父叔梁紇《しゅくりょうこつ》がそこの役人をした。」と付記しておられる。

【私の見解】

さて、これは、孔子が魯の始祖の霊廟《れいびょう》に入って儀礼について一つひとつ訊《き》いているのを見た誰かが、「孔子は鄹《すう》の役人の子で、礼についてはよく知っているということだが、あのように礼について一つひとつ訊《き》いて回っているではないか。孔子が礼について知っていると誰が言ったんだ」と減らず口をたたいた。それを聞いて孔子が、「こうして一つひとつ訊《き》くのが礼なんだよ」と言ったという話である。

要するに、孔子は、「知っていることでも、それを念押しするのが礼儀だよ」と言っているのだと私は解釈した。

孔子は、自分がよく知っている礼のことを、人にいちいち確認したのだ。それは、礼を人に確実に知らしめようとしたからか、それとも自分が再認識しようとしたからか、あるいはその両方だったのか、私にはよく分からない。ともかく、孔子は、こうしていちいち訊ねるのが礼というものだ、と言っている。

いずれにしても、今日的にはそんなに重い話のようには思えないが、後世の儒者たちはこの話を『論語』に収めたのだ。きっとそれなりの理由《わけ》があったからに違いない。『論語』が世に出たころには、孔子が重んじた「礼」はもう相当に乱れていたであろう。だから、このような一見なんでもない話を『論語』に収めたのではないか。

今日《こんにち》でも、この孔子流の「念押し」は、良い教訓になるのではないか。たとえば、幼い子どもを教育する親や学校の先生には、とても有効な教育手法になり得ると思う。親や先生が、自分は良く知っていることでも、「これはこうするのね。これはこうだよね。」などと、こども目線で一緒に考えて温かく語りかければ、子ども達の心はきっとそれを受け入れるに違いないのだ。

一六　子曰、射不主皮、爲力不同科、古之道也、

子曰《しのたま》わく、射《しゃ》の皮《かわ》を主《しゅ》とせざるは、力《ちから》の科《しな》を同《おな》じくせざるがためなり。古《いにし》えの道《みち》なり。

※　金谷氏は読み下し文に関して、「力の科を……――新注の読よみかた。古注では『力を為すこと科を同じくせず。』と読んで、力役《りきえき》にも能力に応じた科別があったとし、上の射のことは別事とみる。」と付記しておられる。

【現代語訳】

先生は次のように言われた。

「弓を射るのは的《まと》の皮《かわ》を射貫《いぬ》くのが目的ではない。〔人によって〕能力が違うからである。それが古《いにしえ》のやり方である。」

※　金谷氏は訳文に関して、「弓の礼では……――今の『儀礼《ぎらい》』郷射礼篇《きょうしゃれい》に『礼射不主皮、』とみえる。それを解釈して、皮を主とする（皮のまとをつきとおすのを主とする）ようになった今の時世を嘆いたとするのが、新注の説。」と付記しておられる。

【私の見解】

孔子は、古代のやり方によれば、礼として弓を引くのは、人によって能力に違いがあるため、的《まと》に当てることが第一の目的ではないと言っている。

本来、実用として弓を引くのは、狙《ねら》ったえものに命中させるためである。これは言わずもがなのことである。だが、孔子が敢《あ》えてこのようなことを言っているのはなぜなのか。

やはり孔子は、周王朝の初め頃の礼式のことが頭にあって、そのように言ったのではないかと私は推測《すいそく》する。周王朝の初め頃は、的《まと》に中《あ》てるかどうかよりも、弓を引く者が自分の能力を精一杯に出しているかどうかの方に衆目《しゅうもく》の関心が集まる悠長《ゆうちょう》な時代だったのかも知れない。

私は、高校生のときに、僅《わず》かな期間だったが、弓道部に所属していたことがある。入部したときに先生から徹底的《てっていてき》に言われたのは、「的《まと》に中《あ》てようと思うな。的《まと》に正対《せいたい》し、邪念《じゃねん》を捨ててただ無心に弓をひけ。的を射ようと思って矢を放つのではなく、花が開くように自然に手の力が緩《ゆる》めば、矢の方からひとりでに飛んでいく。」ということであった。そして、無理のない射形《しゃけい》が整《ととの》うようになるまで、来る日も来る日も矢を用いないで弓を引くことだけをさせられたものだ。

ある日、私は、先生の目を盗んで弓に矢をつぎ、的《まと》の巻《ま》き藁《わら》に矢を放った。そのとたん、先生の「ばかもん!」という怒声《どせい》が私の背中に飛んできた。「退部しろ!」とまで言われてこっぴどく叱《しか》られた。

孔子の「**射不主皮**」(射《しゃ》は皮《かわ》を主《しゅ》とせず。)を読んで、私は真っ先にそのときのことを思い出した。孔子の言っていることと私が弓道部で指導を受けたこととは、礼式という観点からいえば同じことのように思われる。

およそ「〇〇道」と称されるわが国の伝統的な修養は、ほとんど例外なく「形」から入ってその「心」を養い、次第に「技」を身につけて「道《どう》」を体現していく。『論語』「**射不**

主皮、爲力不同科」は、まさに日本でこそ生きていると言えるのではないだろうか。

一七　子貢欲去告朔之餼羊、子曰、賜也、女愛其羊、我愛其禮、

子貢《しこう》、告朔《こくさく》の餼羊《きよう》を去《さ》らんと欲《ほっ》す。子曰《しのたま》わく、賜《し》や、女《なんじ》は其《そ》の羊《ひつじ》を愛《おし》む。我《わ》れは其《そ》の礼《れい》を愛《おし》む。

※　金谷氏は読み下し文に関して、「皇本・清本は『汝』通行本は『爾』。」と付記しておられる。

【現代語訳】

子貢が、告朔《こくさく》の礼で羊を供えるのをやめようとした。先生は、

「賜（子貢）よ、そなたは羊を惜しがっているが、私は礼が〔廃《すた》れるのが〕惜しい。」

と言われた。

【私の見解】

「告朔《こくさく》の礼」とは、毎月一日《ついたち》に宗廟《そうびょう》に報告する祭のことだという。その祭が魯の国では実際に行われなくなり、羊を供えるだけになっていた。子貢がそれを見て、羊も供えるの

をやめようとした。それに対して孔子は、それをやめれば祭が完全になくなってしまうことを心配し、せめて羊だけでも供えることを続けていけば、祭の復活に望みを繋《つな》ぐことができると言ったという逸話《いつわ》である。やはりこの話にも、孔子が古き良き時代の礼式を守ろうとしていた気持ちがよく表れている。

『論語』の編纂《へんさん》時期ははっきりしないらしいが、金谷氏の『論語』の「はしがき」には、

孔子の没（B・C・四七九）後、その門人たちの間で次第に記録が蓄えられ整理されて種々のまとまりで伝えられ、やがてある時期に集大成されたもので、その時期は恐らく漢の初めごろ（B・C・二世紀）のことであろう。（5ページ）。

とある。つまり、周王朝を滅ぼした秦王朝が前漢によって滅ぼされたあとのことだと思われる。恐らくその頃には、孔子が守ろうとした「告朔《こくさく》の礼」は影も形もなくなっていたことであろう。孔子の教えを守ってきた「儒者」たちがそれを悲しんで、この話を『論語』に載せたのではあるまいか。

私のこの推察が正しければ、要するに『論語』は、一般的に言って、復古を願う儒者たちの悲哀《ひあい》を帯びた賛美歌のようなものだったと言えるのではないか。

一八 子曰、事君盡禮、人以爲諂也、

子曰《しのたま》わく、君《きみ》に事《つか》うるに礼《れい》を尽《つ》くせば、人以《ひとも》って諂《へつら》えりと為《な》す。

【現代語訳】

先生は次のように言われた。

「主君に礼を尽くして事《つか》えると、人はそれを諂《へつら》いだと言う。」

【私の見解】

齋藤孝氏の付記によると、これは、礼が廃《すた》れたことを孔子が嘆いたものだという。

孔子が生きた時代には、君主に忠を尽くすことは臣下の当然の礼儀であったが、その礼儀も廃《すた》れつつあったのであろう。孔子はそれを嘆いたのだ。

孔子が嘆いてから数百年経って『論語』にこの言葉が収められているが、それは、右の第一七章でも触れたように、前漢王朝の頃である。

前漢王朝は、皇帝による強い独裁政治体制であった秦王朝を倒して成立したものだ。秦王朝の頃には『論語』はまだ存在していない。前にも触れたが、秦の始皇帝は儒者と儒学を嫌悪《けんお》し、焚書坑儒《ふんしょこうじゅ》を行なうなどして儒学を徹底的に弾圧したことでも有名だ。

前漢王朝は、秦王朝の反動でやや独裁が緩《ゆる》んだ時代だったと言われている。当然、君主への忠義も緩《ゆる》んでいたものと思われる。そこへ『論語』の「**事君盡禮、人以爲諂也**」（君《きみ》に事《つか》うるに礼《れい》を尽《つ》くせば、人以《ひともっ》て諂《へつら》えりと為《な》す。）である。君主への忠義を求めるこの孔子の言葉は、皇帝にとってはまことに有り難いものであったに違いない。

「**事君盡禮、人以爲諂也**」に限らず、『論語』に収められた「忠」「信」「礼」「恕」「仁」などの徳目は、王朝を維持する上で都合良く利用できる絶好のバイブルとなったであろうことが容易に推測《すいそく》できる。

かくして『論語』は、儒者の言葉として時の権力者によって重用されるところとなり、年月をかけて儒学から変貌した儒教は、時々の王朝を強力に正統化する易姓革命の理論を生み出し、益々《ますます》権力者の御用達《ごようたし》としての役割を果たすようになったのだと見て間違いなさそうだ。

『論語』は、今日《こんにち》の我々が読んでも「なるほど」と思える内容も多いが、それは、我々が我々の価値観に適合するように都合良く解釈するからであると私は思っている。中国の各王朝も、まさに自分たちの都合に合わせて『論語』を解釈して利用したのだ。

このように考えると、中国が、孔子が描いた人倫徳目から大きく乖離《かいり》した国になっていった根本原因が『論語』にあるように見えなくもない。著名な歴史学者で評論家でもある李相哲氏（中国出身の朝鮮族で日本に帰化）は、中国がダメになったのは「孔子から始まった」と言い切っておられる。（『なぜ日本は中国のカモなのか』90ページ）。

ただ私は、孔子や『論語』を直接的な悪者にするのはちょっと的《まと》が外《はず》れているのではないかと思っている。孔子には中国をダメにする意図があった訳ではなく、共産主義革命を呼びかけたマルクスのように政治プロパガンダとしての革命思想を展開した訳でもない。彼は自分が理想とする時代の徳の世界を理念として描いて見せただけのことである。

古い時代の古風な部分があることを取り上げて、孔子の思想を揶揄《やゆ》する向きも一部にあるようだが、孔子も時代の子である。その思想が古い時代的制約を帯びていたとしても、責められるべきことではない。

確かに、孔子には政治に関わる意志があったことが『論語』から読み取れる。魯の国の役人を追われて諸国を遍歴《へんれき》したのは政治に関わる意図があったからでもあると思われる。識者の中には孔子には権勢欲《けんせいよく》があったとさえ言う人もいるほどだ。

『論語』は、孔子の教えを守ろうとした儒家たちが、孔子の言葉をまとめたものに過ぎない。孔子が理想とした周王朝時代の「徳」の在り方を世に知らしめるという純粋な気持ちが込められているが、政治的な発信力を秘めていたことは否めない。時の権力者によって都合よく解釈され、王朝を維持するための理論として利用されることになったのは、けっして偶然《ぐうぜん》ではないだろう。

『論語』（儒学）に直接的な罪はないとは言うものの、「儒学」から変貌《へんぼう》した「儒教」は、その時々の王朝を正統化する理論（＝中華思想・天命思想・易姓革命思想）を顕然化《けんぜんか》させて王朝の御用学問となり、中国をダメにしていったのである。

だが、儒教は、中国という国柄の産物であり、中国がダメな国になった責任のすべてを儒教におっかぶせるのは少々無理があるように私は思う。歴史を俯瞰《ふかん》すれば、中国はなるべくしてこうなったことがよく分かる。

一九　定公問、君使臣、臣事君、如之何、孔子對曰、君使臣以禮、臣事君以忠、

定公《ていこう》問《と》う、君《きみ》、臣《しん》を使《つか》い、臣《しん》、君《きみ》に事《つか》うること、これを如何《いかん》。孔子《こうし》対《こた》えて曰《のたま》わく、君《きみ》、臣《しん》を使《つか》うに礼《れい》を以《もっ》てし、臣《しん》、君《きみ》に事《つか》うるに忠《ちゅう》を以《もっ》てす。

【現代語訳】

定公《ていこう》が、

「君主が臣下を使い、臣下が君主に事《つか》えるのは、どのようにすればよいだろうか。」

と訊ねられた。孔子は、

「君主は、礼を以て臣下を使い、臣下は忠を以て君主にお事《つか》えすることです。」

と答えられた。

※　金谷氏は訳文に関して、「定公――魯の国の君主。哀公の前で孔子の四十四歳から十五年在位。孔子は、五十六歳で遊説の旅に出る前、この君に重く用いられた。」などと付記しておられる。

【私の見解】

孔子は、君主と臣下との関係について訊《き》かれて、君主は礼を以て臣下を使い、臣下は忠を以て君主に仕えることが大切だと答えている。何も難しいことを言っている訳ではない。当時の君主と臣下の在り方として当然のことを言ったに過ぎない。

ならば、その当然のことがどうして『論語』に収録されたのか。やはり、『論語』が世に出た頃には「礼」や「忠」がかなりいい加減になっていたことが読み取れる。孔子の流れを汲《く》む儒者は、復古の願いを込めてこの話を『論語』に収録し、世に出したのであろう。

時の権力者（君主）にとってこれは好都合であり、「**臣事君以忠**」を徹底的に利用し、臣下に忠誠を求めるバイブルにしたに違いない。「**君使臣以禮**」はどうか。こちらの方は、権力者の都合に合わせて法令等を整えればなんとでもなったであろう。「**臣事君以忠**」は、今日ではそのまま通用しないが、たとえば会社の上司に真心《まごころ》をもって仕えるという風に解釈すれば、今日でも教訓になり得るし、「**君使臣以禮**」も同様に、上司の部下に対する心がけとしての教訓になり得る。しかし、それはあくまでも解釈の問題であって、『論語』そのものの性格を決定づけるものではないと私は思う。解釈は読み手の立場や時代等によって変わり得るのだ。中国古来の価値観を念頭に置いて『論語』に正対しなければ、本質を見誤ることになることに留意すべきである。

ちなみに、この章は「**子曰**」ではなく「**孔子曰**」の表記になっている。これは孔子の弟子が言い伝えた話ではないことを表していると考えて良いだろう。

二〇　**子曰、關雎、樂而不淫、哀而不傷、**

子曰《しのたま》わく、関雎《かんしょ》は楽《たの》しみて淫《いん》せず、哀《かな》しみて傷《やぶ》らず。

【現代語訳】

先生は次のように言われた。

「関雎《かんしょ》の詩は、楽しそうだがふしだらでなく、哀《かな》しそうだが〔誰も〕傷つけない。」

※　金谷氏は訳文に関して、「関雎――『詩経』周南の最初の篇名。その音楽の批評だとする説もある。泰伯篇第一五章参照。」などと付記しておられる。

【私の見解】

関雎についての言葉は、金谷氏の付記にもあるように、泰伯篇第一五章にも、

子曰、師摯之始、関雎之亂、洋洋乎盈耳哉、

（子曰《しのたま》わく、師摯《しし》の始《はじ》め、関雎《かんしょ》の乱《おわ》りは、洋洋乎《ようようこ》として耳《みみ》に盈《み》てるかな。）

とある。

「**關雎**《かんしょ》**、樂而不淫、哀而不傷**」（関雎《かんしょ》は楽《たの》しみて淫《いん》せず、哀《かな》しみて傷《やぶ》らず。）は、要するに「関雎の詩は哀楽ともによく調和を得ている。」という意味だと金谷氏の説明にある。『詩経』について知識のない私は、「なるほど」とうなずく他はない。『詩経』についてネットで調べると、次のようにあった。前に掲げた金谷氏の説明とニュアンスに若干の違いがあるが引いておく。

中国最古の詩集。黄河流域の諸国や王宮で歌われた詩歌305首を収めたもので、『書経』『易経』『春秋』『礼記《らいき》』とともに儒教の経典（いわゆる五経）の一つとされた。西周初期（前11世紀）から東周中期（前6世紀）に至る約500年間の作品群と推測されている。内

容は、周王朝の比較的安定した時代にふさわしい明るい叙情詩から、混乱期を反映する暗い叙事詩まで多彩だが、数のうえでももっとも多いのは恋愛詩である（婚姻詩を含めて全体の約半数）。したがって『詩経』は、儒教以前の古代歌謡の黄金時代に花開いた中国文学史上まれな恋愛文学ないし女流文学の一面をもっている。……。（日本大百科全書）。

この説明に基づいて判断すると、やはり孔子は、周王朝時代を是認して懐《なつ》かしみ、「**關雎、樂而不淫、哀而不傷**」と言ったのではないかと推測できる。

では、「**關雎、樂而不淫、哀而不傷**」が『論語』に収録された意味は一体何だろう。乱れた世に『詩経』の精神を生かすべきだという意思表示なのか、それとも、孔子という著名な儒学者の思いを世に知らしめようとしたのか、あるいはもっと他に理由があるのか、興味は尽きないが、私にはこれ以上あれこれと推測する器量《きりょう》がない。

二一　**哀公問社於宰我、宰我對曰、夏后氏以松、殷人以柏、周人以栗、曰、使民戦栗也、子聞之曰、成事不説、遂事不諫、既往不咎、**

哀公《あいこう》、社《しゃ》を宰我《さいが》に問《と》う。宰我《さいが》、対《こた》えて曰《い》わく、夏后氏《かこうし》は松《まつ》を以《もっ》てし、殷人《いんひと》は柏《はく》を以《もっ》てし、周人《しゅうひと》は栗《りつ》を以《もっ》てす。曰《い》わく、民《たみ》をして戦栗《せんりつ》せしむるなり。子《し》、これを聞《き》きて曰《のたま》わく、成事《せいじ》は説《と》かず、遂事《すいじ》は諫《いさ》めず、既往《きおう》は咎《とが》めず。

※　金谷氏は読み下し文に関して、「社——『経典釈文』に鄭注本では『主』とあるとみえ、それならば位牌のこと。」と付記しておられる。

【現代語訳】

哀公《あいこう》が、宰我《さいが》に社《しゃ》のことをお訊ねになった。宰我は次のように答えた。

「夏《か》の君は松を使い、殷の人は柏《ひのき》を使い、周の人は栗《くり》を使っています。民を戦慄《せんりつ》させるという意味でございます。」

先生はこれを聞いて、

「出来てしまったことは言うまい。やってしまったことは諫《いさ》めまい。過去のことは咎《とが》めまい。」

と言われた。

※　金谷氏は訳文に関して、「宰我——孔子の門人。名は予、あざ名は子我。　宰我が社の本義からそれ、民衆を戦慄

させるなどということで、いたずらに哀公を刺激したことを非難した。」と付記しておられる。

【私の見解】

さて、金谷氏は、「宰我《さいが》が社《やしろ》の本義からそれ、民衆を戦慄《せんりつ》させて、いたずらに哀公《あいこう》を刺《し》激《げき》したことを非難した。」との説明を付けておられる。要するにこれは、「これからはこんな失言をくりかえさぬように。」と宰我《さいが》をたしなめた言葉なのだそうだ。

失言をした弟子をいきなり叱《しか》り飛《と》ばすのではなく、やんわりと諭《さと》すように言う、孔子の人柄がよく表れていると言えようか。

これが『論語』に収録されたのはなぜだろう。儒者・孔子の人柄を世に知らしめるためか、それとも、乱れたとげとげしい世相を諭《さと》すためか、あるいはもっと他に理由があるのか、私には判断する術《すべ》もない。

「**成事不説、遂事不諫、既往不咎**」（成事《せいじ》は説《と》かず、遂事《すいじ》は諫《いさ》めず、既往《きおう》は咎《とが》めず。）という寛容《かんよう》な態度は、現代の人間関係でも求められることだ。人間関係で失敗を繰り返してきた私には、これは耳の痛い教訓である。若い頃からこの心がけがあったら、もっと豊かな人間関係が築けたのにと、この年齢《とし》になって歯ぎしりする有様だ。情けない。

韓国の人々は、この孔子の言葉をどのように受け止めているのだろう。歴史的事実をねじ曲げてまでネチネチと日本批判を繰り返す卑怯《ひきょう》で姑息《こそく》な態度には、「**成事不説、遂事不諫、既往不咎**」の寛容さは微塵《みじん》も感じられないが、それが彼ら流の『論語』の読み方なのだろうか。

二三　子曰、管仲之器小哉、或曰、管仲儉乎、曰、管氏有三歸、官事不攝、焉得儉乎、曰然則管仲知禮乎、曰、邦君樹塞門、管氏亦樹塞門、邦君爲兩君之好、有反坫、管氏亦有反坫、管氏而知禮、孰不知禮、

子《し》曰《のたま》わく、管仲《かんちゅう》の器《うつわ》は小《しょう》なるかな。或《あ》るひと曰《い》わく、管仲《かんちゅう》は倹《けん》なるか。曰《のたま》わく、管氏《かんし》に三帰《さんき》あり、官《かん》のことは摂《か》ねず、焉《いずく》んぞ倹《けん》なるを得《え》ん。然《しか》らば則《すなわ》ち管仲《かんちゅう》は礼《れい》を知《し》るか。曰《のたま》わく、邦君《ほうくん》、樹《じゅ》して門《もん》を塞《ふさ》ぐ、管氏《かんし》も亦《ま》た樹《じゅ》して門《もん》を塞《ふさ》ぐ。邦君《ほうくん》、両《りょう》君《くん》の好《よしみ》を為《な》すに反坫《はんてん》あり。管氏《かんし》も亦《ま》た反坫《はんてん》あり。管氏《かんし》にして礼《れい》を知《し》らば、孰《たれ》か礼《れい》を知《し》らざらん。

【現代語訳】

先生は、「管仲《かんちゅう》は器が小さいね。」

と言われた。ある人が、

「管仲《かんちゅう》は倹約家《けんやくか》だったのでしょうか。」

と言った。先生は、

「管氏《かんし》には三つの邸宅《ていたく》があり、家臣も仕事ごとに専任を置いていた。どうして倹約家と言えようぞ。」

と言われた。ある人は、

「それでは管仲《かんちゅう》は、礼を弁《わきま》えていたのですか。」

と言った。〔これに対して〕先生は、

「君主は、目隠しの塀を建てて門を塞《ふさ》ぐ。管氏《かんし》も同じく塀を建てて門の目隠しにした。君主は、互いに誼《よしみ》を交わすときには、盃を戻す台を設けるが、管氏《かんし》もまた盃を戻す台を設けていた。管氏《かんし》が礼を弁《わきま》えていたというなら、礼を弁《わきま》えない者など居《い》はしないよ。」

と言われた。

※ 金谷氏は訳文に関して、「管仲――斉《せい》の桓公《かんこう》を助けて覇者《はじゃ》（諸侯の旗がしら）にした名宰相。孔子より百七、八十年前の人物。 三つの邸宅――三家の女を妻にしたというのが古注で通説。台《うてな》の名と解した新注のほか、異説が多い。」と付記しておられる。

【私の見解】

「斉」は、紀元前379年まで続いた周代の諸侯国の一つで、周の武王によって呂尚（太公望）が封ぜられた国ということだ。（『精選版日本語大辞典』の解説）。

桓公は紀元前7世紀の斉の君主で、管仲《かんちゅう》の助けによって春秋時代の五覇の一人になった。

そのような名将を孔子は、「器が小さい」と言ったのだ。

一体どういうことなのか、右のやりとりを、理解しやすく私なりに書き換えると、

そのような名宰相《めいさいしょう》を、孔子は「器《うつわ》が小さい」と言った。それを聞いた人が、「それでは、管仲《かんちゅう》はケチくさい人物だったのですか。」と孔子に訊ねた。すると孔子は、「三つも邸宅を構えて、各仕事に専任の家臣を置いていたような男がケチなものか。」と答えた。「それでは管仲《かんちゅう》は礼を弁《わきま》えていたのですね。」と重ねて訊ねると、孔子は、「管仲《かんちゅう》は、陪《ばい》臣《しん》の身でありながら、君主の振る舞いをしていた。礼など弁《わきま》えてはいなかったよ。」と答えた。

となる。これをさらに簡潔《かんけつ》にすれば、

孔子は、「どんなに手柄を立てたとしても、陪臣はあくまでも陪臣であり、君主の振る舞いをしてはならぬ。それが礼を弁《わきま》えるということだ。管仲《かんちゅう》は礼を弁えなかったから小者だよ。」と言った。

となるだろうか。

さて、そうすると、孔子は、「礼」を踏まえているかどうかで人の器《うつわ》をはかり、「礼」を踏まえているかどうかは、自分の立場を踏まえているかどうかで判断したということになる。孔子に於いては、それほど人間の上下関係とそれに相応《ふさわ》しい「礼」が大切なものだったのだということが分かる。

この、上下関係の維持とそれに相応《ふさわ》しい礼を求める孔子の考えは、今日の民主主義社会でも運用次第では立派に通用する。だから、今日でもわが国で『論語』を人倫徳目として生かそうとする動きがあることには無理からぬものがあると思われる。

しかし、独裁王朝の権力者から見れば、これは、王朝を維持するのに好都合な論理でもあるのだ。『論語』(儒学—儒教)が中国の各王朝のバイブルになった一つの所以《ゆえん》がここにあると思われる。

二三　子語魯大師樂曰、樂其可知已、始作翕如也、從之純如也、皦如也、繹如也、以成、
子《し》、魯《ろ》の大師《だいし》に楽《がく》を語《かた》りて曰《のたま》わく、楽《がく》は其《そ》れ知《し》るべきのみ。始《はじ》めて作《おこ》すに翕如《きゅうじょ》たり。これを従《はな》ちて純如《じゅんじょ》たり、皦如《きょうじょ》たり、繹如《えきじょ》たり。以《もっ》て成《な》る。

※　金谷氏は読み下し文に関して、「知るべきのみ――句末の『已』字、唐石経・通行本では『也』。」と付記しておられる。

【現代語訳】

先生は、魯の楽官長に音楽について次のように話された。

「音楽はわかりやすいものです。始めは楽器を一斉に鳴らして勢いをつけ、これに合わせて調和し、音がはっきりして、途切れることなく続く。こうして音楽はできあがるのです。」

【私の見解】

さて、これは、孔子が音楽について蘊蓄《うんちく》のあるところを披露《ひろう》している話のように読める。

はて、これを『論語』に収録した儒者たちの思いは何だったのだろう。

『論語』を読むと、孔子が人生に於いて音楽を重視していたことが伝わってくるが、要するにこれも、その一環というべきものと理解してよいのだろうか。

少し余談かも知れないが、金谷氏の付記によると、「**樂其可知已**」の「**已**」は、「唐石経・通行本では『也』となっているという。「也」であれば「**樂其可知也**」の読み下しは「楽は其れ知るべきなり」となるが、話全体に影響するようなことではなさそうである。

さて、『論語』がよく読まれてきたわが国でも、この章はあまり人口《じんこう》に膾炙《かいしゃ》されることはなかったのではないだろうか。私はこれまでこれを聞いたことも読んだこともない。『論語』を人倫徳目として重宝《ちょうほう》してきた人たちにとっても、この話はそんなに重いものではなかったのかもしれない。

ともかく、この話が『論語』に収録された意味が私にはよく分からない。

二四　儀封人請見、曰、君子之至於斯也、吾未嘗不得見也、従者見之、出曰、二三子何患於喪乎、天下之無道也久矣、天将以夫子爲木鐸、

儀《ぎ》の封人《ほうじん》見《まみ》えんことを請《こ》う。曰《い》わく、君子《くんし》の斯《ここ》に至《いた》るや、吾《わ》れ未《いま》だ嘗《かつ》て見《まみ》ゆることを得《え》ずんばあらざるなり。従者《じゅうしゃ》これを見《まみ》えしむ。出《い》でて曰《い》わく、二三子《にさんし》、何《なん》ぞ喪《そう》することを患《うれ》えんや。天下《てんか》の道《みち》なきや久《ひさ》し。天将《てんまさ》に夫子《ふうし》を以《もっ》て木鐸《ぼくたく》と為《な》さんとす。

※　金谷氏は読み下し文に関して、「斯に至るや――句末の『也』字、皇本・清本では『者』。」と付記しておられる。

【現代語訳】

儀の国境役人が〔先生に〕お会いしたいと願って、

「ここに来られた君子には、私は、これまでお目にかかれなかったことはないのですよ。」

と言った。従者が、彼を先生に取り次いだ。〔先生と会見の後、〕その人は出てきて、

「皆さん、〔先生が〕地位を失い、国を去って流浪《るろう》の旅をしているからといって、どうして心配することがありましょう。この世に道理が行なわれなくなって久しいです。天はやがてあの先生をこの世の木鐸《ぼくたく》（指導者）になさるでしょう。」

と言った。

※　金谷氏は訳文に関して、「指導者――『本鐸』は、ふりこが木でできた小さい鐘で文教に使う。文化的な指導者のたとえ。」と付記しておられる。

【私の見解】

さて、儀の国境役人は孔子とどんな話をしたのか、その中身は書かれていないから知る

よしもないが、どうも彼は孔子の人柄に惚《ほ》れ込んでしまったらしい。それで、仕事もなく諸国を遍歴《へんれき》している孔子のことをこのように評価したのであろう。

『論語』にこの話が収められたのは、儒者・孔子とその言葉を乱れた戦国の世に知らしめるために好都合であったからであろう。国役人が孔子のことを「天はやがて先生をこの世の指導者になさるでしょう。」と言ったという話なのだから、これは『論語』に収録する価値が十分にあったのである。

『論語』を編纂《へんさん》した儒者たちの思いは、孔子が理想とした周代への復古にあったと思われるが、『論語』はそのようには生かされず、王朝（権力者）に都合良く解釈されて儒教の台《たい》頭《とう》するところとなり、王朝の正統性を担保《たんぽ》する理論として利用されていった。

日本では『論語』はそのような道程《どうてい》を歩まなかった。『論語』本来の性質とは関係なく、日本の価値観で解釈し、いわば「いいとこ取り」して、人倫徳目として活用してきた。江戸時代には儒教の鬼っ子・朱子学の浸透《しんとう》があったものの、それはほんの一時期のことで、儒学者たちの慧眼《けいがん》によって儒教の悪霊《あくりょう》から解放されたのである。

同じ『論語』なのに、中国と日本ではどうしてこれほどの違いが生じたのか。

哀しいかな中国という国は、昔から異民族との戦いに明け暮れてきた国である。周《まわ》りは敵ばかりで、心の安まるときはなかった。何千年にも及ぶ相克《そうこく》によって、中国人は自分以外に誰も信じることができなくなってしまったのだ。そのため、『論語』も権力者たちの利己に利用されるところとなり、人々を統制するのに都合のよい理論に変造されてしまったのだと私は思う。

島国の日本は、異民族と戦い続ける必要がなかった。神話の時代から系譜《けいふ》の繋《つな》がる天皇の下で、「和」を貴ぶ気風が醸成《じょうせい》され、互いに信頼し合って生きることが日本人のＤＮＡに組み込まれた。だから、『論語』も善意に受け入れ、そこに盛り込まれていることがらを、自分たちを生かす人倫徳目として素直に解釈することができたのであろう。

わが国の識者の中には、中国の人倫に叛《そむ》く行ないを『論語』に照らして批判する向きもあるが、中国の人々にとっては、そのような批判は的外れでしかないであろう。なぜなら、彼らには、『論語』の教えを忠実に実行してきたからこそ今の中国があるのだという自負があるに違いないからである。彼らが孔子を今も「聖人」として崇《あが》めているのは、その証拠ではないか。

利己を正当化する儒教の下で、中国は、国も国民も民族主義・同族主義をひた走っている。政治体制としては共産主義を標榜《ひょうぼう》する中国だが、その実はそれまでの王朝となんら変わらない。王朝皇帝という権力者が、共産党という権力組織に替わっただけのことであり、国民は王朝皇帝の奴隷から共産党の奴隷に替わっただけのことである。儒教的価値観がその体制を今なおしっかりと支えているのだ。哀《あわ》れと言う他はない。

哀れなのは韓国も同じだ。長い間支配を受けた「大中華」の中国には頭が上がらないどころか、自分たちの国を「小中華」あるいは「本中華」の国として誇っているほどの体たらくだ。日本に何かにつけて難癖《なんくせ》をつけてくるのも、「中華の誇り」に立って「東夷《とうい》」の日本を見下してのことに違いないのである。（呉善花『韓国「反日民族主義」の奈落』参照）。

二五　子謂韶、盡美矣、又盡善也、謂武、盡美矣、未盡善也、

子《し》、韶《しょう》を謂《のたま》わく、美《び》を尽《つ》くせり、又た善《ま》を尽《ぜん》くせり。武《ぶ》を謂《のたま》わく、美《び》を尽《つ》くせり、未《いま》だ善《ぜん》を尽《つ》くさず。

【現代語訳】

先生は韶《しょう》の音楽について語られた。

「美を尽くしているし、善も尽くしている。」

武《ぶ》の音楽について語られた。

「美を尽くしているが、未だ善を尽くしてはいない。」

※　金谷氏は訳文に関して、「韶の音楽――堯《ぎょう》から位を譲りうけた舜《しゅん》の音楽。　武の音楽――殷《いん》の紂《ちゅう》を伐《う》った周の武王の音楽。これを劣るとするのは、武力を用いた統一で舜の平和的なのに及ばないからである。」と付記しておられる。

【私の見解】

なるほど、この付記からすると、孔子という人はどこまでも平和主義者であったようだ。春秋時代に生きた人でありながら、国の統一を平和裏《へいわり》に行うことを善しとするのは、よほど理念的な思考をした人だと分かる。

孔子のこの平和主義を『論語』に載せる意味はどこにあったのであろうか。時はまさに群雄割拠《ぐんゆうかっきょ》の時代である。『論語』によって、乱れた世を鎮《しず》めようとする善意があったと推測できる。

しかし、現実は甘くなかった。意図とは裏腹《うらはら》に『論語』は我《われ》が俺《おれ》がの戦いを正当化する理論として使われることになったのである。

中国という国に於いては、昔も今も平和とか友好という言葉は空虚《くうきょ》でしかないに違いない。周りは皆敵ばかりと思う気持ちが常にあって、片時も安心立命《あんしんりつめい》の心境にはなれない宿命《しゅくめい》を負っているように思われる。

今の中華人民共和国も、常にどこかに敵を作って虎視眈々《こしたんたん》と覇《は》を狙《ねら》っている様子が窺える。これでは、どこの国とも友好関係の実を上げることはできないだろうし、その気持ちも無いように見える。

中国には真の友好国も信頼しあえる同盟国も皆無なのではないか。「**普天之下　莫非王土率土之浜　莫非王臣**」（天下のもの全て、帝王の領土でないものはなく、大地のはてまで、帝王の家来でないものはいない。）が今も生きている国なのだ。哀れと言うほかはない。

二六　**子曰、居上不寛、爲禮不敬、臨喪不哀、吾何以觀之哉、**

子曰《しのたま》わく、上《かみ》に居《い》て寛《かん》ならず、礼《れい》を為《な》して敬《けい》せず、喪《も》に臨《のぞ》みて哀《かな》しまずんば、吾《わ》れ何《なに》を以《もっ》てかこれを観《み》んや。

【現代語訳】

先生は次のように言われた。

「人の上に立ちながら寛容《かんよう》でなく、礼式を行なうときに敬意を欠き、葬《とむら》いに臨んで哀悼《あいとう》の気持ちがないのでは、全くどうしようもないではないか。」

【私の見解】

要するに、孔子は、人の上に立つ者は寛容《かんよう》でなければならず、礼は慎《つつし》みを以て行わなければならず、葬式には死者を悼《いた》み遺族《いぞく》を思いやる悲しい気持ちを持って参列しなければならない、と言っている。これは、現代社会でもそのまま通用することであり、取り立てて難《むずか》しいことを言っているわけではない。

人の上に立ちながら寛容でない人や、礼式の常識を踏まえず傍若無人《ぼうじゃくぶじん》に振る舞う人、それに、葬式に参列しながら悲しみの情を微塵《みじん》も抱《いだ》かぬ人も現実にはいる。そのような人は、信を失い、誰からもまともに相手にされなくなること必定《ひつじょう》である。

これを読んで思い出したことがある。もう数十年も前のことだが、生徒のお母さんが亡くなられた。私たち教員は葬儀に参列したが、指導的立場にあったある教員頭の先生が、葬儀の間中ずっと囲碁《いご》の本に没頭《ぼっとう》していた。これなどは、まさしく「**臨喪不哀**」（喪《も》に臨《のぞ》みて哀《かな》しまず）である。私たちは呆《あき》れて後ろ指を指したものだ。

『論語』にこの章を収録した儒者たちの思いは、奈辺《なへん》にあったのであろうか。おそらく、当時は、寛容の精神や寛容深い振る舞いが影を潜《ひそ》め、由緒《ゆいしょ》ある礼式が軽んじられ、人が死んでもそれを悼《いた》まない、そんな風潮《ふうちょう》が世を席巻《せっけん》していたと思われる。復古を願う儒者たちは、世に警鐘《けいしょう》を鳴らし、権力者たちを反省させるために『論語』に収録したのではあるまいか。

だが、この言葉も、王朝の権力者にはまともに通用しなかった。中国は、この言葉とは逆の方向に進展していったのである。そして今の中華人民共和国に行き着いた。そのどこに「寛容」があるか、慎み深い「礼」があるか、人の死を悲しむ心があるか、一つもありはしない。

たとえば、**天安門事件を見よ。**民主化運動を情《なさ》け容赦《ようしゃ》なく弾圧《だんあつ》したではないか。**南シナ海での横暴を見よ。**自分の領土でもない環礁《かんしょう》を埋め立てて軍事基地を作り、国連の機関から非難されても蛙《かえる》の面《つら》に小便の鉄面皮《てつめんぴ》だ。**他民族の虐殺を見よ。**チベットやウイグルの人々をたくさん虐殺《ぎゃくさつ》しても平気の平左だ。このどこに「寛容」「慎み深い礼」「人の死を悲しむ心」があると言えようか。孔子でなくても、「**吾何以観之哉**」（吾《わ》れ、何《なに》を以《もっ》てかこれを観《み》んや。）と叫びたくなるではないか。だが、中国（中国人）にその自覚はないように見える。

里仁《りじん》第四

一　子曰、里仁爲美、擇不處仁、焉得知、

子曰《しのたま》わく、仁《じん》に里《お》るを美《よ》しと為《な》す。択《えら》んで仁《じん》に処《お》らずんば、焉《いずく》んぞ知《ち》なることを得《え》ん。

※　金谷氏は読み下し文に関して、「仁に里るを……——荻生徂徠の説。朱子の新注では『里《さと》は仁を美《よ》しとなす。』と読む。」と付記しておられる。

【現代語訳】

先生は次のように言われた。

「仁徳の里に住むのはいいね。仁徳の里を選べないようでは、智者とは言えない。」

【私の見解】

さて、「仁に居る」を私は右のように訳したが、読み手によって解釈は分かれるようだ。

齋藤孝氏は、この部分を「〈仁〉の中に居るがごとく、判断を仁におくのが、」と訳しておられる。なるほど、するとこれは、「仁にどっぷりと浸《つ》かって、仁に依《よ》って物事を判断するのが、」ということか。

金谷氏は、「**擇不處仁**」を「あれこれ選びながら仁をはずれるのでは、」と訳しておられるが、私は、「仁徳の里を選べないようでは」と訳した。私の感覚ではこの方がぴったりとくる。仁徳の里かどうかを判断してそこを選ぶことのできる人を、孔子は「知者」と言っているのだと私は解釈する。

これが『論語』に収録されたということは、当時の中国にはそのような智者が少なかったということかも知れない。孔子の思想の中心には「仁」が置かれているが、『論語』を世に出した儒者たちの思いは、この「仁」を時の権力者に求めることにあったのではないだろうか。

「仁」という言葉そのものは、日本ではあまり意識されてこなかったような気がする。何か問題を起こすと、「不徳の致すところです」とか「身の不明を恥じるところです」と言って謝罪することが多いように、わが国では、「仁」よりも「徳」とか「明」の方が一般的に用いられている。

さて、この章を『論語』に載せた儒者たちの思いは、中国で生かされてきたであろうか。残念ながら「否《いな》」と言うほかはない。中国では、昔も今も「利」の追求が物事の判断の基準になっている。孔子は地下で「**焉得知**」（焉《いずく》んぞ知《ち》なることを得《え》ん。）と叫んでいるに違いない。

その点、わが国は誇っていい。わが国には物作り業といわずサービス業といわず、おしなべてその道を窮《きわ》めることに精魂《せいこん》を傾ける文化が根付いているのだ。物作りの職人は、余計なことを考えず、ただひたすらよい物をつくろうと心を込めて仕事をするし、サービス業の人たちも、たとえば旅館の仲居さんたちはお客さんたちのために心を込めておもてなしをする。まさしくこれは、孔子の言う「**里仁爲美**」であると言えよう。

二　子曰、不仁者不可以久處約、不可以長處樂、仁者安仁、知者利仁、

子曰《しのたま》わく、不仁者《ふじんしゃ》は以《もっ》て久《ひさ》しく約《やく》に処《お》るべからず。以《もっ》て長《なが》く楽《たの》しきに処《お》るべからず。仁者《じんしゃ》は仁《じん》に安《やす》んじ、知者《ちしゃ》は仁《じん》を利《り》とす。

【現代語訳】

先生は次のように言われた。

「仁でない人は長く窮乏生活《きゅうぼうせいかつ》をすることはできないし、また長く安楽な生活をすることもできない。仁の人は仁の境地に安住し、智の人は仁をうまく利用する。」

【私の見解】

金谷氏の解説によると、「**不仁者不可以久處約、不可以長處樂**」(不仁者《ふじんしゃ》は以《もっ》て久《ひさ》しく約《やく》に処《お》るべからず。以《もっ》て長《なが》く楽《たの》しきに処《お》るべからず。)は、仁でない人は道をはずれるか、安楽になれてしまうということであり、「**仁者安仁、知者利仁**」は、仁の人は深浅《しんせん》の差はあるが、どちらも守りどころがあって動かないということだという。

要するに、仁徳のない人は人の道を外《はず》れるか安楽な方に流れてしっかりとした人生を歩むことができないが、仁徳のある人と智の人は、程度の差はあっても信念を持って確固とした人生を歩むことができる、と孔子は言っていると理解できようか。

孔子の言う「仁」概念の深さは私には想像すらできないが、日本式に「慈《いつく》しみや思いやり」とか「円満で奥深い人柄」といった意味だと考えれば、「**不仁者不可以久處約、不可以長處樂**」は孔子でなくとも思うことであると私は思う。

とにかく孔子は、仁の生き方をしなさいと説いていることが分かる。裏を返せば、孔子が生きた時代は、それを繰り返し説かなければならないような状況にあったことを物語っていると言えるだろう。また、これが『論語』に収録されたということは、前漢王朝の社会状況が、やはり仁に欠けるものだったのだろうと推察できる。

さて、何度も指摘してきたことだが、中国という国は、孔子の言葉を権力者が自分の利に適《かな》うように解釈して利用してきた国である。今の中華人民共和国政府が、国民の化粧の仕方やネット上のインフルエンサーの言動にまで口を挟《はさ》むのは、自分たちは仁者であり智者であると思ってのことなのだろう。

三　子曰、惟仁者能好人、能悪人、

子曰《しのたま》わく、惟《た》だ仁者《じんしゃ》のみ能《よ》く人《ひと》を好《この》み、能《よ》く人《ひと》を悪《にく》む。

【現代語訳】

先生は次のように言われた。

「ただ仁の人だけが、真に人を愛することができるし、人を憎むこともできる。」

【私の見解】

金谷氏は、孔子の心を読んで、仁の人が真に人を愛することができ、また人を憎むことができるのは、私心《ししん》がないからだと解説しておられる。

私は私心にまみれた凡人の典型のような人間なので、「私心のない人」とはどのような人なのか思い描くことさえ困難である。きっと神様のような人なのだろう。そうなると、孔子の言っていることは現世離れしたバーチャル世界のこととなる。

右の第二章でも述べたように、これを現在の中国に当てはめて見ると、なるほど、中国共産党は自分たちのことを「仁の人」つまり神になったつもりなのかも知れない。国民の自由も権利もなにもかも自分たちの思い通りにして平然としていられるのは、自分たちを神だと思わなければできないことである。本当の神様は、そのような振る舞いを決してお許しにはならないだろうに。

四　子曰、苟志於仁矣、無悪也、

子曰《しのたま》わく、苟《まこと》に仁《じん》に志《こころざ》せば、悪《あ》しきこと無《な》し。

※　金谷氏は読み下し文に関して、「苟に――『いやしくも』と読むのは徂徠の説。　悪しき――『にくまる』と読むのは仁斎の説。」と付記しておられる。

【現代語訳】

先生は次のように言われた。

「本当に仁を志《こころざ》していれば、悪いことはしなくなるものだ。」

※　金谷氏は訳文に関して、「本当に……――荻生徂徠に従えば『少しでも仁に志せば』。」と付記しておられる。

【私の見解】

私は右のように訳したが、金谷氏は、

先生がいわれた、「本当に仁をめざしているのなら、悪いことはなくなるものだ。」

と訳しておられる。私の訳とは下段部分が少し異なっている。

ちなみに、齋藤孝氏は、

本気で〈仁〉の徳を身につけようと志す者は、けっして悪をなすことはない。

と訳《やく》しておられる。私の訳と殆ど同じである。

「子曰、苟志於仁矣、無悪也」という短い言葉でも、読み手によって解釈がこのように分かれるのだ。『論語』の難しさである。

この章が『論語』に収録されたのは、孔子の思想の中核である「仁」のことだから当然であろう。乱世への警鐘《けいしょう》の意味があったのかも知れないが、本当のところは勿論《もちろん》分からない。

中国では「仁」を志《こころざ》す動きはなかったと言っても過言ではないだろう。中国は、伝統的な法家思想の国で基本的に性悪説《せいあくせつ》に立って物事を判断する傾向が強いが、「仁」はその中に埋《う》もれてしまったのかも知れない。

孔子流に言えば、「仁を志して来なかったから、中国には悪がはびこっているのだ。」ということになるが、果たしてどうであろうか。

五　子曰、富與貴、是人之所欲也、不似其道得之、不處也、貧與賤、是人之所悪也、不似其道得之、不去也、君子去仁、悪乎成名、君子無終食之間違仁、造次必於是、顚沛必於是、

子《し》曰《のたま》わく、富《とみ》と貴《たっと》きとは、是《こ》れ人《ひと》の欲《ほっ》する所《ところ》なり。其《そ》の道《みち》を以《もっ》てこれを得《う》ざれば、処《お》らざるなり。貧《まず》しきと賤《いや》しきとは、これ人《ひと》の悪《にく》む所《ところ》なり。その道《みち》を以《もっ》てこれを得《う》ざれば、去《さ》らざるなり。君子《くんし》、仁《じん》を去《さ》りて悪《いず》くにか名《な》をなさん。君子《くんし》、食《しょく》を終《お》うるの間《かん》も仁《じん》に違《たが》うことなし。造次《ぞうじ》にも必《かなら》ずこれに於《お》いてし、顚沛《てんぱい》にも必《かなら》ず是《ここ》に於《お》いてす。

※　金谷氏は読み下し文に関して、「其の道を以て……——古注によった読みかた。新注では『其の道を以てせずして、これを得れば……。』と読む。」と付記しておられる。

【現代語訳】

先生は次のように言われた。

「富と貴い身分は誰でも欲しがるものだ。しかし、正しい道によって得たものでなければ、身に付かない。貧しさと賤《いや》しい身分は、誰でも嫌《いや》がるものだ。しかし、正しい道によって得ていない場合は、身に付いて離れない。君子は、仁徳を抜きにしてどこに名を残すことができよう。君子は、食事をとっている間も仁に違《たが》うことはなく、急変のときも必ず仁か

ら離れず、とっさの場合も必ず仁から離れることはない。」

※　金谷氏は訳文に関して、「述而篇＝子曰わく、……不義にして富み且つ貴きは、我れに於《お》いて浮雲の如し。『孟子』滕文公下篇＝其の道に非《あら》ざれば、則《すなわ》ち一箪《たんし》の食も人より受くべからず。」と付記しておられる。

【私の見解】

金谷氏の付記によると、「**不似其道得之**」の読み下しの『其《そ》の道《みち》を以《もっ》てこれを得《う》ざれば』は、魏《ぎ》の何晏《かあん》の「集解《しっかい》」に依るもので、朱熹《しゅき》の「集注《しっちゅう》」では「其の道を以てせずして、これを得れば」と読むとのことだ。同じ文章なのに、どうして読み方が違うのか、またしても悩ましいことだが、この場合は、読み方が違っても、意味に於いて大きな違いが生じる訳でもなさそうである。

さて、ここの孔子の言葉は、私には分かりにくい。

「**不似其道得之、不處也**」（其《そ》の道《みち》を以《もっ》てこれを得《う》ざれば、処《お》らざるなり。）を金谷氏は、それ相当の方法（正しい勤勉や高潔《こうけつ》な人格）で得たのでなければ、そこに安住しない。

と訳しておられる。言葉遣《づか》いはかなり異なっているが、私の訳と大きな違いはなさそうである。

また、**「不似其道得之、不去也」**（その道《みち》を以《もっ》てこれを得《う》ざれば、去《さ》らざるなり。）を金谷氏は、

それ相当の方法（怠惰《たいだ》や下劣な人格）で得たのでなければ、それも避けない。

と訳しておられるが、同じ部分を齋藤孝氏は、

怠惰など貧賤に至るのが当然の道筋によるのではなく、偶発的な自分に非のない理由で貧賤に陥った場合はそれを受け止める。

と訳しておられる。この解釈によると、孔子は、「自分に責任がないのに貧賤《ひんせん》に陥《おちい》ったときは、もう仕方がない。諦《あきら》める他はないよ。」と言っていることになる。

「君子去仁、悪乎成名、君子無終食之間違仁、造次必於是、顚沛必於是」の部分も難解だ。金谷氏は、

君子は仁徳をよそにしてどこに名誉を全うできよう。君子は食事をとるあいだも仁から離れることがなく、急変のときもきっとそこにおり、ひっくりかえったときでもきっとそこにいる。

と訳しておられるが、齋藤氏は、

君子は〈仁〉あっての君子である。君子は食事をしている間も仁に外れることはない。あわただしいときでも、突然転倒した時のような突発的事態でも、仁を忘れることはない。

と訳しておられる。

要するに、君子は常に仁を忘れずに行動する、と孔子は言っているのだと理解してよさそうである。

ところで、孔子が「君子」という語彙《ごい》を使っていることについては、やはり違和感《いわかん》というか、何か馴染《なじ》めないものを感じる。「君子」を人間の完結形として描くその手法には、人間の力を越えるものへの配慮《はいりょ》、則ち宗教的思考が欠如《けつじょ》しているように思われる。

『論語』（儒学）は、儒教となって前漢以降の中国の精神的主柱となったが、中国のどの時代にも、真の宗教的支柱が見られないのは、『論語』（儒学）に宗教的思考が欠如《けつじょ》していることと無関係ではないであろう。中国の人々が利己主義に陥《おちい》って、「自分さえ良ければ何してもいい」みたいな振る舞いをするのも、真の宗教的支柱の欠如に原因があるのではないだろうか。

このように見てくると、儒教を背景にした中国に共産主義政権が実現したのも決して偶然ではないことが分かる。共産主義の下では「宗教は阿片」として排除《はいじょ》されており、宗教を認めていないという点では共産主義は儒教と全く同じなのだ。

六　子曰、我未見好仁者悪不仁者、好仁者無以尚之、悪不仁者其爲仁矣、不使不仁者加乎其身、有能一日用其力於仁矣乎、我未見力不足者、蓋有之乎、我未之見也、

子曰《しのたま》わく、我《わ》れ、未《いま》だ仁《じん》を好《この》む者《もの》、不仁《ふじん》を悪《にく》む者《もの》を見《み》ず。仁《じん》を好《この》む者《もの》は、以《もっ》てこれに尚《くわ》うること無《な》し。不仁《ふじん》を悪《にく》む者《もの》は、其《そ》れ仁《じん》を為《な》す、不仁者《ふじんしゃ》をして其《そ》の身《み》に加《くわ》えしめず。能《よ》く一日《いちにち》も其《そ》の力《ちから》を仁《じん》に用《もち》いること有《あ》らんか、我《わ》れ未《いま》だ力《ちから》の足《た》らざる者《もの》を見《み》ず。蓋《けだ》しこれ有《あ》らん、我《わ》れ未《いま》だこれを見《み》ざるなり。

※　金谷氏は読み下し文に関して、「其の力を仁に……――『仁』字の下に皇本では『者』字がある。これ有らん

──句末の『乎』字は唐石経・通行本では『也』とある。」と付記しておられる。

【現代語訳】

先生は次のように言われた。

「私は、まだ仁を好む者も不仁を憎む者も見たことはない。仁を好む者は最上だが、不仁を憎む者も、やはり仁を行なって、不仁者の悪影響をわが身に受けることがない。もしよく一日でも、その力を仁のために用いる者があったとして、私は、力の足りない者など見たことがない。ひょっとしているかも知れないが、私はまだ見たことがないのだ。」

【私の見解】

金谷氏の付記によると、「有能一日用力於仁矣乎」は、「有能一日用力於仁者矣乎」（傍点は山内がつけた）となっているものもあるという。また、「蓋有之乎」は「蓋有之也」（傍点は山内がつけた）となっているものもあるという。文字が変われば当然意味も変わるが、ここは、金谷氏の解釈に従うことにする。

とまれ、孔子は、やはりここでも仁を求めて生きることを最高のものとして語っている。誰でも仁のために力を尽くすことができると言っているのだ。

孔子がこれほど仁のことを力説しているのに、中国は、どうして仁から乖離《かいり》した国柄に固まってしまったのか、という疑問がやはりついて回る。

だが、この疑問は日本人の感覚で考えるから生じるのであって、中国の歴史・文化・伝統の感覚からすれば、不思議でもなんでもないのかもしれない。

つまり、中国では、孔子の言うところの「仁」は、王朝の皇帝からすれば国民を思い通りに動かすことであり、国民からすれば皇帝のために尽くすことなのであろう。

革命によって王朝が替わっても、この感覚は変わらず、現在の中華人民共和国まで途切れることなく繫《つな》がっているように私には思える。

このように考えなければ、孔子を「聖人」と仰ぎながら人道に悖《もと》ることを平然と行なっている中国の現実を私は理解できない。

七　子曰、人之過也、各於其黨、觀過斯知仁矣、

子曰《しのたま》わく、人《ひと》の過《あやま》つや、各々《おのおの》其《そ》の党《たぐい》に於《お》いてす。過《あやま》ちを観《み》て斯《ここ》に仁《じん》を知《し》る。

※　金谷氏は読み下し文に関して、「人――皇本・清本では『民』。」と付記しておられる。

【現代語訳】

先生は次のように言われた。

「人の過ちというのは、人それぞれで違いがあるものだ。過ちを観れば、〔その人の〕仁徳の度合いが分かるものだ。」

※　金谷氏は訳文に関して、「種類に応じておかす——新注は、君子は人情に厚すぎてあやまちをおかし、小人《しょうじん》は人情に薄くてあやまちをおかす、と説明する。」と付記しておられる。

ちなみに、　金谷氏の訳文は、

　先生がいわれた、「人のあやまちというのは、それぞれの人物の種類に応じておかす。あやまちを見れば仁かどうかがわかるものだ。」

となっている。付記によると、「人物の種類」というのは、「君子」と「小人」のことだと判断してもよさそうだ。

孔子が人間をこのように色分けする手法は、私にはどうも馴染《なじ》めないが、この際、その問題は一応措《お》く。

【私の見解】

どんな立派な人でも、人間である限り完全ということはまずない。過ちは誰でも犯すものである。金谷氏の付記によると、朱子の解釈では、君子が犯す過ちは人情に厚いことが原因で、小人《しょうじん》が犯す過ちは人情に薄いことが原因だという。

孔子は、人の「過ち」を見ればその人が君子か小人かが分かると言い、その人の仁徳の度合いまでが分かると言う。つまりこれは、人の犯した過ちを識別してその軽重《けいちょう》を判断できると言っているに等しい。「大したものだ」と言いたいところだが、この考えに私はとても首肯《しゅこう》できない。

「**人之過也、各於其黨、観過斯知仁矣**」（人《ひと》の過《あやま》つや、各々《おのおの》其《そ》の党《たぐい》に於《お》いてす。過《あやま》ちを観《み》て斯《ここ》に仁《じん》を知《し》る。）は、上から目線というか、要するに権力者目線からの言葉のように響いて、私は、あまり心地がよくないのである。

現在の民主主義の下では、そのような見分けを個人の主観で行なうのは許されないことだ。孔子が生きた時代には、時の権力者の思い一つで人民の過ち（あるいは罪）の軽重をどうにでも判断できたであろうが、現代社会ではそうはいかないのだ。

中国では、各王朝は権力者の思い一つで国民の「過ち」を判別して罪の軽重を決めて来たし、現在の中華人民共和国でも、共産党の一存で国民の過ち（罪）の軽重を決めている。このことからすれば、穿《うが》ち過ぎかもしれないが、中国では、今日《こんにち》でも「**人之過也、各於其**

黨、觀過斯知仁矣」の感覚はれっきとして生きていると言えるのではないか。『論語』を儒教というフィルターを通して体現している中国では、これは不思議でもなんでもないことなのであろう。

ちなみに現代の日本でこの章のようなことを言えば、しかめっ面をしてにらみ返されるのがオチだろう。幸い、日本でこの言葉が人倫徳目として人口《じんこう》に膾炙《かいしゃ》されたという事実を私は知らない。

八　子曰、朝聞道、夕死可矣、

子曰《しのたま》わく、朝《あした》に道《みち》を聞《き》かば、夕《ゆう》べに死《し》すとも可《か》なり。

【現代語訳】

先生は次のように言われた。

「朝《あさ》、真に人の道について聞いたら、〔その〕晩《ばん》には死んでもいい。」

【私の見解】

これはわが国でもよく知られた言葉である。人としての道理を求めて生きることの重要性を表現した教訓として語り継がれて来た。「**朝聞道、夕死可矣**」（朝《あした》に道《みち》を聞《き》かば、夕《ゆう》べに死《し》すとも可《か》なり。）は、仁を窮《きわ》めることに人生の最上の価値を置く孔子の絶唱《ぜっしょう》だと言えるだろう。

だが、私はこの言葉を素直に受け入れる気持ちにはなれない。なぜなら、この言葉は、仁を窮《きわ》めることが人生の目的と化しているように読めるからだ。この言葉は、孔子の思想が理念思考の極《きわ》みであることを端的《たんてき》に示しているように思われる。

「仁」は人生の目的ではない。豊かな人生を歩むための必要条件に過ぎないはずだ。朝《あした》に道を聞いて「揚々として生きる」というのなら分かるが、「その晩に死んでもいい。」では、思考が転倒《てんとう》しているように思われる。

この言葉を『論語』に収録した儒者たちの思いは、奈辺《なへん》にあったのであろう。孔子がいかに道を窮《きわ》めようとしていたかを後世に知らしめようとしたのかも知れないが、「**夕死可矣**」では、訴える力は逆効果ではなかったかと思う。

確かに「**朝聞道、夕死可矣**」は日本ではよく知られた言葉ではあるが、積極的な意味で評価されてきたかと言えば、そうでもないように私は感じている。

儒教圏の中国や韓国ではどうだろう。かの国々の振る舞いを観ていると、私たちが理解している「仁を窮める」ことなど、まったく念頭にはないようである。

九　子曰、士志於道、而恥悪衣悪食者、未足與議也、
子曰《しのたま》わく、士《し》、道《みち》に志《こころざ》して、悪衣悪食《あくいあくしょく》を恥《は》じる者《もの》は、未《いま》だ与《とも》に議《はか》るに足《た》らざるなり。


【現代語訳】

先生は次のように言われた。

「士たる者、人の道を窮《きわ》めようとしていながら、粗衣粗食《そいそしょく》を恥じるようでは、共に語るにたりない。」

※　金谷氏は訳文に関して、「士人――教養人として社会的にも重んじられる人物。また侯・卿・大夫に次ぐ下級官吏、あるいは士・農・工・商の四民の第一。」と付記しておられる。

【私の見解】

孔子は、社会的に比較的高い地位にあって人の道を窮《きわ》めようとしている者が、粗衣粗食を恥ずかしいと思うようでは話にならないと言っているのである。

なるほど、粗衣粗食をものともせず人の道を窮めようと努力することは、それはそれとして立派なことかもしれないが、およそ現実的ではないように思われる。粗衣粗食を「恥」

とまでは思わなくても「なんとかしなければ」と思うのは人の常ではないだろうか。衣食住は人間存在の基本であり、それを軽んじたのでは生きていくことさえままならず、「道を目指す」どころではなくなってしまう。

つまり、「**士志於道、而恥悪衣悪食者、未足與議也**」（士《し》、道《みち》に志《こころざ》して、悪衣悪食《あくいあくしょく》を恥《は》じる者《もの》は、未《いま》だ与《とも》に議《はか》るに足《た》らざるなり。）は、余りにも精神論あるいはプライド論に傾き過ぎているように私は思う。

わが国にも、「武士は食わねど高楊枝《たかようじ》」という言葉がある。これは、武士は腹が減っていてもそのそぶりを見せず、いかにも腹一杯食べた後であるかのように爪楊枝《つまようじ》を口にくわえているといった風情を表している言葉だが、これは、武士が本来の役割を果たさなくてもよい場合の気楽な精一杯の虚勢《きょせい》を表現したものに過ぎない。だが、一旦《いったん》ことがあれば、武士は武器を持って戦わなければならぬ。そんなときには「腹が減っては戦はできぬ」という本音が出て来る。それが現実というものだ。

この章が『論語』に載ったのは、孔子の高い精神論を知らしめるためだと思われるが、それは結局、戦国乱世という当時の乱れた世相にとっては「無い物ねだり」に終わったことであろうと私は推察する。

ちなみに、中国や韓国では、日常生活に於いて精神論はあまり流行《はや》らないそうだ。現実志向が優先し、たとえば何がなんでもまず腹一杯食べること、それが全ての出発点だという。それを象徴するように、中国のある地方では、「飯食ったか?」が朝の挨拶《あいさつ》として行《ゆ》き交《か》っているそうだ。それが事実なら、中国では、孔子の「**士志於道、而恥悪衣悪食者、未足與議也**」は空念仏《からねんぶつ》にもなっていないのではないかと思われる。

一〇　**子曰、君子之於天下也、無適也、無莫也、義之與比、**

子曰《しのたま》わく、君子《くんし》の天下《てんか》に於《お》けるや、適《てき》も無《な》く、莫《ばく》も無《な》し。義《ぎ》にこれ与《とも》に比《した》しむ。

【現代語訳】

先生は次のように言われた。

「君子が天下国家を処する場合は、贔屓《ひいき》にしたり意地悪《いじわる》をしたりせず、ただ、正義を貫くだけだ。」

※　金谷氏は訳文に関して、「さからうことも……――『適・莫』二字を、鄭注に従って敵・慕と読んで解釈した。新注では適をそれだけときめること、莫をそれではならぬとすることとし、そのほか、『善し・悪し』『厚し・薄し』など異説が多い。親しんでゆく――皇侃の『義疏』による。新注では『比』を従うと読む。」と付記しておられる。

ちなみに、金谷氏の訳は、

先生がいわれた、「君子が天下のことに対するには、さからうこともなければ、愛着することもない。〔主観を去って〕ただ正義に親しんでゆく。」

となっている。

【私の見解】

「無適也、無莫也」を金谷氏は「さからうこともなければ、愛着することもない。」と訳しておられる。また、齋藤孝氏は、「先入見で『これはよい』『これはよくない』とは決めつけない。」と訳しておられる。

二つの訳は、似ているようで全く違うようにも見える。

金谷氏は、『適・莫』二字を、鄭注に従って敵・莫と読んで解釈した。新注では適をそれだけときめること、莫をそれではならぬとすることとし、そのほか、『善し・悪し』『厚し・薄し』など異説が多い。」と付記しておられる。齋藤氏の訳は新注に依ったものであることがわかる。

「義之與比」を金谷氏は「ただ正義に親しんでゆく。」と訳しておられるが、齋藤氏は、「ただそれが筋が通ったこと、つまり〈義〉に合ったことかどうかで決める。」と訳しておられる。

これも、両者の訳は似ているようでもあり違うようでもある。

金谷氏は付記の中で、「親しんでゆく――皇侃の『義疏』による。新注では『比』を従うと読む。」と述べておられる。やはり齋藤氏は新注に依って訳しておられることが窺《うかが》える。

ことほどさように、この章は難解《なんかい》なのだ。無学な私に歯が立たぬのは道理であるが、よくよく原文の意味を読み取って、私なりの訳をつけてみたわけである。この訳に基づいて考えると、要するに孔子は、「正義」の重要性を説いていると理解することができる。

「正義」というのは言葉としては美しいが、これほど曖昧《あいまい》で恐ろしいものはない。人や国家の立ち位置などによってその中身が変わるからだ。孔子は周の時代を理想としていたようだから、孔子の言う「正義」とは周代の価値観に基づくものであろう。

『論語』にこの章は収録されているが、果たして乱れた戦国乱世にこれが通用したかどうか。儒学が儒教に変転し、革命によって王朝がコロコロ替わる時空を経て、「正義」は時の権力者の思うままに変転していったことであろう。人民の「正義」も、時の権力者に忖度《そんたく》して、いわゆる「奴隷の正義」と化していったに違いない。

このことは、現在の中華人民共和国の状況を見てもよく分かる。中国共産党と習近平国家主席は、中国こそ「新しい民主主義」を構築していると恥ずかしげもなく言っているし、それに対して国民からは何の異論も提起されていない。これが、彼ら流の「正義」なのだ。民主主義の「み」の字もない国柄でありながら、このような大嘘《おおうそ》を国際社会に向かって吐《は》けるのである。正義とはなんと恐ろしいものであろうか。

二一　子曰、君子懐徳、小人懐土、君子懐刑、小人懐恵、

子曰《しのたま》わく、君子《くんし》は徳《とく》を懐《おも》い、小人《しょうじん》は土《ど》を懐《おも》う。君子《くんし》は刑《けい》を懐《おも》い、小人《しょうじん》は恵《けい》を懐《おも》う。

【現代語訳】

先生は次のように言われた。

「君子は道徳のことを考えるが、小人は〔安住の〕土地のことを思う。君子は刑罰のことを考えるが、小人は恩恵のことを思う。」

※　金谷氏は訳文に関して、「荻生徂徠は、『治者が徳を思えば被治者は土地に安住し、治者が刑罰を思えば被治者はお情けを思う。』と解釈する。『義疏』の一説によったもの。」と付記しておられる。

【私の見解】

齋藤孝氏は、これを、

先生がいわれた。

「品性ある君子は、より善く生きるにはどうすべきかを考えるが、品性なき小人は安楽な生活をすることを考える。君子は、あやまちを犯せば罰があることを意識し、身を正す。小人は物質的な幸運を望む。」

と訳しておられる。これは、金谷氏の訳とも荻生徂徠の訳とも表現的にだいぶ違っている。

ちなみに、金谷氏の訳は、

先生がいわれた、「君子は道徳を思うが、小人《しょうじん》は土地を思う。君子は法規を思うが、小人は恩恵を思う。」

となっている。

三人の訳と私の訳を総覧《そうらん》して考えれば、

君子は道徳のことを考え、小人はその日その日の暮らしのことを考え、君子は規律正しく生きることを考え、小人は誰かに恵んでもらうことを考える。

という程の意味に解釈できそうだ。

なるほど、孔子がどのように人間を観ていたのかを知る上で貴重な言葉ではある。しかし、『論語』全般に言えることだが、私は、孔子が、このように人を品定《しなさだ》めするように言っていることが堪《たま》らなく嫌《いや》だ。これは、孔子が生きた時代の人々の普通の感覚だったのかも知れないが、私はどうも好きになれない。今日《こんにち》では孔子のような言い方をすれば、「お前は一体何様のつもりか」と顰蹙《ひんしゅく》をかうこと疑いなしだ。

さて、この章が『論語』に収録された意味はどこにあるのだろう。「小人どもよ、お前たちは君子のように道徳のことを考えて規律正しく生きよ。」と説教する意図でもあったのか。

いや、そんなわけはない。『論語』が世に出たとされる前漢時代は、中国人民は、ほとんどが文字の読み書きができない文盲《もんもう》の人々だったのだ。だから、いわゆる「小人」と称される人民が『論語』を普通の読み物としていたとは考えられない。やはり、時の権力者あるいはそれに近い一部の貴族が読んだと考えるのが順当だろう。（このことは『論語』全般について言える）。

だとすると、「**子曰、君子懐徳、小人懐土、君子懐刑、小人懐恵**」は支配層に向けた言葉ということになる。『論語』に遺《のこ》るこの言葉は、支配層にだけ届いて、庶民を蔑《さげす》むだけの役割を果たしたということにはならないだろうか。孔子を「聖人」と仰ぐ権力者は、『論語』を自分の意に沿うように利用したに違いない。

その証拠に、今でも中国は、国家主席を頂点とする共産党幹部（君子）が国民（小人）を見下す構造で動いている。「小人」は何処《どこ》まで行っても「小人」なのだ。都市と農村部との格差も絶大で、農村戸籍の庶民は都市戸籍を取ることさえできないのだ。

一二　**子曰、放於利而行、多怨、**

子曰《しのたま》わく、利《り》に放《よ》りて行《おこ》なえば、怨《うら》み多《おお》し。

【現代語訳】

先生は次のように言われた。

「自分の利益のことばかりを考えて行動していると、人に怨《うら》まれることが多い。」

【私の見解】

私たち日本人は、幼い頃から自然に物を「分け合う」文化に慣《な》れ親《した》しみ、「自分さえよければ」という利己主義は善くないこととして教えられて育つ。だから、日本人の感覚では、「**放於利而行、多怨**」は素直に心に響く。「和」を貴ぶ心と「**放於利而行**」とは矛盾し合う関係にあるのだ。

一方、これまで何度も触れてきたことだが、中国人と朝鮮半島の人々は、同族主義とか宗族主義とかに陥《おちい》っていると言われている。これは、究極的《きゅうきょくてき》には自分の利益を追い求める利己主義に行き着くものであり、事実、中国人や韓国人の「自分さえ良ければいい」という身勝手な行動は、つとに世界に知られているところである。

おそらく、孔子が生きた時代にも、中国では利己主義的な行動が横行《おうこう》していたのであろう。それを見かねて孔子は、「**放於利而行、多怨**」と言ったものと思われる。

この言葉が『論語』に載って世に出た頃の中国は、孔子が生きた時代よりももっと乱れた時代だったであろう。だから、時の権力者は、例のごとく孔子のこの言葉を自分の意を満足させるように解釈し、たとえば「わしがこれをするのは民のためだ。」とかなんとか都合良くつじつまを合わせて利己主義を合理化していたのではあるまいか。

そうとでも思わなければ、孔子の「**放於利而行、多怨**」に真《ま》っ向《こう》ぶつかる中国・韓国の振る舞いは、とても説明がつかない。

一三　**子曰、能以禮讓爲國乎、何有、不能以禮讓爲國、如禮何、**

子曰《しのたま》わく、能《よ》く礼譲《れいじょう》を以《もっ》て国《くに》を為《おさ》めんか、何《なに》か有《あ》らん。能《よ》く礼譲《れいじょう》を以《もっ》て国《くに》を為《おさ》めずんば、礼《れい》を如何《いかん》。

【現代語訳】

先生は次のように言われた。

「礼儀正しく譲り合う気持ちで国を治めるならば、何の問題も起こるまい。礼儀正しく譲り合う気持ちで国を治めないようであれば、礼は何のためにあるのか。」

【私の見解】

私たち日本人には「謙譲《けんじょう》の美徳」が普通のこととして備《そな》わっている。

たとえば、バスなどの乗り物に乗るときにも並んで順々に乗るが、体の弱ったお年寄りがいる場合には先に乗せてあげることも普通の風景だ。狭い道路を歩いているときに向こうから来た人と行き交うのが窮屈《きゅうくつ》だと思うときには、互いに身を退《ひ》いて道を譲ろうとするのもごくごく普通のことだ。我が俺がとがを張っていたのでは、何事もスムーズには運ばない。

東日本大震災のとき、被災した人たちは、救援《きゅうえん》のために差し出された食糧や衣服などを奪い合うようなことは決してしなかった。「もっと困っている人に先に回してあげて下さい。」と譲り合った。この気高《けだか》い譲り合いの姿に、世界の人々は心を打たれた。そして、「どうして日本人はかくも道徳的に優れた行動ができるのか」と不思議がった。

関西のあるタレントがラジオ番組で、「なぜって、それが当然のことやから」と語っていたように、これは、私たち日本人にとっては不思議でもなんでもないことなのだ。

日本人にごく自然に備わったこの美徳は、おそらく「和」を貴《とうと》ぶ国民性と密接不可分《みっせつふかぶん》のものであろう。周《まわ》りと軋轢《あつれき》を生むことなくスムーズに生活するためには、お互い譲り合いの心をもって接するのが一番いい。謙譲《けんじょう》の心は、長い歴史・文化・伝統の下で自然に醸成《じょうせい》された日本人のDNAなのである。

さて、「**子曰、能以禮讓爲國乎、何有、不能以禮讓爲國、如禮何**」である。

まず、孔子の言う「**能以禮讓爲國乎**」(能《よ》く礼譲《れいじょう》を以《もっ》て国《くに》を為《おさ》めんか。＝礼儀正しく譲り合う気持ちで国を治めるならば、)とは、一体どういうことか。これは、「権力者が譲り合う心で政治を行う。」という意味か、それとも「国民が互いに譲り合って生活する。」という意味か。

もし前者であれば、権力者は誰と何を譲り合って政治を行なうというのだろう。今日《こんにち》の民主主義の社会では、「政治は妥協の産物だ」とよく言われるが、孔子の言う「譲り合う心で国を治める」とはこの「妥協」のことなのか。しかし、孔子が生きた時代に、時の権力者が人民と話し合って妥協点を見つけて政治をしたということは考えられないから、どうもこれではない。

それでは、後者の意味か。孔子が生きた春秋時代は、周王朝の内部で諸侯が覇《は》を争って殺し合っていたのであり、国民が互いに譲り合って生活できる状況にあったとは思えないから、これでもない。

では孔子はどんな意図があって「**能以禮譲爲國乎**」（礼儀正しく譲り合う気持ちで国を治めるならば、）などと言ったのか。おそらくこれは、「譲り合う」などということがない時代を反映して、逆説的に「無い物ねだり」をしたのではないか。利己心を捨ててお互いが譲り合って暮らせば軋轢《あつれき》のない生活ができるのに、という願望が孔子にあり、それが言葉となって出たのだろう。だから、「**能以禮譲爲國乎**」のあとに「**何有**」（何《なに》か有《あ》らん。）と言ったのだと私は思う。

次に「**不能以禮譲爲國**」（能《よ》く礼譲《れいじょう》を以《もっ》て国《くに》を為《おさ》めずんば、＝礼儀正しく譲り合う気持ちで国を治めないようであれば。）と孔子が言った心裡《しんり》についてである。

既に触れたように、彼が生きた時代には「譲り合う心で国を治める」ことなどなされていないことを考えると、これは、「現状をよく見てご覧」というほどの意味で言っているのではないか。譲り合う気持ちで政治を行なっていない現状を憂えて、「**能以禮讓爲國乎**」と言ったあとで「**如禮何**」（礼《れい》を如何《いかん》。＝礼は何のためにあるのか。）と言ったのだと私は思う。

孔子のこの言葉が『論語』に収録されたのも、孔子のこの気持ちを時の権力者に知らしめる意図があったからではないだろうか。乱れに乱れた不安定な時代である。利己心を捨てて互いに譲り合おうではないか、という儒者の気持ちが込められていたのだと、私は推測する。

だが、中原に広がるシナという国には、「人を見たら敵と思え」という文化こそが染《し》みついており、人の善意を前提にした譲り合いの精神は育ちようがないのだ。『論語』に込めた儒者の気持ちが素直に伝わることはなかったと言ってよいだろう。

時の権力者は、やはり自分の意に沿うように「**能以禮讓爲國乎、何有、不能以禮讓爲國、如禮何**」を解釈し、人民にのみ譲歩を求める政治を行なったに違いない。共産党の独裁政治を、新しい中国式の民主主義だ、と世界に向けて自賛《じさん》して恥じない民族なのだ。

中国は、日本人のような澄《す》んだ感覚では理解できぬほどの計り知れない闇《やみ》を抱《かか》えている国なのだ、と私は思う。

一四　子曰、不患無位、患所以立、不患莫己知、求爲可知也、

子曰《しのたま》わく、位《くらい》無《な》きことを患《うれ》えず、立《た》つ所以《ゆえん》を患《うれ》う。己《おの》れを知《し》ること莫《な》きを患《うれ》えず、知《し》らるべきことを為《な》すを求《もと》む。

【現代語訳】

先生は次のように言われた。

「地位のないことを心配しないで、自分にそれだけの資格があるかどうかを心配せよ。自分を認めてくれる人がいないことを気に病《や》むより、認められるだけのことをしようと努めるがいい。」

【私の見解】

ここで孔子が言っていることは、日本などの民主社会では、今日《こんにち》でも十分に教訓となりうる。

たとえば、望みの地位に就《つ》きたいと思ってもできない場合もあれば、望みもしないのに

人に推《お》されて高い地位に就くこともある。また、懸命《けんめい》に勤めを果たしていても誰からも認められない場合もあれば、自分ではそれほど努力をした訳でもないのに人に認められる場合もある。「すべてこの世はままならぬ」と言ってしまえばそれまでだが、孔子の「**不患無位、患所以立、不患莫己知、求爲可知也**」を教訓として勤めを果たしていれば、心の平安を保ちながら気持ちよく生きていくことができるのではないか、と私は思う。

だが、この言葉を教訓として受け止めることができるのは、掛け値なしにこの言葉を受け止める素直な心があってはじめて可能となる。さきほど、「日本などの民主社会では、今日《こんにち》でも十分に教訓となりうる。」と言ったのは、私たち日本人には、その素直な心があると私は思うからだ。事実日本では、この言葉に限らず『論語』は人倫徳目として生かされてきている。

中国や韓国ではどうだろう。『論語』が世に出た中国の前漢の頃はもとより、今日《こんにち》に於いても、「**不患無位、患所以立、不患莫己知、求爲可知也**」が素直に教訓として生かされているようにはとても思えない。

賄賂王国《わいろおうこく》の中国では、出世に絡《から》んでも賄賂が当たり前のように横行《おうこう》していると言われている。地位は賄賂でどうにでもなるようだ。古くは科挙《かきょ》（隋から清の時代までの約１３００年間に行なわれていた官僚登用試験）の地位も金《かね》でやりとりできたという。

また韓国でも、古くは両班《やんばん》（高麗、李氏朝鮮王朝時代の支配階級）の地位も金で売り買いされていたというし、大統領が替わる度に大統領の身内の賄賂事件《わいろじけん》が必ずと言ってよいほど報道されてきた。

つい最近も、法務大臣の娘が父親の威光《いこう》によって大学へ裏口入学したなどといった事案がマスコミを賑《にぎ》わした。努力しなくても、娘は父親の七光りで有名大学に入れるのである。（この事案は世論から批判を浴びていることがせめてもの救いだ。）

このような事例を目の当《まあ》たりにすると、孔子の言う「**患所以立**」「**求爲可知也**」は、中国や韓国では地位を金《かね》や賄賂《わいろ》や威光《いこう》によってなんとかすることの教訓として生かされているように見える。

一五　子曰、參乎、吾道一以貫之哉、曾子曰、唯、子出、門人問曰、何謂也、曾子曰、夫子之道、忠恕而已矣、

子曰《しのたま》わく、参《しん》よ、吾《わ》が道《みち》は一以《いちもっ》てこれを貫《つらぬ》く。曾子曰《そうしい》わく、唯《い》。子《し》出《い》ず。門人《もんじん》問《と》うて曰《い》わく、何《なん》の謂《い》いぞや。曾子曰《そうしい》わく、夫子《ふうし》の道《みち》は忠恕《ちゅうじょ》のみ。

【現代語訳】

先生は、

「参《しん》よ、私の道は一つのことで貫《つらぬ》かれているのだ。」

と言われた。曾子《そうし》は、

「はい。」

と言った。先生が出て行かれると、門人が、

「どういう意味でしょうか。」

と訊《たず》ねた。曾子は、

「先生の道は、忠恕《ちゅうじょ》の一語に尽《つ》きるのです。」

と答えた。

※　金谷氏は訳文に関して、「参――曾子の名。　忠恕――忠は内なるまごころにそむかぬこと、恕はまごころによる他人への思いやり。『中庸』第三章三＝忠恕は道を違《さ》ること遠からず。諸《こ》れを己れに施して願わざれば、亦た人に施すこと勿《な》かれ。」と付記しておられる。

【私の見解】

さて、孔子の心は、ただひたすらに「忠恕」に向けられていたというのだ。これは、孔

子がどういう人物であったかを知る上で大いなるヒントを与えてくれる言葉だと思う。

「忠恕」は、私には難解《なんかい》な言葉だ。日本ではよほどのマニアでない限り使わない言葉ではないだろうか。私はこれまでに自分の言葉として使った記憶がない。

「忠恕」の意味について金谷氏は「忠は内なるまごころにそむかぬこと、恕はまごころによる他人への思いやり。」と付記しておられる。広辞苑には、「まごころとおもいやりがあること。忠実で同情心が厚いこと。」とある。

司馬遼太郎は、人間にとって大切な心情は「おもいやりのあるやさしさ」だと何かの本に書いていたと記憶するが、この心情も多分に孔子のいう「忠恕」の範疇《はんちゅう》に入るのかも知れない。

孔子は、一時期、魯の国の役人であったが、政府内の権力闘争に巻き込まれて殺されそうになり、魯の国を危うく出奔《しゅっぽん》した。いずれまた政治に関わりたくて諸国を巡ったが、叶《かな》うことはなかったようだ。

彼が、「**吾道一以貫之哉**」（吾《わ》が道《みち》は一以《いちもっ》てこれを貫《つらぬ》く。）と言ったその心は、「いずれ政務に就《つ》いて真心と思いやりを以て任務を遂行《すいこう》したい。」という一点にあったのではないか。

この意味に於いて、『論語』に収録された孔子の言葉の多くは、要するに、時の権力者に自分を売り込むためのものだったと言えなくもない。そう思って読み返すと、『論語』の一つひとつの言葉が、政治の在り方に関わることに傾斜している様子が窺《うかが》える。

孔子が「忠恕」を自分の信条とし、それを弟子たちに話していたということは、当時の政治が忠恕に欠けるものであったことを暗示《あんじ》しているようにも思われる。孔子は周の国の在り方を理想と考えていたと伝えられているが、春秋時代の世は、相当乱れていたのであろう。孔子の言葉には、それへの憂いが籠《こ》もっているようにも感じられる。

『論語』に載った「忠恕」の詞《ことば》は、中国ではどのように読まれたのであろうか。「自分以外は敵」という文化が染《し》みついている中国では、「忠恕」も権力者の思惟《しい》に合わせて都合良く歪《ゆが》められ、「専制政治をきっちりとやって人民に文句を言わせないこと」というほどの意味に置き換えられてしまったように思われる。

なぜなら、コロコロ替わった王朝は、どれも百年一日のごとく独裁の専制政治しか行わず、孔子の言う「忠恕」はどこにも見られなかったからである。

現在の共産党政府も、国民に文句を言わせず自分たちの思うままに国を動かすことが忠恕だと思っている節がある。副首相に性的辱《はずかし》めを受けたことを告白した女子テニス選手の自由を奪ってそれを隠蔽《いんぺい》したとされる事案があったが、このような事例は、孔子の言う「忠恕」が中国に於いては全く生かされていないことの一つの証左と言えるのではないだろうか。

一六　子曰、君子喩於義、小人喩於利、

子曰《しのたま》わく、君子《くんし》は義《ぎ》に喩《さと》り、小人《しょうじん》は利《り》に喩《さと》る。

【現代語訳】

先生は次のように言われた。

「君子は正義のことがよく分かっている。小人《しょうじん》は損得のことに聡《さと》い。」

【私の見解】

さて、この章は、短い言葉だが、含蓄《がんちく》のある言葉である。それだけに、どう読むかによって意味が変わるような気がする。

「君子は正義に明るく、小人は利益に明るい。」という金谷氏の訳《やく》を読んでも、とりようによって意味が変転する。

たとえば、「君子は正義に明るいが、利益には明るくない。」、「小人は利益に明るいが正義には明るくない。」という意味にも読めるし、「君子は正義に明るいが利益にも明るい。」、「小人は利益に明るいが正義にも明るい。」という意味にも読める。これ以外にも意味のとりかたはいろいろあると思われる。

齋藤孝氏は、「君子はものごとの筋である〈義〉がわかっている。小人は損得がわかっている。」と訳しておられるが、私には、この訳でも意味がしかと定まるようには思えない。

だから、お二人の訳《やく》を読んでも、なるほど、君子とはそういうものので、小人とはそういうものか、と納得する気持ちにはなれないのである。

そこでいま私は、**「君子喩於義、小人喩於利」**を、

学問を身につけた知恵のある人格者は、自分の損得は省みずに正義によって行動するし、学問が身に付いていない無智な者は、正義によっては動かないが自分の損得にはめざとく反応する。

というほどの意味に理解しておくことにする。

この解釈に立ってもなお、私には素直に首肯《しゅこう》できない気持ちが残る。「学問を身につけた知恵のある人格者」であっても、自分の損得に無関心で常に正義を貫くとは限らないし、「学問が身に付いていない無智な者」も自分の損得を度外視して正義を貫くことも実際にはあるからだ。

それに、前にも触れたが、「正義」というものは、国や人の立ち位置によってどうにでもなるものであり、恐ろしいものでもある。単純に「君子は正義に明るい。」と言われても、その中身はきわめて曖昧模糊《あいまいもこ》としているのだ。

そもそも人間を「君子」と「小人」に分けて品定めをする孔子の手法は、中国という特異な国柄が生んだものであり、古来日本には馴染《なじ》みがないし、「和」の国柄《くにがら》には似つかわしくないものだ。

つまり、わが国では、「**君子喩於義、小人喩於利**」（君子《くんし》は義《ぎ》に喩《さと》り、小人《しょうにん》は利《り》に喩《さと》る。）というような高飛車《たかびしゃ》な人間観は受け入れられようもなく、「和を以て貴しとなす」とか「万機公論に決すべし」の精神を踏まえて話し合いを大切にした政治が行なわれてきた。

中国ではどうか。孔子の「**君子喩於義、小人喩於利**」をそのまま示すような歴史を歩んで来たと言えないだろうか。中国の歴史は、「君子」すなわち皇帝が自分流の「正義」を振りかざして専制政治をおこない、「小人」すなわち人民はその下で日々の生活利益を求めて汲々《きゅうきゅう》と生きたことを示している。

現在の中華人民共和国でも同じだ。共産党政府（君子）は共産党の正義を振りかざして専制政治を行ない、国民（小人）はその下で自分たちの利益第一の利己的な生活を送っているのだ。習近平国家主席は、そのような政治を「中国式の民主主義だ」と嘯《うそぶ》いて平然としている。これを厚顔無恥と言わずしてなんと言おうか。

一七　**子曰、見賢思齋焉、見不賢而内自省也、**

子曰《しのたま》わく、賢《けん》を見《み》ては斉《ひと》しからんことを思《おも》い、不賢《ふけん》を見《み》ては内《うち》に自《みずか》ら省《かえり》みる。

【現代語訳】

先生は次のように言われた。

「優れた人を見れば同じようになりたいと思い、つまらない人を見れば自分はどうだろうかと反省することだ。」

※　金谷氏は訳文に関して、『荀子』脩身篇＝善を見れば脩然《しゅうぜん》として必らず以て自ら存《かえり》み、不善を見れば愀然《しゅうぜん》として必らず以て自ら省《かえり》みる。また述而篇第二一章参照。」などと付記しておられる。

【私の見解】

金谷氏の付記にあるように、『荀子』脩身篇にも似たような言葉があるし、『論語』述而篇第二一章にも似たような言葉がある。後者についてはその章のところで改めて触れることにする。

さて、わが国にも「人の振り見て我が振り直せ」という言葉がある。それぞれ若干の違いはあるものの、大きな目で見ればどれも同じような意味だと考えてよいのではないだろうか。

立派な人を見て、自分もあのような人になりたいと思い、つまらない人を見て、あんな人間にはなりたくないと思うのは、日本では誰でも抱《いだ》くごくありふれた心情だ。普通の場合、そこには不純な企《たくら》みなど入り込む余地はなく、孔子の言葉は、そのまますんなりと入ってくる気がする。私たちは、そのような心情の下《もと》で日々努力をしているし、生《い》き甲斐《がい》を見つけ出したりもしているのである。

孔子は、特別なことを言っている訳ではない。このような当たり前の心情でさえわざわざ言葉にしなければならないほど、当時の中国の人々の心はすさんでいたのであろう。この言葉が『論語』に収録されたということは、孔子の死後数百年経《た》ってもなお、中国の世相は乱れていたのだと推察できる。

中国の王朝の歴史と現在の共産党政治の状況を見ると、中国には「反省」とか「自省」という言葉はないのかとさえ思いたくなるほど、賄賂《わいろ》や有名ブランドの偽造あるいは少数民族の弾圧や武力による威圧《いあつ》などといった反倫理、反道徳の振る舞いが横行している。孔子の「**見賢思齊焉、見不賢而内自省也**」（賢《けん》を見《み》ては斉《ひと》しからんことを思《おも》い、不賢《ふけん》を見《み》ては内《うち》に自《みずか》ら省《かえり》みる。）は、一体何処へ行ってしまったのであろうか。

いや、見方を変えれば、孔子のこの言葉は今の中国にもしっかりと生きていると言えるのかも知れない。「**見賢思齋焉、見不賢而内自省也**」、を覇権欲《はけんよく》や利己心を奮い立たせる言葉として受け止め、覇権欲や利己心を満足させるためには何をしても構わないとばかりに反倫理・反道徳の振る舞いを平然と繰り返しているのではないか。そうとでも思わなければ、中国（中国人）の振る舞いを私はとても理解できない。

一八　子曰、事父母幾諫、見志不従、又敬不違、勞而不怨、

子曰《しのたま》わく、父母《ふぼ》に事《つか》うるには幾《ようや》くに諫《いさ》め、志《し》の従《したが》わざるを見《み》ては、また敬《けい》して違《たが》わず、労《ろう》して怨《うら》みず。

【現代語訳】

先生は次のように言われた。

「父母を諫《いさ》めるときはやんわりと諫め、もし父母が諫言《かんげん》を受け入れないときにはいっそう敬愛《けいあい》の誠《まこと》を尽《つ》くして諫めることだ。苦労が多くても怨《うら》みには思わないことだ。」

【私の見解】

私は子どもの頃によく親から「口ごたえをするな」と叱《しか》られた。どんなときにどんな口ごたえをしたのかは覚えていない。おそらく子どもにありがちな生意気《なまいき》なことを言ったのであろう。親には威厳《いげん》があって、親の言うことは半《なか》ば絶対だった。だから、叱られても怨みに思ったことなどはないし、むしろ楽しい想い出として遺《のこ》っているほどだ。親に悪いところがあっても、子としてはあまり強く抗議したりできるはずもなく、「やだなあ」程度に思うことはあっても、間もなく記憶から消えたものだ。

孔子の言っていることは、私の実感としてはどんなことなのか想像するのが難しいが、まあ、子どもとしての普通の心得を言っているように思われる。何の抵抗も感じない。今日の日本でも普通に通じる心得だと思う。

しかし、取り立てて言うほどのことでもないことを孔子がわざわざ言ったということは、孔子が生きた時代には親と子の関係が一般的にギクシャクしていたのであろう。

しかも、この言葉が『論語』に収録されて後の世に伝えられたということは、当時の中国では、親と子の関係は、今日《こんにち》私たちが普通に感じているものとは相当違っていたのではないだろうか。

今日《こんにち》では、中国のような儒教国では、長幼《ちょうよう》の序《じょ》がとても重視されていると聞いているが、当時は儒教にまだそれほどの影響力がなかったと思われる時代であり、親に怨みを抱いて問題を起こすというようなことが普通にある世相だったのかもしれない。

わが国でも、戦国の世では、例えば斎藤道三親子のように、親と子が殺し合うことは珍しいことではなかった。残念ながら今日でも、親殺し子殺しのニュースは結構ある。その原因や様相は複雑で一概に単純化はできないが、孔子の言葉は、教訓として今日でも素直に生かされる必要があると私は思う。

ただ、これも程度の問題である。何でもかんでも親の言うことには絶対服従とか子の言うことはそのまま聞き入れるとなると、新たな問題が生じることになる。

今日の中国では孔子のこの言葉をどう読んでいるのであろうか。

穿《うが》った見方をすれば、父母を中国共産党（政府）に置き換え、子を国民に置き換え、国民は政府に悪いところがあっても逆らわず、自由を奪われて困難を強《し》いられていても政府を怨まない、そのように「**事父母幾諫、見志不従、又敬不違、労而不怨**」を読み、生かしているとは言えないだろうか。

一九　**子曰、父母在、子不遠遊、遊必有方、**

子曰《しのたま》わく、父母《ふぼ》在《いま》せば、遠《とお》く遊《あそ》ばず。遊《あそ》ぶこと必《かなら》ず方《つね》あり。

【現代語訳】

先生は次のように言われた。

「父母が生きている間は、遠くへは旅をしないことだ。旅をするにも行き先を明らかにすることだ。」

【私の見解】

これは、簡単に言えば「親に心配をかけるな。」ということだろう。

親というものは、子どもがいくつになっても気がかりだ。遠方へ旅に出ているときなど長い間子どもの姿を見ないと、あれこれと気を揉《も》むものである。孔子は、この親心に立って、子どもとしての当たり前の心得を説いているのだ。

孔子が生きた時代には、孔子がわざわざそう言わなければならないほど子どもが親を悩ましていたのか、それとも、家庭というものが不安定な状態にあったのか、私にはさっぱり分からないが、この言葉が『論語』に収録された理由となると、いっそう分からない。当時は、不安定な親子関係や家族関係が常態化《じょうたいか》していたのであろうか。

ITが発達している今日《こんにち》では、遠方に旅をしてもあるいは遠くに住んでいても、映像による通信が可能であり、親の心配の度合いも昔とはずいぶん様変わりしていると思われるが、「**父母在、子不遠遊、遊必有方**」（父母《ふぼ》在《いま》せば、遠《とお》く遊《あそ》ばず。遊《あそ》ぶこと必《かなら》ず方《つね》あり。）は、日本人としては依然《いぜん》として素直に読める言葉である。

中国や韓国で「**父母在、子不遠遊、遊必有方**」がどう読まれているか、私には推察することさえできない。

二〇　子曰、三年無改於父之道、可謂孝矣、

子曰《しのたま》わく、三年《さんねん》父《ち》の道《みち》を改《あらた》めること無《な》きを、孝《こう》と謂《い》うべし。

【現代語訳】

先生は次のように言われた。

「〔父親が死んでから〕三年の間、父親がしてきたことを改めない、それを孝行というのだ。」

※　金谷氏は訳文に関して、「学而篇第一一章に同じ文がある。」と付記しておられる。学而篇第一一章については、既に**【私の見解】**を明らかにしている。

【私の見解】

さて、これも、親孝行に対する孔子の考えを知る上で貴重な言葉だと思われる。しかし、今日でも倫理徳目となり得るかといえば、そうとは言えないのではないだろうか。

孔子が生きた時代には、父親の死後三年間は父親のやり方を踏襲《とうしゅう》することが孝行の鑑《かがみ》だったのかも知れないが、今日では必ずしもそうとは言えないだろう。たとえば、父親から引き継いだ会社を経営している人の中には、この言葉を教訓としている人もいるかも知れないが、一般的にはこれは取り立てて心に留めておくべき言葉だとは私には思えない。

学而篇第一一章のところでも書いたが、父親への孝行のことだけを言い、母親のことが語られていないのも、今日の感覚から言えば違和感がある。

取り立てて心に響く言葉でもないのに、孔子はどうしてわざわざこんなことを弟子に言ったのか。当時はそのようなことを言わなければならないほど、父親への孝行の在り方が混沌《こんとん》としていたのであろうか。

『論語』にこの章が収録されたのは、「**子曰**」だからと思われるが、それ以外の意図があったのかなかったのか、私には考えが及ばない。

二一　**子曰、父母之年、不可不知也、一則以喜、一則以懼、**

子曰《しのたま》わく、父母《ふぼ》の年《とし》は知《し》らざるべからず。一《いち》は則《すなわ》ち以《もっ》て喜《よろこ》び、一《いち》は則《すなわ》ち以《もっ》て懼《おそ》る。

【現代語訳】

先生は次のように言われた。

「父母の年齢を知らないということはあってはならない。〔父母の年齢を知ることによって、〕一つには父母の年齢を喜び、一つには父母の年齢を気づかうのだ。」

【私の見解】

今日《こんにち》の感覚からすれば、孔子は、人として当然のことを言っているに過ぎない。子が親の年齢を知らないことの方がむしろ異常と言える。ことさらに「**父母之年、不可不知也、一則以喜、一則以懼**」（父母《ふぼ》の年《とし》は知《し》らざるべからず。一《いち》は則《すなわ》ち以《もっ》て喜《よろこ》び、一《いち》は則《すなわ》ち以《もっ》て懼《おそ》る。）と言われると、私などは却《かえ》って違和感《いわかん》を覚える。

とはいえ、孔子が生きた紀元前6世紀頃には、人の生年月日の記録の仕組みがしっかりと整っていなかったかも知れないし、戸籍制度《こせきせいど》も未確立だったかも知れない。そもそも暦《こよみ》の観念そのものが希薄《きはく》だったとも考えられる。

そうだとすると、子が親の年齢に無頓着《むとんちゃく》であっても不思議ではない。「**父母之年、不可不知也、一則以喜、一則以懼**」は俄然《がぜん》意味を持ってくる。孔子がわざわざそのように言ったのは、ある意味で必然だったのであろう。

『論語』が世に出た頃も、事情は同じだったのかも知れない。この章を『論語』に収録した儒者たちは、孔子の智恵を世に知らしめようとしたのであろう。

子が親の年齢を知ることは、今日の日本では当たり前過ぎて、重要な倫理徳目とはなり得ないと思うが、儒教国の中国や韓国ではどう読まれているのだろうか。

二二　**子曰、古者、言之不出、恥躬之不逮也、**

子曰《しのたま》わく、古者《こしゃ》、言《げん》これを出《い》ださざるは、躬《み》の逮《およ》ばざるを恥《は》じてなり。

【現代語訳】

先生は次のように言われた。

「昔の人があまりしゃべらなかったのは、実行が伴わないのを恥じたからだ。」

【私の見解】

日本では、現在でも口の軽い人はあまり尊敬されない。少し観点がそれるが、「口は禍《わざわい》の元」という格言もある。

わざわざ「**古者、言之不出、恥躬之不逮也**」（古者《こしゃ》、言《げん》これを出《い》ださざるは、躬《み》の逮《およ》ばざるを恥《は》じてなり。）と言わなければならないほど、孔子が生きた時代には、口の軽い人が多かったのであろうか。この言葉が『論語』に収録されたということは、孔子の死後数百年経っても、状況は変わっていなかったことを物語っている。

「古者、言之不出、恥躬之不逮也」には、できもしないことややる気もないことを口にすることを恥じる文化が中国にもあったことを示しているが、中国にもそのような時代があったとは驚きである。

なぜなら、現在の中国の振る舞いを見ていると、「恥」という言葉そのものがないのではないかと思われほどだからだ。「尖閣諸島は中国のもの」「日本は南京で30万人の中国人を虐殺した」「沖縄は元々《もともと》中国の領土」などをはじめとして、数々の嘘を世界に振りまいて平気の平左なのだ。

このような嘘は、単に「口が軽い」といった軽微《けいび》なものではないはずだが、中国は恥の「は」の字もないかのように振る舞っている。孔子を「聖人」の中の聖人として崇《あが》めてきていながら、この有様である。一体どんな神経なのか。

とまあ、日本人であれば当然に抱く疑問だが、中国（中国人）にとっては、実はこれが普通のことなのであろう。

利己心の虜《とりこ》となっている彼らにとっては、自国（自分）の利のために頭を働かせることこそが正義であり、そのために事実をねじ曲げようが嘘で固めようが少しも恥ではないのである。「嘘も百ぺん言えば真実」とばかりに嘘を言い募《つの》り、いずれその嘘を真実にする（つまり、言ったことを実践する）目論見《もくろみ》があるから、嘘をついても少しも恥とは思わないのであろう。彼らの頭の中では、孔子の言う「**古者、言之不出、恥躬之不逮也**」とは少しも矛盾《むじゅん》しないのだ。『論語』の読み方が、私たち日本人とはまるっきり違うのだと言う他はない。そうとでも思わなければ、私たち日本人の純な感覚では、中国（中国人）の言動はとても理解できない。

二三　子曰、以約失之者、鮮矣、

子曰《しのたま》わく、約《やく》を以《もっ》てこれを失《しっ》する者《もの》は、鮮《すく》なし。

【現代語訳】

先生は次のように言われた。

「控えめにしていてしくじる人は、まずいない。」

【私の見解】

人間生活は、労働によって生み出された価値（物質やサービス）によって支えられている。わが国は、神話にも示されているように、神代《かみよ》の昔から神々が自ら労働していた国柄であり、普通の日本人は、労働の尊さをよく弁《わきま》えている。労働は喜びであり、働けることは誇りでもある。だから私たちは、労働によって生み出された価値を大切にする心も当たり前のこととして備《そな》えている。

私たちは、物を粗末《そまつ》にしないように幼い頃からしつけられるし、華美《かび》よりも質素《しっそ》を、贅沢《ぜいたく》よりも倹約《けんやく》を、善しとする考え方が自然に身に付いている。だから、できるだけ無駄遣《むだづか》いはしないようにして貯蓄に回したり、余力のある人は慈善事業《じぜんじぎょう》に寄付したりする。

この意味に於いて、孔子の言う「**以約失之者、鮮矣**」（約《やく》を以《もっ》てこれを失《しっ》する者《もの》は、鮮《すく》なし。）は、日本古来の価値観にぴったりと符合《ふごう》していると私は思う。

西洋に於いては、労働はアダムとイヴが禁断《きんだん》の木の実を食べたことへの罰として与えられたものだと説明されるそうだ。

中国でも、西洋と同様に、労働は「苦役《くえき》」として認識されているようで、労働から解放された仙人が究極理想《きゅうきょくりそう》の人間像だという。それゆえ中国では、労働によって得た金を自分のためにつかうのは苦役《くえき》への代償《だいしょう》であり、華美《かび》に走ろうと贅沢三昧《ぜいたくざんまい》をしようと当たり前だという感覚が普通にあるらしいのだ。日本とはえらい違いである。中国で誰かが慈善《じぜん》事業《ぎょう》に多額の資金を寄付したという話を、私は聞いたことがない。

孔子の「**以約失之者、鮮矣**」は、そのような中国の世相への警告《けいこく》だったのではあるまいか。そして、『論語』にこれが収められているということは、孔子の死後数百年の中国も、やはり華美や贅沢を善しとする傾向が続いていたことを物語っているのではないか。

つい数十年前までは、地味な丸い帽子を被《かぶ》り質素《しっそ》な人民服を着た人々が自転車に乗っているというのが、記憶に残る中国の一般的な風景であったが、あれは、単に国民が貧しかったからであり、質素倹約を実践していたわけではなかったのだ。

経済力が世界の第二位となり、今やアメリカに追いつき追い越そうとしている中国は、国民の貧富の格差が天文学的《てんもんがくてき》に広がるとともに、国民の一割ほどの金持ちたちは、世界に飛び出して莫大《ばくだい》な金を費《つか》ったり、贅沢三昧《ぜいたくざんまい》を誇示《こじ》したりしている。共産党の幹部たちも蓄財に余念《よねん》がなく、海外に資産を貯《た》め込んでいるとも報道されている。

彼らは、自分の金銭欲や物欲を満足させることのみに汲々《きゅうきゅう》とし、慈善団体《じぜんだんたい》や施設などに寄付したというような心温まる話は少しも伝わってこないのだ。他人《たにん》のことなどかまっていられないという利己主義が徹底している。

日本の愚かな経済人（法人も含む）たちは、目の前の儲《もう》けに目がくらみ、領土・領海・領空を侵害されようが不当な歴史攻撃を受けようがまったくお構いなしに、中国（中国人）を持ち上げて彼らのインバウンドを歓迎してきた。中国市場をあてにした経済活動は今も拡大するばかりである。恥ずべきことではないか。

中国はまた、毎年軍事予算を増額し、世界に覇《は》を及ぼす蛮行《ばんこう》を積極的に遂行《すいこう》している。

まさに、孔子の言う「**以約失之者、鮮矣**」を鼻で笑う振る舞いである。

しかし、このように思うのは、私が日本人だからであって、中国（中国人）にしてみれば、「これでも控えめにしているのだ。」という気持ちなのかも知れない。孔子を聖人の中の聖人と崇《あが》める彼らには、『論語』の教訓に叛《そむ》いているという認識などゆめゆめありはしないのだろう。

二四　子曰、君子欲訥於言、而敏於行、
子曰《しのたま》わく、君子《くんし》は言《げん》に訥《とつ》にして、行《こう》に敏《びん》ならんと欲《ほっ》す。


【現代語訳】

先生は次のように言われた。

「君子は、言葉はたどたどしくとも、行動には敏活《びんかつ》でありたいと思う。」


【私の見解】

これも日本人の価値観にぴったりと符号《ふごう》する。

日本には「不言実行《ふげんじっこう》」という格言もあるほどで、べらべらと口は軽いがすることをしない人よりも、朴訥《ぼくとつ》で口数は少ないがすべきことをきっちりとする人の方が信頼される。何も「君子は」と枕詞《まくらことば》をつけて言わなければならないほどのことではない。極めて当たり前のことなのだ。

しかし、孔子は「**君子欲訥於言、而敏於行**」（君子《くんし》は言《げん》に訥《とつ》にして、行《こう》に敏《びん》ならんと欲《ほっ》す。）とわざわざ言わざるを得なかった。当時の中国の実情が孔子にそう言わせたのであろう。

この言葉の『論語』への収録も、やはり、当時の中国がそれを収録せざるを得ない状況にあったことを物語っていると言えるのではないか。

現在の中国はどうだろうか。「**君子欲訥於言、而敏於行**」は教訓として生かされているだろうか。報道やネット情報などから察するに、私には、とてもそのようには思えない。中国（中国人）は、口数はやたらと多いが、実践には誠実さが乏しいと私は観ている。

たとえば、少し話の核心から逸《そ》れるかもしれないが、史実を捏造《ねつぞう》して「南京大虐殺で日本は30万人の中国人を殺した。」とか「尖閣諸島は中国のものだ。」と世界に向けて吹聴《ふいちょう》している（つまり、多弁を弄《ろう》している）のを見れば一目瞭然《いちもくりょうぜん》だ。自分に都合のよい主張を繰り返すばかりで、信頼できる根拠は何一つ示さない（つまり、実践しない）のだ。まさに、「**君子欲訥於言、而敏於行**」の対極の振る舞いではないか。

とはいえ、これも中国（中国人）の側からいえば、そうではないのであろう。「自分たちは言いたいことの一部しか言わず（つまり、**訥於言**）、自分たちの領土を守るために公船を尖閣海域に送ったり、南京大虐殺を世界に知らしめるために記念館を建てて日本の蛮行を展示したりしている（つまり、**敏於行**）のだ。まさにこれは、『**君子欲訥於言、而敏於行**』の実践なのだ。」と言い出すかも知れない。

穿《うが》ちすぎだとの誹《そし》りを受けるかも知れないが、事実から離反《りはん》した言葉を多用して世界を欺《あざむ》いている中国（中国人）の日頃の言動を想起《そうき》すれば、あながち的外《まとはず》れとは言えないだろうと私は思っている。

二五　子曰、徳不孤、必有鄰、

子曰《しのたま》わく、徳《とく》は孤《こ》ならず。必《かなら》ず鄰《となり》あり。

【現代語訳】

先生は次のように言われた。

「徳のある人は孤立しない。必ず親しい仲間ができる。」

【私の見解】

金谷氏は、

先生がいわれた、「道徳のある者は孤立しない。きっと親しいなかまができる。」

と訳しておられる。私の解釈と全く同じである。

しかし、齋藤孝氏の訳は、

いろいろな〈徳〉は、ばらばらに孤立してはいない。必ず隣り合わせで、一つを身につければ隣の徳もついてくる。［徳は孤《こ》ならず。必ず鄰《となり》あり。］

となっている。金谷氏や私の訳《やく》とは意味がだいぶ違ったものになっている。『論語』はこれだからややこしい。私のような素人は面食《めんく》らうばかりだ。

この章の場合、「徳のある人」とは、要するに人としての善なる常識を弁《わきま》えている人であり、人に迷惑をかけたり自分勝手なことをしたりしない人のことであると私は解釈している。そのような人は、一般的に誰からも好感をもって受け入れられるであろうし警戒されることも殆《ほとん》どないであろう。当然、そのような人なら孤立することはないだろうし、親しい仲間もできることは必定《ひつじょう》である。現在の日本に於いては、これは難しい道理ではなく、普通の人間であれば誰でも首肯《しゅこう》できる話である。

孔子がこのような常識的なことをわざわざ言ったのは、当時は道徳が廃《すた》れて世が乱れていたことを物語っているのではないか。『論語』にこれが収録されたのも同様の理由からであろう。

だが、当時の中国は皇帝独裁時代のまっただ中である。『論語』の言う道徳観念がすんなりと受け入れられたとはとうてい思えない。時の権力者は独裁政治に余念《よねん》がなかったであろうし、人民も生活するのが精一杯で、我《われ》が俺《おれ》がの我欲《がよく》を貫《つらぬ》き通《とお》す他はなかったであろう。

前漢時代以降の中国の歴史を俯瞰《ふかん》すると、儒教の台頭《たいとう》にともなって「道徳」の意味や中身も変化し、利己を追求することこそが最良の道徳と化していったものと推察《すいさつ》できる。

つまり、権力者にとっては、いかに人民をうまく統制するかが道徳の要諦《ようてい》となり、人民にとっては、権力者が押しつける政策をいかにすり抜けて自分たちの生活を守るか、その対策が道徳の核心になったものと思われる。「上に政策あれば、下に対策あり」と言われる中国の世相文化は、こうして醸成《じょうせい》されたのではないかと、私は推察《すいさつ》する。

私たち日本人から見れば、中国（中国人）の振る舞いは反道徳の極《きわ》みだが、彼らにとってみれば立派な道徳的振る舞いなのであろう。なぜなら、利己心を満足させることが、彼らにとっては正義であり、また、最良の道徳でもあるのだから。

この意味に於いて、「**子曰、徳不孤、必有鄰**」の教訓は、現在も立派に生きているのだと、中国（中国人）は胸を張って言うに違いない。

二六　**子游曰、事君數斯辱矣、朋友數斯疏矣、**

子游《しゆう》曰《い》わく、君《きみ》に事《つか》うるに数々《しばしば》すれば、斯《ここ》に辱《はずか》しめられ、朋友《ほうゆう》に数々《しばしば》すれば、斯《ここ》に疎《うと》んぜらる。

【現代語訳】

子游《しゆう》が次のように言った。

「君にお仕えして忠言《ちゅうげん》の度が過ぎると、嫌われる。友だちに口うるさいと、疎《うと》まれる。」

※　金谷氏は訳文に関して、「うるさくする――『数』をしばしばと読むふつうの説。『数』を責の意味にみて、君や友の過失をせめるとする説もある。」と付記しておられる。

ちなみに、金谷氏の訳は、

子游《しゆう》がいった、「君にお仕えしてうるさくすると〔いやがられて君から〕恥辱をうけることになるし、友だちにもうるさくすると疎遠《そえん》にされるものだ。」

となっている。

【私の見解】

子游が生きた時代は春秋時代だから、「君主」にお仕えする話になっているが、今日的《こんにちてき》に言えば「社長」「校長」「学長」など、要するに「上司」との関係性の話だと思えばよいだろう。子游は、「上司」にせよ「友人」にせよ、あまり相手の気にすることを口にすることを戒《いまし》めているが、これは、今日でもある意味で真理と言ってよいだろう。どんなに人柄が円満な上司でも、部下から耳の痛いことをしつこく言われると気を悪くするだろうし、仲の良い友人でも同様だろう。

これは、改めて言われなくても誰でも心得ていることだと思われるが、子游は敢《あ》えてそれを口にしている。おそらくこれは、孔子の教えを自分なりの言葉で表現したものだと思われる。当時は群雄割拠《ぐんゆうかっきょ》の乱れた時代だから、君主への諫言《かんげん》はある意味命《いのち》懸《が》けだったであろう。孔子は役人間の権力闘争に敗れて魯の国を出奔《しゅっぽん》しているから、同僚との言葉のやりとりにもずいぶん気を使ったことであろう。子游はそのことを踏まえて「**事君數斯辱矣、朋友數斯疏矣**」（君《きみ》に事《つか》うるに数々《しばしば》すれば、斯《ここ》に辱《はずか》しめられ、朋友《ほうゆう》に数々《しばしば》すれば、斯《ここに》に疎《うと》んぜらる。）と言ったのだと私は思う。

問題は、この言葉が『論語』に収録されたのはなぜかということだ。『論語』が世に出た頃は、子游が生きた時代よりも一層権力者の独裁が強まっていた時代だった。『論語』のこの言葉を読んだ時の権力者は、我が意を得たりの心地だったのではないか。部下に「余計なことを言うなよ」という重しの言葉として「**事君數斯辱矣、朋友數斯疏矣**」はもってこいだったに違いない。

子游は人間関係を円満にやりくりする教訓として「**事君數斯辱矣、朋友數斯疏矣**」と言ったのかも知れないし、この言葉を『論語』に収録した儒者もそのつもりだったかもしれないが、中国の文化は素直にこの言葉を受け止めることを許さず、結果として時の権力者を喜ばす言葉となったのではないか。だとすれば、なんとも皮肉な話である。

現在の中国にも、「**事君數斯辱矣、朋友數斯疏矣**」は立派に生きていると言えるのではないか。国民はうっかりしたことを共産党政府に言えば命取りになることを十分に心得ている。政府を批判することなどはとてもとても口にできない。また、朋友間《ほうゆうかん》でも安心はできない。「自分以外は皆敵」との警戒心に囚《とら》われている彼らは、「**朋友數斯疏矣**」を教訓として、友だちと雖《いえど》も何でも言い合える関係は結べないに違いない。

論語　巻第二　終

論語　巻第三

公冶長《こうやちょう》第五

一　子謂公冶長、可妻也、雖在縲紲之中、非其罪也、以其子妻之、

子《し》、公冶長《こうやちょう》を謂《のたま》わく、妻《めあ》わすべきなり。縲紲《るいせつ》の中《うち》に在《あ》りと雖《いえど》も、其《そ》の罪《つみ》に非《あら》ざるなりと。其《そ》の子《こ》を以《もっ》てこれに妻《めあ》わす。

※　金谷氏は読み下し文に関して、「縲紲——纆索《ぼくさく》の意。罪人を縄で縛ること。通行本で『縲絏《るいせつ》』とあるのは、唐から後の誤り。」と付記しておられる。

【現代語訳】

先生は、公冶長《こうやちょう》について、

「妻を持たせるべきだ。獄中《ごくちゅう》に繋《つな》がれたとはいえ、無実《むじつ》の罪《つみ》だった。」

と言われ、自分のお嬢さんを嫁《とつ》がされた。

※ 金谷氏は訳文に関して、「公冶長――孔子の門人。姓は公冶、名は長。斉《せい》の人、あるいは魯《ろ》の人ともいう。」と付記しておられる。

【私の見解】

さて、この章の話は、要するに孔子が自分の娘を門下生に嫁がせたという、いわば世間話と言ってもいいようなものだ。取り立てて言うほどの話題ではないように思われるが、これが『論語』に収録された趣旨は一体何だろう。

おそらく、孔子の死後数百年経って、『論語』の編者が、世間が罪人と指をさすような人物にも偏見《へんけん》を持たず、自分の娘を嫁がせたという、孔子の人柄を後の世に知らしめようとしたのではないかと、私は推測する。

『論語』のこの言葉がどれほどの影響を後の世に与えたかは、私には分からない。孔子の人柄の一片を知るエピソードとして語り伝えられることではあっても、人倫徳目として尊重されるほどの話ではないように思われる。また、中国や韓国の儒教国でこれがどう読まれているのか、私には知る由もない。

二　子謂南容、邦有道不廢、邦無道免於刑戮、以其兄之子妻之、

子《し》、南容《なんよう》を謂《のたま》わく、邦《くに》に道《みち》あれば廃《す》てられず、邦《くに》に道《みち》なければ刑戮《けいりく》に免《まぬか》れんと。其《そ》の兄《あに》の子《こ》を以《もっ》てこれに妻《めあ》わす。

【現代語訳】

先生は南容のことを、

「国に道理ある政治が行なわれているときは必ず用いられ、国に道理ある政治が行なわれていないときにも刑罰を受けるようなことはあるまい。」

と言われ、自分の兄のお嬢さんを嫁《とつ》がされた。

※　金谷氏は訳文に関して、「南容――孔子の門人。姓は南宮、名は稲《とう》、また括《かつ》、あざ名は子容。先進篇第六章参照。」などと付記しておられる。

【私の見解】

ちなみに、金谷氏の訳文は、

先生は南容《なんよう》のことを「国家に道があるときはきっと用いられ、道のないときにも刑死にふれるこ

とはない。」といわれ、その兄さんのお嬢さんをめあわせられた。

となっている。

金谷氏の付記にあるように、同様の趣旨の話は先進篇第六章にもある。

この話も、右の第一章と同様、取り立てて言うほどの話だとは思えないが、『論語』に収録されたのは、やはり孔子の人柄を後の世に知らしめるためだったと思われる。わが国で『論語』が話題になるとき、この章が取り上げられることはあまりないと思う。

これが中国や韓国でどう読まれているかは、私には推測すらできない。

三　子謂子賤、君子哉若人、魯無君子者、斯焉取斯、

子《し》、子賤《しせん》を謂《のたま》わく、君子《くんし》なるかな、若《かくのごと》き人《ひと》。魯《ろ》に君子《くんし》なかりせば、斯《こ》れ焉《いず》くにか斯《こ》れを取《と》らん。

【現代語訳】

先生は、子賤《しせん》について次のように言われた。

「こういう人こそ君子というものだね。魯に君子がいなかったら、この人もこうはなれなかったであろう。」

※　金谷氏は訳文に関して、「子賤——孔子の門人。姓は宓《かく》、名は不斉《ふせい》、子賤はあざ名。」と付記しておられる。

【私の見解】

齋藤孝氏は、次のように訳しておられる。

先生は子賤《しせん》のことをこういわれた。

「人格的に優れた君子だね、このような人は。しかし、もし魯《ろ》の国に手本となる君子的人物がいなかったならば、どうしてこのような徳を身につけられただろうか。（優れた先人や友から学ぶことが大切なのだ。）」

分かり易い訳である。

齋藤氏が（　）書きしておられるように、これは優れた先人から学ぶことの大切さを孔子が話したものだが、孔子でなければ言えないほどのたいそうなことではない。普通の人間なら誰でも心得ていることではないか。

では孔子はなぜことさらこのようなことを言ったのか。おそらく、魯の国（周代の侯国）の役人を経験した孔子は、魯の国には立派な人柄の人が何人もいたことをよく知っていて、弟子の子賤が魯の国のそうした人々から学んで立派な人間になったことを皆に知って欲しかったのではなかろうか。

『論語』にこの話が収録されたのも、孔子が思い入れのある魯の国のことや、その魯の国で学んで立派な人間になった子賤のことを後の世に知らしめるためであったのだろうと、私は推測する。

現実の中国は、孔子の理想とはどんどん遠い国になっていった。したがって、孔子の思いは真に生かされることはなかったのではないかと私は思う。

だが、中国（中国人）の側から言えば、そうではないかも知れない。

王朝（絶対君主制）に於ける「君子」の概念は、孔子が描いたものとは違ったものになり、時代に合うように解釈されていったものと思われる。

つまり、権力者である皇帝の立場から言えば、「君子」とはうまく人民を統制し治めることのできる皇帝のことを指していただろうし、人民の側から言えば、皇帝の意に沿うようにうまく対応できる人間のことを指していただろうということだ。

したがって、孔子の言う「**君子哉若人、魯無君子者、斯焉取斯**」（君子《くんし》なるかな、若《かくのごと》き人《ひと》。魯《ろ》に君子《くんし》なかりせば、斯《こ》れ焉《いず》くにか斯《こ》れを取《と》らん。）はそれぞれの立場で立派な教訓になっていたと中国（中国人）は言うかもしれない。

共産党の独裁国である現在の中国でも同じことが言えるだろう。そこでは、中国共産党の大義を踏まえて行動する人こそが「君子」なのであり、国民はその人たちから学ぶことを強制的に要請されていることが窺《うかが》える。中国共産党は反抗する者を収容所に集めて思想教育をしているというではないか。これが本当であれば、私の指摘はあながち的外《まとはず》れではないであろう。

四　子貢問曰、賜也何如、子曰、女器也、曰、何器也、曰、瑚璉也、

子貢《しこう》、問《と》うて曰《い》わく、賜《し》や如何《いかん》。子曰《しのたま》わく、女《なんじ》は器《うつわ》なり。曰《い》わく、何《なん》の器《うつわ》ぞや。曰《のたま》わく、瑚璉《これん》なり。

【現代語訳】

子貢が先生にお訊ねして、

「賜《し》（私）はいかがでしょうか。」

というと先生は、

「そなたは器だ。」

と言われた。子貢は、

「何の器ですか。」

と訊《き》いた。先生は、

「瑚璉《これん》の器だ。」

と言われた。

※　金谷氏は訳文に関して、「賜――子貢の名。器物としての限界(それぞれの型があって融通がきかないという点)はあるが、有用な人材としてどこにでも推薦できるというたとえ。瑚璉は器物の名。」と付記しておられる。また、瑚璉は、宗廟《おたまや》のお供えを盛る貴重な器だとの説明を付けておられる。

【私の見解】

つまりこれは、孔子が、子貢から「私のことをどう思っておられますか」と訊《たず》ねられて、「お前は融通のきかないところはあるが、よく役に立つ人間だよ。」と答えたという話である。「**君子不器**」と対比すれば、孔子は子貢を君子とは見ていなかったことが分かる。

孔子のこの言葉が、日本に於いて『論語』の大切な言葉として広く知られているかどうかは分からない。少なくとも私は、今回『論語』を通読してはじめてこの言葉を知った。では、何故《なにゆえ》にこの言葉が『論語』に載ったのか。これを『論語』に収録した儒者たちの思いは、孔子がいかに弟子の人柄を見抜いていたかを後の世に知らしめることにあったのではないだろうか。それ以上でもそれ以下でもないと、私には思われる。

孔子が、弟子のことを「宗廟《おたまや》のお供えを盛る瑚璉《これん》の器」にたとえて評している手法はどうだろう。是とも言えるし否ともいえようが、今日の人権にうるさい日本では、下手をすると「人を物にたとえるとはなにごとか。」と反発を受けるかもしれない。

中国ではどうだろう。『論語』にこの言葉が載っており、孔子を聖人の中の聖人と崇《あが》めているところを見ると、このような手法は普通のことなのかもしれないが、もっぱら報道やネットや書物などから情報を得ている私には、中国の日常の微細《びさい》なことを判断するのは無理なようである。

五　或曰、雍也、仁而不佞、子曰、焉用佞、禦人以口給、屢憎於人、不知其仁也、焉用佞也、

或《あ》る人《ひと》曰《い》わく、雍《よう》や、仁《じん》にして佞《ねい》ならず。子《し》曰《のたま》わく、焉《いずく》んぞ佞《ねい》を用《もち》いん。人《ひと》に禦《あた》るに口給《こうきゅう》を以《もっ》てすれば、屢々人《しばしばひと》に憎《にく》まる。其《そ》の仁《じん》を知《し》らず、焉《いずく》んぞ佞《ねい》を用《もち》いん。

※　金谷氏は読み下し文に関して、「佞を用いん――『佞』字の下、清本は『也』字がある。　口給――清本には『口』字がない。」と付記しておられる。

【現代語訳】

ある人が、

「雍《よう》は、仁徳はあるが弁が立たない。」

と言った。先生は、

「どうして弁の立つ必要があろう。口先で人と対応したのでは人から憎まれがちになる。彼に仁徳があるかどうかはわからないが、どうして弁の立つ必要があろう。」

と言われた。

※　金谷氏は訳文に関して、「雍――孔子の門人。姓は冉《ぜん》、名は雍、あざ名は仲弓。魯の人。雍也篇第一章参照。」などと付記しておられる。雍については、金谷氏の付記にあるように、雍也篇第一章にも「**子曰、雍也可使南面**」（子《し》曰《のたま》わく、雍《よう》や南面《なんめん》せしむべし。）とある。

【私の見解】

さて、ここの話も、たいして重い内容だとは思えない。私たち日本人にとっては抵抗なく読める普通の話題だと私は思う。

「**禦人以口給、屢憎於人**」（口先で人と対応したのでは人から憎まれがちになる。）ということも「**焉用佞也**」（どうして弁の立つ必要があろう。）ということも、常識を弁《わきま》えている人なら誰でも経験的に知っていることであり、取り立てて言うほどのことではないように思われる。

だが、孔子がわざわざそう言ったのには、それなりの理由があったのであろう。おそらく孔子が生きた時代は、世間的には弁の立つ人が重宝がられており、孔子はそのことを苦々《にがにが》しく思っていたのであろう。前にも見たとおり、孔子には「**巧言令色、鮮矣仁**」という言葉もある。口先の巧《うま》い者を、孔子は善《よ》しとしていなかったのだ。

『論語』にこの章が収録されたのも、当時やはり口の巧い者が幅《はば》を利《き》かしている現実があり、それへの警告の意味も込めてのことだったのではないかと私は推測する。

哀《かな》しいかな、中国は、『論語』が世に出た後も、孔子の思いとは裏腹《うらはら》に、口角泡《こうかくあわ》を飛《と》ばして雄弁に自己主張をする者が幅を利かす社会であり続けてきたようだ。電車の中といわず観光地といわず、周《まわ》りを憚《はばか》らずに大声でしゃべりまくっている中国人の姿を見ていると、私はそう思わざるを得ない。

だが、彼らにとってみれば、自己主張をするのは「雄弁」の概念《がいねん》の外《そと》のことなのであろう。「周《まわ》りは皆敵《みなてき》」という観念がＤＮＡに染《し》みついている彼らにとって、自己主張は生きるためにどうしても必要なことであり、雄弁を戒《いまし》める孔子の言葉とは少しも矛盾しないことなのかも知れないのだ。

六　**子使漆雕開仕、對曰、吾斯之未能信、子説、**

子《し》、漆雕開《しっちょうかい》をして仕《つか》えしむ。対《こた》えて曰《い》わく、吾《わ》れ斯《こ》れをこれ未《いま》だ信《しん》ずること能《あた》わず。子説《しよろこ》ぶ。

【現代語訳】

先生が漆雕開《しっちょうかい》を士官させようとされたところ、漆雕開《しっちょうかい》が、

「私はそれにはまだ自信が持てません。」

と言った。先生は喜ばれた。

※　金谷氏は訳文に関して、「漆雕開――孔子の門人。漆雕が姓、子開があざ名、名は啓。　泰伯篇＝＝三年学びて穀《こく》に至らざるは、得やすからず。」などと付記しておられる。また、漆雕の向学心のあつさを孔子が喜んだとの説明を

付けておられる。

【私の見解】

ここに挙げてある話は、自分の弟子を仕官させようとしたところ、その弟子が謙虚《けんきょ》に辞退した、その態度を孔子が喜んだ、というそれだけの話である。

孔子には、漆雕開《しっちょうかい》が仕官を辞退したことを喜ぶ彼なりの理由があったのだろう。当時、政府の役人になることは一大出世であったに違いなく、漆雕開《しっちょうかい》は、せっかく師匠から推《お》された仕官を辞退したのである。その謙虚さを孔子は喜ばざるを得なかったのだ。孔子自身が密《ひそ》かに仕官を熱望しているのに叶《かな》わないという事情が絡《から》み、半ばほっとした気持ちもあったのかも知れない。それ故、いっそう実感をもって喜んだのだろうと私は推測する。

一見、取り立てて言うほどのことではないように思われるこの話を『論語』に収めた儒者の思いは奈辺《なへん》にあったのであろうか。おそらく、独裁王政の役人になることはやはり人民の憧《あこが》れであっただろう。その風潮《ふうちょう》に対する警鐘《けいしょう》として、孔子の言葉を世に知らしめようとしたのではないかと思われる。

『論語』が世に出た後の中国の歴史を俯瞰《ふかん》しても、「**子使漆雕開仕、對曰、吾斯之未能信、子説**」の話がどこまで教訓として生かされたかは判然《はんぜん》としないが、少なくとも現在の中国共産党政権下の中国を見る限り、巧《うま》く生かされているとは思えない。政府の役人になることを辞退する人が今の中国にいるとはとても考えられないからだ。

共産党員になって役人になれば立身出世も夢ではない。地位について回る賄賂《わいろ》などの役得も莫大《ばくだい》なものになる。「政治は共産主義、経済は自由主義」という形を取り入れて以来、中国人の拝金主義はいっそう顕著《けんちょ》になっているのだ。私には、役人になることを辞退する人がそうそういるようにはとても思えないのである。

これは同じ儒教国の韓国についても言える。韓国でも国民の多くはできることなら公務員になりたいと思っているらしいのだ。

政府の高官ともなるとおいしい話がついて回るようで、つい最近も、法務大臣が自分の娘を名門大学に裏口入学させたなどの疑惑が持ち上がり辞任に追い込まれたばかりなのに、今朝（令和3年12月22日）の新聞にも、政府高官の息子が父親の地位を利用して就職活動をしていたというニュースが載っていた。歴代の大統領も、身内が地位を悪用して賄賂を得ていたなどといったスキャンダルにまみれているのだ。

中国（中国人）は、私の指摘は一方的だと反発するかも知れない。

民主主義の「み」の字もないのに、自分たちの国は民主主義の国だと世界に向けて主張する国柄である。『論語』の言葉を自分流に読み替えて「自分たちのしていることは、『論語』に適《かな》っている。」と主張することなど、彼らにとっては何ほどのこともないであろう。

七　子曰、道不行、乗桴浮于海、従我者其由也與、子路聞之喜、子曰、由也、好勇過我、無所取材、

子曰《しのたま》わく、道《みち》行《おこ》なわれず、桴《いかだ》に乗《の》りて海《うみ》に浮《う》かばん。我《わ》れに従《したが》わん者《もの》は、其《そ》れ由《ゆう》なるか。子路《しろ》、これを聞《き》きて喜《よろこ》ぶ。子曰《しのたま》わく、由《ゆう》や、勇《ゆう》を好《この》むこと我《わ》れに過《す》ぎたり。材《ざい》を取《と》る所《ところ》なからん。

※　金谷氏は読み下し文に関して、「材を取る――新注では『取り材《はか》（裁）る』と読む。『材』を句末の助字『哉』と同じとみるほか、異説が多い。」と付記しておられる。

【現代語訳】

先生が、

「道理ある政治が行われない。筏《いかだ》に乗って海に浮かぼう。私についてくるのは、由かな。」

と言われた。子路はこれを聞いて嬉しがった。先生は、

「由よ、勇ましいことを好むのは私以上だが、筏《いかだ》の材料はどこにもない。」

と言われた。

※ 金谷氏は訳文に関して、「由――子路の名。　いかだの材料は……――わざと戯れて子路の無分別をたしなめた(古注)。新注では、『道理をとりはかることがない。』と直接に子路の無分別を指摘したとする。」と付記しておられる。

【私の見解】

さて、私は右のように訳したが、金谷氏の訳は、

先生がいわれた、「道が行なわれない、〔いっそ〕いかだに乗って海に浮かぼう。わたくしについてくるものは、まあ由《ゆう》かな。」子路がそれを聞いて嬉しがったので、先生はいわれた、「由よ、勇ましいことを好きなのはわたくし以上だが、さていかだの材料はどこにも得られない。」

となっている。

ちなみに、齋藤孝氏の訳は、次のようになっている。

先生がいわれた。

「世の中が乱れ、正しい道がなおざりにされている。いっそ、いかだに乗って海に出ようか。私についてくるのは、まあ由《ゆう》（子路《しろ》）くらいかな。」

これを伝え聞いた血気盛んな子路は、喜んだ。

それを聞いた先生は、「由が勇ましいのを好むのは、私以上だ。しかし、粘り強く航海を続けるためのいかだの材料はもっていない。」と子路の弱点である精神的な成熟や学問の足りないことを指摘し、さとされた。（勇を支える精神の材料が大切である。）

この齋藤氏の訳によると、「さていかだの材料はどこにも得られない。」は比喩的表現《ひゆてきひょうげん》で、その内容は「子路の弱点である精神的な成熟や学問の足りないことを指摘し、さとした。」となっている。

読み下し文の「材を取る」について金谷氏は、「新注では『取り材《はか》（裁）る』と読む。『材』を句末の助字『哉』と同じとみるほか、異説が多い。」と付記しておられるから、この部分はいろいろと解釈されている部分なのだ。無学な私には荷の重い話だ。

余談だが、孔子は、直接的に表現すれば分かり易いところを、このように比喩表現を用いてわざわざ分かりにくくしている例が『論語』の他の場面でもよく見られる。何故なのだろうか。これは、私にとって、『論語』を読む度に胸にひっかかるとても厄介《やっかい》な疑問の一つである。

この章は、要するに、孔子が弟子の子路の弱点である精神的な弱さや学問の足りなさを論《あげつら》った話で、師匠と弟子の間のたわいない会話の一コマに過ぎない。これをわざわざ『論語』に収録した意図はどこにあったのだろうか。

私は、『論語』を編集した儒者たちは、孔子が弟子のことをここまでよく観察し理解していたことを後の世に知らしめたかったのではないかと推察する。それ以外に、これといって特別な理由があるとは、私には思えない。

それに、わが国では、この話がよく語り継がれてきた形跡《けいせき》がない。人倫徳目としの価値はそんなに認められてはいないからではなかろうか。

中国でこれがどう読まれているか、私には判断の材料さえない。

八　孟武伯問、子路仁乎、子曰、不知也、又問、子曰、由也、千乗之國、可使治其賦也、不知其仁也、求也何如、子曰、求也、千室之邑、百乗之家、可使爲之宰也、不知其仁也、赤也如何、子曰、赤也、束帯立於朝、可使與賓客言也、不知其仁也、

孟武伯《もうぶはく》問《と》う、子路《しろ》、仁《じん》なりや。子曰《しのたま》わく、知《し》らざるなり。又《ま》た問《と》う。子曰《しのたま》わく、由《ゆう》や、千乗《せんじょう》の国《くに》、其《そ》の賦《ふ》を治《おさ》めしむべし、其《そ》の仁《じん》を知《し》らざるなり。求《きゅう》や如何《いかん》。子曰《しのたま》わく、求《きゅう》や千室《せんしつ》の邑《ゆう》、百乗《ひゃくじょう》の家《いえ》、これが宰《さい》たらしむべし、その仁《じん》を知《し》らざるなり。赤《せき》や如何《いかん》。子《し》曰《のたま》わく、赤《せき》や、束帯《そくたい》して朝《ちょう》に立《た》ち、賓客《ひんきゃく》と言《い》わしむべし、其《そ》の仁《じん》を知《し》らざるなり。

【現代語訳】

孟武伯《もうぶはく》が先生に、

「子路には仁徳がありますか。」

と訊ねた。先生は、

「わかりません。」

と言われた。孟武伯《もうぶはく》が重ねて訊ねたので、先生は、

「由《ゆう》は、諸侯の国でその軍事を司《つかさど》らせることはできますが、仁徳があるかどうかはわかりません。」

と言われた。孟武伯《もうぶはく》が、

「求《きゅう》はどうでしょうか。」

と訊ねたので、先生は、

「求は、千戸の町や大家老の家でその長官にならせることはできますが、仁徳があるかどうかはわかりません。」

と言われた。孟武伯《もうぶはく》が、

「赤《せき》はどうでしょうか。」

と訊ねたので、先生は、

「赤《せき》は、礼服をつけ宮廷において外国からの賓客《ひんきゃく》の応接をするのには適していますが、仁徳があるかどうかはわかりません。」

と言われた。

※　金谷氏は訳文に関して「「求――孔子の門人。冉有《ぜんゆう》の名。　赤――孔子の門人。姓は公西、名は赤、あざ名は子華。孔子より四十二歳わかい。」と付記しておられる。

【私の見解】

さて、これも、孔子が弟子のことをどう評価していたかの話である。訊《たず》ねられたどの弟子についても、仁徳があるかどうかは分からないと孔子は答えている。それだけの話だ。

この何でもないと思われる話が、『論語』に収められたのはなぜか。やはり、弟子のことをどう観ていたか、孔子の人柄を後の世に知らしめるためであったと思われる。その思いが当時及びその後の中国にどう伝わったか、私には分からない。

九　子謂子貢曰、女與回也孰愈、對曰、賜也何敢望回、回也聞一以知十、賜也聞一以知二、子曰、弗如也、吾與女弗如也、

子《し》、子貢《しこう》に謂《い》いて曰《のたま》わく、女《なんじ》と回《かい》と孰《いず》れか愈《まさ》れる。対《こた》えて曰《い》わく、賜《し》や、何《なん》ぞ敢《あ》えて回《かい》を望《のぞ》まん。回《かい》や一《いち》を聞《き》きて以《もっ》て十《じゅう》を知《し》る。賜《し》や一《いち》を聞《き》きて以《もっ》て二《に》を知《し》る。子《し》曰《のたま》わく、如《し》かざるなり。吾《わ》れと女《なんじ》と如《し》かざるなり。

※　金谷氏は読み下し文に関して、「吾れと女と……——古注の説。『吾れ女《なんじ》に如《し》かざるを与《ゆる》さん。』と読んで、孔子が子貢の及ばないとするのを認め許したとするのが新注。『女《なんじ》に与《くみ》す。如《し》かざるなり。』とも読める。」と付記しておられる。

【現代語訳】

先生は、子貢に向かって、

「そなたと回とは、どちらが優れているか。」

と言われた。子貢は、

「賜《し》（私）は、とても回には及びません。回は一を聞いてそれで十をさとりますが、賜（私）は一を聞いて二が分かるだけです。」

と言った。先生は、

「及ばないね。私もそなたと同様で及ばないよ。」

と言われた。

※　金谷氏は訳文に関して、「回――孔子の愛弟子、顔回《がんかい》のこと。賜は子貢の名。　子貢の率直な答えを喜び、なぐさめた。」と付記しておられる。

【私の見解】

要するにこれも、孔子と弟子との会話である。子貢の謙虚《けんきょ》さとそれを喜ぶ孔子の人柄を示す会話の一コマであり、取り立てて言うほどのことではないように思われる。

だが、『論語』を編集した後世の儒者たちにとっては、有り難い孔子の言葉として遺《のこ》すべきものだったのであろう。これが、その後の中国にどれほどの影響を与えたかについては、私にはよく分からない。すくなくとも日本では、これまでほとんど人口《じんこう》に膾炙《かいしゃ》することはなかったと思われる。

一〇　宰予晝寢、子曰、朽木不可雕也、糞土之牆、不可杇也、於予與何誅、子曰、始吾於人也、聽其言而信其行、今吾於人也、聽其言而觀其行、於予與改是、

宰予《さいよ》、昼寝《ひるい》ぬ。子曰《しのたま》わく、朽木《きゅうぼく》は雕《ほ》るべからず、糞土《ふんど》の牆《かき》は杇《ぬ》るべからず。予《よ》に於《お》いてか何《なん》ぞ誅《せ》めん。子曰《しのたま》わく、始《はじ》め吾《わ》れ人《ひと》に於《お》けるや、其《そ》の言《げん》を聴《き》きて其《そ》の行《こう》を信《しん》ず。今吾《いまわ》れ人《ひと》に於《お》けるや、其《そ》の言《げん》を聴《き》きて其《そ》の行《こう》を観《み》る。予《よ》に於《お》いてか是《これ》を改《あらた》む。

【現代語訳】

宰予《さいよ》が昼寝をした。先生は、

「朽《く》ちた木には彫刻《ちょうこく》できない。腐《くさ》った土壁《つちかべ》には上塗《うわぬ》りできない。予《よ》は叱っても仕方がない。」

と言われた。そして続けて、

「これまで私は、人の言葉を聞いて行ないを信用した。今私は人の言葉を聞いてその行ないを観察する。予《よ》のようなことがあるから改めたのだ。」
と言われた。

※ 金谷氏は訳文に関して、「先進篇第二章に『言語には宰我・子貢』とあり、宰我（予）は弁舌に巧みであった。」と付記しておられる。

【私の見解】

孔子は、弁舌巧《べんぜつたく》みな宰予《さいよ》（宰我《さいが》）の言葉を信用して何度も裏切られていたのであろう。その宰予《さいよ》がまた怠けて昼寝をしているのを見て、「朽ちた木」とか「腐った土壁」といった最大級と言ってもいいほどの侮蔑語《ぶべつご》を浴《あ》びせ、「叱ってもしかたがない。」とついに匙《さじ》を投げている。

宰予《さいよ》に裏切られるまでは、言葉によって人の行動を信用していたが、宰予《さいよ》に痛い目に合わされてからは、言葉だけで信用するのではなく、その人がどのような行ないをするかを観察するようになったと言っているところを見ると、孔子は宰予《さいよ》に裏切られたことによって、口の巧《うま》い人間を信用してはならぬという強い教訓を得たものと思われる。これまで見てきた「**巧言令色、鮮矣仁**」や「**焉用佞、禦人以口給、屢憎於人**」も、その教訓と関連があるのかもしれない。

多くの弟子に慕《した》われていた孔子が、自分の弟子のことをこのようにボロカスに言っていたとは驚きだが、孔子にも、このような普通の人間臭《にんげんくさ》さがあったことを知って、私は、むしろホッとしている。孔子は一般的には聖人と崇《あが》められているが、その実像は案外普通の常識人だったのかも知れない。

さて、これが『論語』に載った理由だが、私には訳《わけ》が分からなくなってきた。これまで見てきたところでは、弟子との何でもない会話でも、孔子の奥深い人柄を示していると思われるエピソードについては、後の世に孔子のそのような人柄を知らしめるために『論語』に収録したのではないかと推察してきたが、この章の話は、それでは説明がつかないのだ。

孔子にもこのような人間臭さがあったことを知らしめようとしたとも解釈できそうだが、どうもしっくりとこない。やはり、「言葉よりも行ないで示せ」という孔子の一貫した教えを、後の世に伝えるために『論語』に収録したと考える方が無難《ぶなん》かも知れない。この方が、日本人にとっては『論語』の人倫徳目観に沿っているように思われる。

中国（中国人）はこれをどう読んできたのだろう。

聖人の孔子でさえ弟子をボロカスに言っているではないか、だから自分たちも、という訳《わけ》で、たとえば日本を「小日本」と侮蔑語《ぶべつご》で呼んで平然としているのだろうか。それとも、「言葉よりも行ないだ」という教訓の部分に着目して、その実践として、何の合理的な説明もせずに南シナ海の環礁《かんしょう》を埋め立てて実効支配《じっこうしはい》しているのだろうか。

孔子を聖人の中の聖人と仰《あお》いでいる中国の振る舞いは、このように穿《うが》った見方をしたくなるほど身勝手が過ぎる。

二一　**子曰、吾未見剛者、或對曰、申棖、子曰、棖也慾、焉得剛、**

子曰《しのたま》わく、吾《わ》れ未《いま》だ剛者《ごうしゃ》を見《み》ず。或《あ》る人対《ひとこた》えて曰《い》わく、申棖《しんとう》と。子曰《しのたま》わく、棖《とう》や慾《よく》なり。焉《いず》くんぞ剛《ごう》なることを得《え》ん。

【現代語訳】

先生が、

「私はまだ剛者というほどの人物を見たことがない。」

と言われた。これに対してある人が、

「申棖《しんとう》がいるではありませんか。」

と言った。先生は、

「棖《とう》は欲が深い。あれではどうして剛者と言えよう。」

と言われた。

※　金谷氏は訳文に関して、「申棖《しんとう》――孔子の門人で魯の人。」と付記しておられる。

ちなみに、金谷氏の訳は、

先生が、「わたしは堅強《けんきょう》な人物を見たことがない。」といわれた。ある人が答えて「申棖《しんとう》では。」というと、先生はいわれた、「棖には欲がある。どうして堅強といえよう。」

となっている。

【私の見解】

齋藤孝氏の訳は、

先生が、「私はまだ〈剛〉という徳を持つ人に会ったことがない。」といわれた。ある人が、「お弟子の申棖《しんとう》は剛ではないですか。」というと、先生は、「棖には欲があります。欲があるのに、どうして強固な意志を持つ剛の徳があると言えましょうか。」といわれた。

である。

孔子は、要するに「欲のある者には剛の徳はない。」と言っているのだ。欲があると強固な意志を持つことができず、強固な意志を持つことができなければ剛の徳は身に付かぬと言っているのである。

このことから判断すると、孔子の言う「剛の徳」とは、欲から解き放たれた強固な意志を指していると言えようか。

欲は人間にはつきものである。欲のない人間は、もはや人間とは言えないと言ってもいいほどだが、孔子は、欲が昇華《しょうか》した先に本物の強い意志が宿ると考えていたのではないか。そのような人間はめったにいないから、孔子は「**吾未見剛者**」(吾《わ》れ、未《いま》だ剛者《ごうしゃ》を見《み》ず。)と言ったのであろう。「見たことがない。」の中には、孔子自身も含まれていたものと思われる。

「申棖《しんとう》がいるではありませんか。」と言われるほどだから、棖《とう》という人物はよほどしっかりとした意志の持ち主だったと思われるが、孔子は、即座に「**棖也慾、焉得剛**」(棖《とう》や慾《よく》なり。焉《いずく》んぞ剛《ごう》なることを得《え》ん。）と打ち消している。師匠の自分でさえ剛の徳は身に付けていないのに、弟子の棖《とう》ごときに剛の徳があるものか。」という気持ちだったのかも知れない。「**棖也慾、焉得剛**」にはそのような凄《すご》みが感じられる。

これが『論語』に収録されたのはなぜだろうか。「**棖也慾、焉得剛**」には哲学者の言葉のような雰囲気が感じられるが、『論語』の編集者は、孔子の哲学者的な一面を後世に伝えようとしたのであろうか。

禁欲の美学を大切にする一部の日本人には、孔子のこの言葉はとても魅力あるものに感じられるかも知れない。『論語』を信奉《しんぽう》する人たちにとっても、これは人倫徳目の一節として心に残る言葉と言っていいだろう。

中国（中国人）は、この言葉をどう受け止めているだろうか。利己心と物欲の塊《かたまり》のようだと評される中国人にとって、これは耳の痛い言葉だと思われるが、案外そうでもないかも知れない。

彼らには「剛の徳」などはじめから持つ気はないだろうし持つ必要もないだろうから、そもそも「**棖也慾、焉得剛**」などは心に残らぬ言葉なのではないか。

しょせん中国（中国人）は、孔子を聖人と仰いではいても、『論語』を自分たちに都合のいいように解釈して利用しているだけのことなのであろう。彼らの野放図《のほうず》な言葉と行動を見ていると、ついついそのように言いたくなる。

一二　子貢曰、我不欲人之加諸我也、吾亦欲無加諸人、子曰、賜也、非爾所及也、

子貢《しこう》曰《い》わく、我《わ》れ人《ひと》の諸《こ》れを我《わ》れに加《くわ》えんことを欲《ほっ》せざるは、吾《わ》れ亦《ま》た諸《こ》れを人《ひと》に加《くわ》うること無《な》からんと欲《ほっ》す。子《し》曰《のたま》わく、賜《し》や、爾《なんじ》の及《およ》ぶ所《ところ》に非《あら》ざるなり。

※　金谷氏は読み下し文に関して、「人の諸れを我れに……――古注では『加』を凌《しの》ぐと読み、『人の我れをしのぐを欲せず。』」と付記しておられる。

【現代語訳】

子貢《しこう》が、

「私は、人にされたくないことは、人にもしないようにしようと思います。」

と言った。先生は、

「賜（子貢）よ、それはそなたにできることではないよ。」

と言われた。

※　金谷氏は訳文に関して、「顔淵篇＝己れの欲せざる所は人に施すことなかれ。」などと付記しておられる。
ちなみに、金谷氏の訳は、次のようになっている。

子貢《しこう》がいった、「わたくしは、人が自分にしかけるのを好まないようなことは、わたしの方でも人にしかけないようにしたい。」先生はいわれた、「賜《し》よ、お前にできることではない。」

【私の見解】

さて、子貢といえば、孔門十哲の一人に挙げられるほどの人物である。弁舌《べんぜつ》に優《すぐ》れ、魯の国などでは外交手腕を発揮《はっき》しただけでなく幾つかの国の宰相《さいしょう》を歴任したとも伝えられている。そんな人物が、謙虚に「**我不欲人之加諸我也、吾亦欲無加諸人**」（我《わ》れ人《ひと》の諸《こ》れを我《われ》に加《くわ》えんことを欲《ほっ》せざるは、吾《わ》れ亦《ま》た諸《こ》れを人《ひと》に加《くわ》うること無《な》からんと欲《ほっ》す。）と言っているのに、孔子は、それを「**賜也、非爾所及也**」（賜《し》や、爾《なんじ》の及《およ》ぶ所《ところ》に非《あら》ざるなり。）と突き放している。

後で見るように、そして、金谷氏の付記にもあるように、孔子自身も「**己所不欲、勿施於人**」（己の欲せざる所は人に施すこと勿れ。）という言葉を同じく孔門十哲の一人・仲弓に向かって言っているのだ。仲弓は、孔子のこの言葉を受けて「**雍雖不敏、請事斯語矣**」

（雍はおろかではございますが、このお言葉を実行させていただきましょう。）と応《こた》えている。それに対して孔子は「**雍也、非爾所及也**」（お前にはできないよ。）などとは言っていない。なのに、子貢にはこのつっけんどんな対応である。

はて、孔子は、仲弓にはできるが子貢にはできないと本気で思っていたのであろうか。子貢は、孔門十哲の中でも筆頭格《ひっとうかく》で、孔子の死後には弟子たちの取りまとめ役を担《にな》ったと伝えられているほどの人物なのである。人物に於いて子貢は仲弓と何ら遜色《そんしょく》はなかったはずである。

ただ一つ思い当たるのは、子貢が弁舌の雄であったことが孔子の心証を悪くしていたのではないかということだ。孔子は、口の立つ人間を心から信用していなかった。そのため、弁舌の雄である子貢がいくら口先で「**我不欲人之加諸我也、吾亦欲無加諸人**」と言っても、信用しなかったのではあるまいか。そして、「**賜也、非爾所及也**」と言うことによって、子貢に「口先だけで終わるなよ。」と諭《さと》そうとしたのかも知れない。

齋藤孝氏は「**賜也、非爾所及也**」の訳に関して、「言葉にするのは簡単でも、それを生涯実践するのは至難の業だ。」との解説を付けておられるが、孔子は、子貢の性格を見抜いていてこのような対応をしたのではないだろうか。

『論語』にこれが収録されたのはなぜか。やはり、口の達者な人間を孔子が警戒《けいかい》していたことを後の世に知らしめるためではなかったか。子貢ほどの人物にも、孔子はこのように厳しく対応したのだ。それを、記録として遺《のこ》しておくことは大切だと、『論語』を編集した儒者たちは思ったのかも知れない。

口が達者という点では、中国人は人後に落ちない。とにかく自己主張をしなければ生き残れないというほどの追い詰められた心裡《しんり》が彼らにはあるようだ。孔子は、中国人のこの特性を見抜いていて、雄弁を嫌悪《けんお》したのかも知れない。

さすれば、孔子の言葉は、中国人には辛かろうと思うのだが、いやいや、そのようなことは歯牙《しが》にもかけないのが中国人のようで、彼らは、現在も世界中で声高に口角泡《こうかくあわ》をとばしていることであろう。

一三　子貢曰、夫子之文章、可得而聞也、夫子之言性與天道、不可得而聞也已矣、

子貢曰《しこうい》わく、夫子《ふうし》の文章《ぶんしょう》は、得《え》て聞《き》くべきなり。夫子《ふうし》の性《せい》と天道《てんどう》とを言《い》うは、得《え》て聞《き》くべからざるなり。

【現代語訳】

子貢が次のように言った。

「先生の文章はいつでも聞くことができるが、先生が人の本質と天の道理についておっしゃることは、なかなか聞くことができない。」

※　金谷氏は訳文に関して、「文彩——「文章」。朱子は『徳の外に表れたもので、威儀・文辞などみなそれだ。』といい、また詩書礼楽のことだとする説もある。」と付記しておられる。

ちなみに、金谷氏の訳は、

子貢がいった、「先生の文彩は〈だれにも〉聞くことができるが、先生が人の性《もちまえ》と天の道理についておっしゃることは、〈奥深いことだけに、ふつうには〉とても聞くことができない。」

となっている。

【私の見解】

さて、齋藤孝氏の訳は、

子貢が先生を回想してこういった。

「先生の学問知識は誰でも聞くことができた。しかし、人の本質と天の道の関係についての先生の考えは深遠なため、先生は話すべき相手を選んだ。だから、めったなことでは聞くことができなかった。」

となっている。

私の訳は金谷氏の訳を参考にしたもので、意味に大きな違いはないが、金谷氏の訳《やく》と齋藤氏の訳との間には本質的に意味が異なる部分がある。齋藤氏の訳《やく》の中の「先生は話すべき相手を選んだ。」という部分は、原文にも金谷氏の訳にも見当たらない。どうしてこのような訳が入ったのか、浅学菲才《せんがくひさい》の私は戸惑うばかりだ。

さて、齋藤氏の訳も参考にして、考察してみたい。

『論語』や伝記類を読むと、孔子はとても多くの言葉を弟子たちに遺《のこ》しているが、話したことについてあまり説明を加えず、弟子たちに対しては「どういう意味か自分で考えよ。」との態度で接していたと伝えられている。その態度は、おそらく孔門十哲と言われた子貢たちに対しても変わらなかったのであろう。

だから子貢は、「**夫子之文章、可得而聞也、夫子是言性與天道、不可得而聞也已矣**」（夫子《ふうし》の文章《ぶんしょう》は、得《え》て聞《き》くべきなり。夫子《ふうし》の性《せい》と天道《てんどう》とを言《い》うは、得《え》て聞《き》くべからざるなり。）

と言ったのではないか。孔子の言葉は、言葉としては一見平明であっても、そこに含まれている奥深い道理や真理について理解することは容易ではなく、聞いた者が熟考《じゅっこう》に熟考を重ねて導き出さなければならなかったのだ。そのことを子貢は言っているのだと私は思う。『論語』にこの子貢の言葉が収録されたのは、おそらく、孔子の言葉にはいかに奥深い道理や真理が含まれているかを後の世に知らしめようとしたからではないか。

この章の話に限らず、『論語』は、読む人によって解釈が様々で、読む人の数だけ道理や真理があると言っても過言ではない。

日本人は生真面目《きまじめ》だから、『論語』に親しんできた人たちは、孔子の言葉の細部まで気を配り、その意味を日本人的な人倫徳目に沿うように引き出す努力をしてきたものと思われる。『論語』のこの読み方は、おそらく、世界で日本人だけの特徴ではないだろうか。

日本人から見ると、『論語』の本家本元の中国や儒教の影響を強く受けている韓国の振る舞いは、いかにも『論語』に叛《そむ》いているように見えるが、世界的に見れば、むしろ日本人の読み方こそが異端《いたん》なのかも知れない。中国や韓国の側からすれば、彼らこそが『論語』に忠実であるに違いないのだ。

一四　子路有聞、未之能行、唯恐有聞、

子路《しろ》、聞《き》くこと有《あ》りて、未《いま》だこれを行《おこな》うこと能《あた》わざれば、唯《た》だ聞《き》く有《あ》らんことを恐《おそ》る。

【現代語訳】

子路は、何かを聞いてそれをまだ実行できないうちは、さらに新しい何かを聞くことを恐れた。

【私の見解】

子路は孔門十哲の一人で、武勇に優れた質実剛健《しつじつごうけん》の人物だったと伝えられている。少し軽率《けいそつ》なところがあったようだが、率直《そっちょく》な性格は孔子には愛されていたようで、弟子の中で『論語』に出てくる回数は子路が一番多い。

孔子は、言葉に巧《たく》みな人間をあまり信用しなかった。日頃からそのことを見聞きしてよく知っていたに違いない子路は、先生から教示されたことを未だ実行できないうちに、次の教示を受けることを恐れたのであろう。師の教えに対する謙虚さと畏敬《いけい》の念《ねん》の表れと言えようか。

さて、この話が『論語』に載った理由は何だろう。おそらく、言葉よりも実践を重んじた孔子の教えを、子路という優れた弟子の行動をお手本として後の世に伝えようとしたのではあるまいか。

中国でこの一節がどう読まれたかは知る由《よし》もない。また、日本の『論語』崇拝者《すうはいしゃ》がこれをどう読みどう実践したかについても、私は何も分からない。

わが国でこの章が人倫徳目として語り継がれてきたということも、寡聞《かぶん》にして知らない。

一五　**子貢問曰、孔文子何以謂之文也、子曰、敏而好學、不恥下問、是以謂之文也、**

子貢問《しこうと》うて曰《い》わく、孔文子《こうぶんし》、何《なに》を以《もっ》てかこれを文《ぶん》と謂《い》うや。子曰《しのたま》わく、敏《びん》にして学《がく》を好《この》み、下問《かもん》を恥《は》じず、是《ここ》を以《もっ》てこれを文《ぶん》と謂《い》うなり。

【現代語訳】

子貢が、

「孔文子《こうぶんし》は、どうして文という〔おくり名な〕のですか。」

とお訊ねした。先生は、

「明敏《めいびん》な上に学問好きで、目下《めした》の者に質問することも恥じなかった。だから文というのだ。」

と言われた。

※　金谷氏は訳文に関して、「孔文子――衛の国の大夫。姓は孔、名は圉《ぎょ》。文子は死後のおくり名。」と付記しておられる。

【私の見解】

さて、これは、子貢が、衛の国の大夫であった孔文子《こうぶんし》が死後に「文」というおくり名を贈られた理由を孔子に訊ねた話である。

孔子は子貢の問いに対して「**敏而好學、不恥下問、是以謂之文也**」（敏《びん》にして学《がく》を好み、下問《かもん》を恥《は》じず、是《ここ》を以《もっ》てこれを文《ぶん》と謂《い》うなり。）と答えたということだが、これって、取り立てて後世に遺《のこ》さなければならないほどの話だろうか。私には師と弟子の他愛のない世間話のように聞こえる。

しかし、『論語』に載っているということは、『論語』の編集に当たった儒者には、これを後世に伝えなければならない理由があったのであろう。

「文」という文字の本来の意味を、孔子の言葉を通して伝えようとしたのかも知れないし、他の理由があったのかもしれない。残念ながら私にはよく分からない。

この話がその後の中国にどれほどの影響を与えたかも、私には分からない。

日本では、この話はあまり知られていないのではないか。

一六　子謂子産、有君子之道四焉、其行己也恭、其事上也敬、其養民也恵、其使民也義、

子《し》、子産《しさん》を謂《のたま》わく、君子《くんし》の道四《みちよっ》つあり。其《そ》の己《おの》れを行《おこな》うや恭《きょう》、其《そ》の上《うえ》に事《つか》うるや敬《けい》、其《そ》の民《たみ》を養《やしな》うや恵《けい》、其《そ》の民《たみ》を使《つか》うや義《ぎ》。

【現代語訳】

先生が子産《しさん》のことを次のように言われた。

「君子の道を四つ具《そな》えておられた。恭《うやうや》しく振る舞い、目上には慎《つつし》み深くお仕えし、恵み深く民を養い、公平無私に民を使役《しえき》する、この四つだ。」

※　金谷氏は訳文に関して、「子産《しさん》――鄭《てい》の名宰相。公孫僑《こうそんきょう》のあざ名。B・C・五二二年、孔子三十一歳のときに死んだ。進歩的な教養人として、孔子も少なからぬ影響を受けたとみられる。」と付記しておられる。

【私の見解】

右の訳は金谷氏の訳を参考にして私なりに訳したものだが、金谷氏の訳は、

先生が子産《しさん》のことをこういわれた、「君子の道を四つそなえておられた。その身のふるまいはうやうやしく、目上《めうえ》に仕えるにはつつしみ深く、人民を養うには情け深く、人民

を使役《しえき》するには正しいやりかたということだ。」

となっている。

ちなみに、齋藤孝氏は、「恭」「敬」「恵」「義」の四つの徳を備えたことがよく分かるように、次のように訳しておられる。

先生が鄭《てい》の名宰相の子産《しさん》のことをこういわれた。

「子産は君子の道に沿う四つをそなえていた。行ないにおいては〈恭〉、つまりつつしみ深く、目上の人には〈敬〉、つまり敬意を忘れず、民に対しては〈恵〉つまり情け深く、民を使うには〈義〉つまり筋を通す。（恭・敬・恵・義の四つの徳をそなえ、実践したのは君子の名に値する。）」

さて、孔子は、おそらくいくつもあるであろう「君子の道」のうち、「恭」「敬」「恵」「義」の四つを挙げて、子産《しさん》がその君子の道を備えていたと話している。宰相《さいしょう》が「君子」であることは民にとっても喜ばしいことに違いなく、孔子は、子産《しさん》のことをこのように話すことによって、宰相の在り方というものを弟子に教えたのであろう。

この話は、孔子が宰相や君子の要件をどのように考えていたかを知る上で、貴重な資料を提供していると思われるが、話そのものは師匠と弟子の普通の会話であり、取り立てて言うほどのことではないように思われる。

これが『論語』に収録されたのはなぜか。おそらく、宰相という者はこうありたいものだという孔子の教えを、後世に伝えようとしたのではないか。乱れに乱れた時代への強い教訓にしようとした意図が窺《うかが》われる。

王朝がコロコロと取って代わる時代に、これがどれほどの影響をもたらしたのかは分からぬが、中国の歴史を概観《がいかん》しても、孔子が挙げた子産《しさん》のような名宰相が現れたという話をあまり聞かないところを見ると、『論語』の意図は生かされたようには思えない。

現在の中国を見ても、状況は何も変わらない。いや、むしろ酷《ひど》くなっていると言っても良いくらいだ。

つまり、中国共産党は、意に沿《そ》わぬ意見や動きは絶対に見逃さず、拘束《こうそく》や弾圧《だんあつ》を容赦《ようしゃ》なく加えているのだ。たとえば、今朝（令和３年12月25日）の新聞にも、「南京事件の犠牲者が30万人だというデータはない」と発言した上海の女性教師が除籍《じょせき》され、その教師への支持を表明した別の女性も拘束《こうそく》されたという記事が載っていた。孔子の言う「君子の道」とは真逆《まぎやく》のことを平然と行なっているように見える。

しかし、中国政府にしてみれば、そうすることこそが「君子の道」なのであろう。「共産党政府への異議や反抗を押さえつけることこそが国の安泰《あんたい》や民の安全に繋《つな》がるのであり、彼らは、「孔子の〈教え〉には少しも叛《そむ》いていない。」と思っているに違いない。

一七　**子曰、晏平仲善與人交、久而人敬之、**

子曰《しのたま》わく、晏平仲《あんぺいちゅう》、善《よ》く人《ひと》と交《まじ》わる。久《ひさ》しくしてこれを敬《けい》す。

※　金谷氏は読み下し文に関して、「これを敬す――皇本・清本に従ってこの上に『人』字を加えて読むと、他人が晏氏を敬ったことになる。」と付記しておられる。

【現代語訳】

先生は次のように言われた。

「晏平仲《あんぺいちゅう》は交際上手である。長く交際していても変わらず相手を尊敬された。」

※　金谷氏は訳文に関して、「晏平仲――斉《せい》の名宰相。晏は姓、平はおくり名、仲はあざ名、名は嬰《えい》。子産よりやや後

輩、孔子の先輩。」と付記しておられる。

【私の見解】

これも、師匠と弟子の他愛のない会話である。『論語』を人倫徳目として読む日本人にとって、取り立てて重要な話とは思えない。

したがって、これが『論語』に収録されている意味も、私にはよく分からない。しいて言えば、晏平仲《あんぺいちゅう》という立派な宰相がいたことを後世に伝えたかったということだろうか。後世の権力者たちに、晏平仲のような宰相になりなさいよと、孔子の願いを届けようとしたのかも知れない。

しかし、前漢以降の中国には、独裁王朝が代わる代わる続き、孔子の望んだ仁徳のある宰相は生まれる余地さえなかった。

そもそも中国では、権力者に仁徳があるかどうかは権力者自身が決めるのであり、孔子の言う立派な宰相像も権力者が替わるたびに替わると言ってよい。したがって、権力者は孔子の言葉に叛《そむ》いているという意識など全くなかったことであろう。現在の中国共産党の振る舞いを見ていると、私は、ついそんなふうに思いたくなる。

一八　子曰、臧文仲居蔡、山節藻梲、何如其知也、

子曰《しのたま》わく、臧文仲《ぞうぶんちゅう》、蔡《さい》を居《お》く。節《せつ》を山《やま》にし梲《せつ》を藻《も》にす。何如《いかん》ぞ其《そ》れ知《ち》ならん。

【現代語訳】

先生は次のように言われた。

「臧文仲《ぞうぶんちゅう》は、〔諸侯でもないのに〕国の吉凶を占う蔡《さい》（占いに用いる大きな亀の甲）を持っていたし、節（梁を支える柱の上部の枡形）に山の形を彫《ほ》り、梲《せつ》（梁の上に立てる短い柱）には藻《も》を描いた。どうかな、それで智者だとは言えまい。」

※　金谷氏は訳文に関して、「臧文仲――魯の国の大夫。姓は臧孫、名は辰《しん》、文はおくり名、仲はあざ名。孔子の誕生より六十五年前に死んだ。　大亀甲――『蔡』とはその亀甲の産地の名によって名づけた。亀卜の甲を所蔵するのは国君以上のこと、陪臣《ばいしん》には許されない。　ますがたに――『山節藻梲』を蔵亀の室の装飾とみるのが新注の説。『居蔡』と別に、ぜいたくな邸宅のさまとみるのが古注系の説。」と付記しておられる。

【私の見解】

さて、これは、孔子が、魯の国の大夫であった臧文仲《ぞうぶんちゅう》を智者とは認めていなかったという話である。

その理由は、臧文仲《ぞうぶんちゅう》が君主にしか許されていないはずの大亀甲《きっこう》を隠し持っていただけでなく、天子でなければできないはずの柱の上のますがたに山の彫刻をし、梁《はり》の上の短い柱に藻の装飾を描いていたからである。上下の秩序を重んじ礼を尊ぶ孔子には、これは許せないことだったのだ。

これが『論語』に載ったのは、孔子が如何《いか》に上下の秩序と礼儀を重んじていたかを後世《こうせい》に知らしめるためであり、また、秩序と礼儀はいつの時代も守られなければならないことを伝えようとしたためであると思われる。

孔子を儒学の祖とする儒者たちは、孔子の教えを徹底《てってい》的に浸透《しんとう》させるためにさぞかし理論を深めたことだろう。やがて「儒教」という教条《きょうじょう》が形成され、上下の秩序や礼儀を重んじる傾向は頑迷固陋《がんめいころう》の域にまで達していった。

前にも少し触れたが、日本では『論語』は『論語』として読まれ、日本の価値観に沿うように解釈されて人倫徳目視されてきたが、中国では、『論語』は『論語』として読まれるのではなく儒教の教条を通して読まれるようになり、独裁王朝の正統性に沿うように解釈されるようになったようだ。同じ『論語』なのに、解釈やそれに基づく言動がわが国と中国で大きく異なるのはそのためだ、と私は観ている。

一九　子張問曰、令尹子文、三仕爲令尹、無喜色、三已之、無慍色、舊令尹之政、必以告新令尹、何如也、子曰、忠矣、曰、仁矣乎、曰、未知、焉得仁、崔子弑齋君、陳文子有馬十乘、棄而違之、至於他邦、則曰、猶吾大夫崔子也、違之、至一邦、則又曰、猶吾大夫崔子也、違之、何如、子曰、清矣、曰、仁矣乎、曰、未知、焉得仁、

子張《しちょう》問《と》うて曰《い》わく、令尹子文《れいいんしぶん》、三《み》たび仕《つか》えて令尹《れいいん》と為《な》れども、喜《よろこ》ぶ色《いろ》なし。三《み》たびこれを已《や》めらるとも、慍《いか》れる色《いろ》なし。旧令尹《きゅうれいいん》の政《せい》、必《かなら》ず以《もっ》て新令尹《しんれいいん》に告《つ》ぐ。何如《いかん》。子《し》曰《のたま》わく、忠《ちゅう》なり。曰《い》わく、仁《じん》なりや。曰《のたま》わく、未《いま》だ知《ち》ならず、焉《いずく》んぞ仁《じん》なることを得《え》ん。崔子《さいし》、斉《せい》の君《きみ》を弑《しい》す。陳文子《ちんぶんし》、馬十乗《うまじゅうじょう》あり、棄《す》ててこれを違《さ》る。他邦《たほう》に至《いた》りて則《すなわ》ち曰《い》わく、猶《な》お吾《わ》が大夫崔子《たいふさいし》がごときなりと。これを違《さ》る。一邦《いっぽう》に至《いた》りて、則《すなわ》ち又《ま》た曰《い》わく、猶《な》お吾《わ》が大夫崔子《たいふさいし》がごときなりと。これを違《さ》る。何如《いかん》。子《し》曰《のたま》わく、清《きよ》し。曰《い》わく、仁《じん》なりや。曰《のたま》わく、未《いま》だ知《ち》ならず、焉《いずく》んぞ仁《じん》なることを得《え》ん。

※　金谷氏は読み下し文に関して、「未だ知ならず——鄭注の読み方。新注では『未だ知らず』と読み、忠と清とを認めても、そこに私心がなかったかどうかは『わからない』そこで、と解する。　至りて——唐石経・通行本では『之《ゆ》きて。』」と付記しておられる。

【現代語訳】

子張が、

「令尹《れいいん》の子文《しぶん》は、三度仕えて令尹となったが嬉しそうな顔をしませんでした。三度それをやめさせられても怒った顔を見せませんでした。前の令尹の政治を必ず新しい令尹に報告しました。どう思われますか。」

と訊ねた。これに対して先生が、

「誠実だね。」

と言われた。子張は、

「仁者でしょうか。」

と言った。先生は、

「まだ智者ではない。〔智者でないのに〕どうして仁者といえよう。」

と言われた。子張はさらに、

「崔子《さいし》が斉《せい》の君を殺しました。陳文子《ちんぶんし》は四十頭の馬を持っていましたが、それを棄てて〔斉の国を〕たち去りました。ある国に行きつくと、『やはりうちの家老の崔子と同じようなものだ。』といってそこを去り、別の国に行くと、また『やはりうちの家老の崔子と同じようなものだ。』といってそこを去りました。どう思われますか。」

と言った。先生は、

「清潔だね。」

と言われた。子張が、

「仁者でしょうか。」

と言うと、先生は、

「まだ智者ではない、どうして仁者といえよう。」

と言われた。

※　金谷氏は訳文に関して、「令尹の子文――令尹は楚《そ》の国の官名で、宰相。子文は闘穀於菟《とうとうおと》のあざ名。孔子の誕生より百年も古い春秋初期の人。　崔子が……――B・C・五四八年、斉の大夫の崔杼《さいちょ》が主君の荘公を殺した。　陳文子――斉の大夫、陳須無《すぶ》。文子はおくり名。」と付記しておられる。

【私の見解】


これは、孔子が「仁」には「智」が必須《ひっす》の要件であると語った話だ。

子張が、楚の国の宰相を勤めた子文の誠実で潔《いさぎよ》い行為を挙げて「仁者」ですかと訊ねたのに対して、孔子は「清潔だ。」とは答えたものの、「智者ではないから仁者ではない。」

る逸話《いつわ》である。

と言っている。孔子が、「仁」にはいかに「智」が必要であると考えていたかが窺《うかが》い知《し》れ

孔子の返答は、いつの場合もあっけない。この場合も「智」や「智者」とはどのようなものかについては一切語らず、また、「仁」の内容についても全く説明していない。子張が、「仁者ですか。」と訊ねたのに対して「智者ではない、どうして仁者といえよう。」と答えているだけだ。「智」(智者)、「仁」(仁者)の概念については「自分で考えよ。」という、いわば、突き放した態度である。

これを『論語』に載せた儒者たちの思いは、おそらく、孔子の「仁」に対する態度や思いを後世に伝えることにあったと思われる。同時に、「智」「仁」の概念を後世の人たちにも考えさせようとしたのかも知れない。

生真面目《きまじめ》な日本人は、『論語』を読んで孔子の言わんとするところを奥深くまでくみ取ろうとするところがある。この逸話を読んでも、きっと「智」「智者」「仁」「仁者」の概念《がいねん》に思考を巡《めぐ》らせ、わが身を律する教訓を引き出そうとするだろうが、さて、中国の人たちはどうか。

中国(中国人)の振る舞いを見ていると、彼らには「清潔」(つまり清くて潔《いさぎよ》い)という言葉は最も似合わないように思われる。「智」「智者」も「悪」という冠《かんむり》を付けて解し

たくなるほどだ。「仁」などは彼らには無縁のようにも見える。

しかしこれは、清・潔・明・真・直などを精神のDNAに染み込《しこ》ませている日本人だからこその慨嘆《がいたん》であって、中国の人たちの側からすれば、「何を言うか。」という気持ちであろう。

常に夷狄《いてき》に攻められ、周《まわ》りはみな敵《てき》と身構えて暮らしている彼らにとっては、生きるために必要な思考こそが「智」の本体であり、生きる「智恵」を備えている者が「智者」なのだ。そして、「生き残る力」を体現している者こそがまさに「仁徳のある人」なのである。だから、彼らは、生きるためには嘘もつくし事実をねじまげたり捏造《ねつぞう》したりもする。これは、生きるための智恵であり正義なのだ。生き残った者こそが勝者だという確固たる信念のもとで生きている。『論語』には叛《そむ》いていない。それどころか、『論語』を真正面から受け止めて実践しているという自負がある。――これが中国の人々の心裡《しんり》ではないだろうか。

二〇　季文子三思而後行、子聞之曰、再思斯可矣、
季文子《きぶんし》、三《み》たび思《おも》いて而《しか》る後《のち》に行《おこ》なう。子《し》、これを聞《き》きて曰《のたま》わく、再《ふたた》びせば斯《こ》れ可《か》なり。

【現代語訳】

季文子《きぶんし》は三度考えてその後に行動した。先生はそれを聞かれると、

「二度考えたらそれでいい。」

と言われた。

※　金谷氏は訳文に関して、「季文子――魯の家老、季孫《きそん》氏。あざ名は行父《こうほ》。文はおくり名。孔子の誕生より十六年前に死んだ。「〈考えすぎはよくない。∴山内注は〉新注による。考えすぎると私欲がおこるからだという。（＝金谷氏の訳文では、「考えすぎはよくない。」との解説が付いている。そのことを指す。∴山内注）。古注では、季文子ほどの人なら二度で十分であったと解釈する。」と付記しておられる。

【私の見解】

この付記によると、新注と古注では「**再思斯可矣**」の意味が全く異なってくる。『論語』は随所でこのような解釈の違いが生じるため、私のような素人は右往左往《うおうさおう》させられる。

さて、季文子《きぶんし》という魯の国の家老はよほど慎重な性格だったのであろう。何事も三度考えてから実行に移した。それを孔子は、「三度は考えすぎだ。二度考えればそれでいい。」

と言ったというエピソードである。金谷氏の付記にあるように、新注によると、考えすぎると私欲がおこるから二度でいい、ということらしい。

この章が『論語』に載ったのは、『論語』を編集した儒者たちが、何かをなすときは少なくとも二度考えて行動せよという孔子の教えを後世に伝えようとしたためであろう。戦国乱世の中国で、彼らの思いがどこまで届いたかは知る由《よし》もない。

現代の中国の人たちは、皮肉を込めて言えば、『論語』のこの言葉を真正面に受けとめて、自分たちは季文子ほどの人間ではないからと、三度も四度も考えて行動していると見ることも可能である。彼らの行動が私欲にまみれているのはそのせいかも知れないのだから。

今日的な価値観から言えば、私は、これは後世《こうせい》に是非遺《のこ》さなければならないほどの言葉だったとは思わない。なぜなら、何度考えて実行するかは人ぞれぞれの自由であるからだ。**「再思斯可矣」**（再《ふたた》びせば斯《こ》れ可《か》なり。）は孔子個人の考えであって、何ほどの影響を受けるとも思えない。

二一　子曰、甯武子、邦有道則知、邦無道則愚、其知可及也、其愚不可及也、

子《し》曰《のたま》わく、甯武子《ねいぶし》、邦《くに》に道《みち》あれば則《すなわ》ち知《ち》、邦《くに》に道《みち》なければ則《すなわ》ち愚《ぐ》。其《そ》の知《ち》は及《およ》ぶべきなり、其《そ》の愚《ぐ》は及《およ》ぶべからざるなり。

【現代語訳】

先生は次のように言われた。
「甯武子《ねいぶし》は、国に道理ある政治が行なわれているときは智者で、国に道理ある政治が行なわれていないときは愚者《ぐしゃ》であった。その智者ぶりはまねできるが、その愚者ぶりはまねができない。」

※　金谷氏は訳文に関して、「甯武子――衛《えい》の国の大夫、甯兪《ねいゆ》。武はおくり名。孔子より約百年前、春秋の初期の人。」と付記しておられる。

【私の見解】

甯武子《ねいぶし》は、国に道理のある政治が行なわれていたときには、その道理に従って巧《うま》く振舞うことができたが、ひとたび道理のない政治が行なわれるようになると、たちまちどうしてよいか分からなくなったようだ。

道理のある政治が行なわれて世の中が安定すれば、誰でもそれに合わせて事もなく生活できるから、孔子は、「甯武子《ねいぶし》の智者ぶりはまねできる。」と言ったのだろう。

また、道理のない政治が行なわれて世の中が不安定になると、大夫ほどの人であれば智恵を働かせてどう対処すべきかを見出《みいだ》さなければならないのだが、甯武子《ねいぶし》はどうしてよいかわからなくなった。だから孔子は、「甯武子《ねいぶし》の愚かぶりはまねができない。(まねしてはいけない。)」と言ったのであろう。

この話を『論語』に収録したのは、『論語』を編集した儒者たちが、これは乱世を生きる人々への教訓にしなければならないと考えたからだろう。とりわけ、乱世の権力者や政治に関わる上層部に読ませたかったのではないかと推察できる。

だが、現実にはどうだったか。その後の中国は、孔子の考える道理のある政治は行なわれることなく、独裁的な王朝政治の繰り返しだったではないか。

しかも、孔子を祖とする「儒学」は、時の権力者を正統化する「儒教」に変身し、「儒教理論」というフィルターを通して「道理のある政治」が考えられ、行なわれる傾向がつよくなった。儒教は時の権力に阿《おもね》り、時の権力は儒教を理論的基礎にしてやりたい放題をやった。そして今日《こんにち》の中国共産党による独裁政治に行き着いた。

孔子が遺《のこ》したこの章の教訓は、中国では素直な形では生かされることなく、権力者の思惟《しい》による「道理のある政治」が行なわれて歴史が刻《きざ》まれた、と私は思う。

この歴史にあっては、「道理のある政治」を行なう権力者は常に「智者」であり、愚かな甯武子《ねいぶし》の轍《てつ》を踏むことはあり得ない。国民は「智者」のすることに従ってさえいればいいのである。

この意味に於いて、中国（中国人）には『論語』の教訓に叛《そむ》いているなどという認識は生じる余地がないのであろう。孔子を聖人の中の聖人と仰ぎながら、『論語』の教訓に悖《もと》ることを平然と行なうことができるのはそのためだ、と私は思っている。

二三一　**子在陳曰、歸與歸與、吾黨之小子狂簡、斐然成章、不知所以裁之也、**

子《し》、陳《ちん》に在《い》まして曰《のたま》わく、帰《かえ》らんか、帰《かえ》らんか。吾《わ》が党《とう》の小子《しょうし》、狂簡《きょうかん》、斐然《ひぜん》として章《しょう》を成《な》す。これを裁《さい》する所以《ゆえん》を知《し》らざるなり。

【現代語訳】
先生は、陳の国にいるときに次のように言われた。
「帰ろう。帰ろう。郷里の若者たちは、志は大きいが大ざっぱで、美しい模様《もよう》を織《お》りなしてはいるが裁断《さいだん》の仕方が分からないのだ。」

※　金谷氏は訳文に関して、「陳――今の河南省中部にあった小国。流浪中に故郷の魯の青年のことを想い出したので

ある。美しい模様を……――青年のことを織物にたとえて、生地《きじ》としては立派だがまだ実用には至らないことをのべた。鄭注では、陳の若者を非難したものと見る。」と付記しておられる。

【私の見解】

これは、魯の国の役人をしていた孔子が、いわば権力闘争に敗れて約14年間流浪《るろう》の旅に出ざるを得なかった折に、故郷の魯の国の青年たちのことを思い出し、故郷に帰って有為《ゆうい》な青年たちを指導しようと言ったという逸話である。

そのときの状況を、井上靖は小説『孔子』の中で、孔子の架空の端弟子《はでし》の蔫薑《えんきょう》という人物を登場させて、彼の口を通して思い入れ豊かに語らせている。その一部を抜き出してみる。（ふりがなは山内が補った。）

これはあとで、皆が話し合って知ったことですが、この特別な夜は、誰も彼もが、何となく、子《し》のお心の内でも打診できたらと、そのような思いになり、期せずして廊下の一隅に集るに到った、――このようにでも言うのが、まあ、一番間違いのない言い方のようであります。

そのような時、廊下の一隅にお姿をお見せになり、御自分の席をおとりになるや否や、

子《し》は、

――いま、自分の胸は一つの想いでふくらんでいる。先刻、昭王の柩《ひつぎ》をお送りしたあと、あの夜道を歩いて、ここに来るまでに、私の胸に生まれ、ふくらみ、溢《あふ》れるほどいっぱいになった思いがある。それを披露《ひろう》する。

こう仰言《おつしや》って、それから暫《しばら》く、真暗い夜空を仰ぐようにして、御自分の胸の想いを整理していらっしゃる風でしたが、やがて口をお開きになりました。

――帰らんか、帰らんか。
吾が党の小子《しようし》、
狂簡《きようかん》にして、
斐《ひ》然として章《しよう》を成すも、
これを裁するゆえんを知らず。

二回、ゆっくりと口からお出しになり、それから、ご自分で、それを日常の言葉に置き替えられました。

——帰ろうよ、さあ、今こそ帰ろう。
わが郷党の、魯に遺《のこ》して来た若者たちは、
みな大きな夢、大きな志の持ち主、
みごとな美しい模様の布を織り上げてはいるが、
仕立てるすべはしらないのだ。

それから、子《し》は、
——みんな、私を必要としている。帰ろうよ、さあ今こそ帰ろう。彼等の進むべき道を決めてやらねばならぬ。
と、仰言《おつしや》いました。（107〜109ページ）。

この孔子の言葉は、流浪の旅を共にしていた子路・子貢・顔回などの門弟の心を揺り動かした。その誰もが、「帰らんか、帰らんか。」を代わる代わる復唱《ふくしよう》した。その様子を井上靖は、右の引用文に続けてありありと描写している。

それほど、この孔子の言葉は門弟たちにとっても重いものだったことが窺《うかが》える。孔子が長い流浪《るろう》の旅を切り上げて祖国の魯へ門弟ともども戻って行くことになった一大画期だったのだから当然であろう。前に見たように、孔子は「五十歳にして天命を知る。」と言っているが、魯の国を出奔《しゅっぽん》したのはまさに56歳の時と言われている（孔子とその弟子の年齢には諸説がある。以下同じ）。

孔子は自分に与えられた天命について何の説明もしていないが、おそらく、魯の国を道理のある国にするために力を尽くすことが自分の天命だと考えていたのではないだろうか。だが、その天命を果たすことができず、魯を出奔《しゅっぽん》せざるを得なくなったのである。さぞかし忸怩《じくじ》たる思いであったことだろう。

流浪の末に意を決して魯の国へ帰った時、孔子はすでに69歳になっていた。しかし、今こそ天命を果たさなければならない時だという強い決意があったのではないか。「**歸與歸與**（帰《かえ》らんか、帰《かえ》らんか。）」という言葉にその決意が籠《こ》もっているように私は感じる。（これは、あくまでも私の推理である。孔子の言う「天命」とはもっと広い概念で、今ここで述べたような限定的な使命を指してはいないという説もある）。

後の儒者たちが、この章を『論語』に収録したのは、この一大画期を後世に知らせたかったからに違いないと私は思う。

孔子の死後、秦の始皇帝が中原諸侯国を統一したが、それは絶対君主による独裁国であり、人民は皇帝の奴隷《どれい》に貶《おとし》められた。『論語』が世に出たあとも、皇帝支配の王朝が代わる代わる続き、挙げ句の果てが共産主義の「中華人民共和国」である。私たち日本人の感覚からすれば、道理のある国を作ろうとした孔子の熱い思いが生かされたとは、お世辞にも言えない。

だが、中国（中国人）は、そのような気遣《きづか》いとは無縁のようだ。今も孔子を聖人と仰ぎながら、各国に作った「孔子学院」を中共のプロパガンダに活用しているのである。

二三　**子曰、伯夷叔齋、不念舊悪、怨是用希、**
子曰《しのたま》わく、伯夷《はくい》・叔斉《しゅくせい》、旧悪《きゅうあく》を念《おも》わず。怨《うら》み是《ここ》を用《もっ》て希《まれ》なり。


【現代語訳】

先生は次のように言われた。

「伯夷《はくい》と叔斉《しゅくせい》は、人の古い悪事をいつまでも根に持たなかった。だから人に怨《うら》まれることも少なかったのだ。」

※　金谷氏は訳文に関して、「伯夷と叔斉――殷《いん》の末《すえ》の孤竹君《こちくくん》の子。兄弟で国をゆずりあい、殷の紂王を討とうとする周の武王をいさめ、士官せずに餓死した清廉の士として有名。」と付記しておられる。

【私の見解】

伯夷と叔斉は、利己心に憑《つ》かれている中国人の中ではよほど高潔《こうけつ》な人物であったようだ。「伯夷叔斉」は高潔な人物を表す四文字熟語として用いられており、儒学では聖人と目《もく》されているほどだという。

孔子は、この二人を例に挙げて、「悪事を憎んでも古い悪事はいつまでも心に残さないことが人に怨まれない秘訣だ」と言いたかったのだろう。

人間関係に於いて、これは確かに傾聴すべき教訓だと私は思う。『論語』を編集した儒者たちも、人間関係を良好に保つための教訓だと思って、これを『論語』に収めたものと思われる。

だがどうだろう。彼等の思いは中国に於いて生かされてきただろうか。私にはとてもそのように思えない。口を開けば「歴史を教訓に」と言うが、自分たちにとって都合良く歴史を捏造《ねつぞう》し、「南京大虐殺」とか「尖閣諸島は中国のもの」などといった嘘をネタにしていつまでも日本に悪罵《あくば》を投げつけてくる。これでは、日本は中国との真の友好関係を築きようがない。（このことは韓国についても言える。数々の嘘で史実をねじ曲げ、それをネタにして日本をいつまでも責《せ》めまくっている。）

中国（中国人）は、「**子曰、伯夷叔齋、不念舊悪、怨是用希**」（子曰《しのたま》わく、伯夷《はくい》・叔斉《しゅくせい》、旧悪《きゅうあく》を念《おも》わず。怨《うら》み是《ここ》を用《もっ》て希《まれ》なり。）を一体どのように読んできたのだろうか。きっと私たち日本人には理解しがたい読み方をして、自分たちの行為は『論語』に沿ったものだと思っているに違いないのだ。でなければ、孔子の言葉に叛《そむ》くことを行ないながら、孔子を聖人と仰ぐことなどできるはずがない。

ある学者先生の指摘によれば、中国人にとって嘘をつくことは悪いことではなく、利己のための嘘は正義だという。

なるほど、この伝で行けば、歴史を捏造《ねつぞう》し、事実をでっち上げることも自国の利益のためなら正義となり、その正義に基づいて他国を責めることは清廉《せいれん》な行為となるのかも知れない。そのことによって怨《うら》みを買うことになっても、それは、自分たちの知ったことではないということなのであろう。

二四　子曰、孰謂微生高直、或乞醯焉、乞諸其鄰而與之、

子曰《しのたま》わく、孰れか微生高《びせいこう》を直《ちょく》なりと謂《い》う。或るひと、醯《す》を乞《こ》う。諸《こ》れを其《そ》の鄰《となり》に乞《こ》いてこれを与《あた》う。

【現代語訳】

先生は次のように言われた。

「微生高《びせいこう》のことを誰が正直者だなどと言うのか。ある人が酢《す》をもらいにいったら、隣からもらってきてそれを与えた。」

※　金谷氏は訳文に関して、「微生高――姓は微生、名は高。魯の人。」と付記しておられる。

【私の見解】


さて、この話は少し妙な気がする。

要するに孔子は、微生高が隣からもらってきた酢を与えたことを以て「正直ではない。」と言ったことになるが、それでは、「酢はない。」と断った方が正直でよかったと孔子は言っているのだろうか。何か変だ。

金谷氏は、「むりに上《うわ》べをとりつくろって」与えたという解釈を付けておられる。この解釈を加えれば、確かに正直でないという意味が浮き上がってくる。しかし、手持ちの酢がなかったのでわざわざ隣に借りに行ったという行為は親切心から出たものだと解釈することもでき、私は、むしろ好感が持てる。

「隣から借りてきてそれを渡す。」という一つの行為を、『今手持ちがありません。』と断れば正直なのに、うわべをとりつくろって隣から借りたものを自分の家のもののように渡すのは正直でない。」と解するか、「手持ちがないと断るのは心苦しくて、わざわざ隣から借りてきて渡したのは親切だ。」と解するかで、意味はまるっきり異なってくる。借り手と貸し手双方の気持ちにも大きな開きが生じる。日本ではわざわざ隣から借りてきて渡したのは親切だと思うのが普通であろう。

私の若い頃には、日本でもこのようなモノの貸し借りは普通に行われていた。手持ちがない場合は、「ちょっと待っててね。」と言って他所《よそ》から借りてきて渡すようなことは珍しくなかったが、それを「正直でない。」などと非難がましい取り方はしなかったと思う。孔子は、どうして「正直でない」と解したのだろうか。

この取り方の違いは、日本と中国の国柄の違いに原因があるのではないか。

一般的によく言われることだが、日本は、お互いが信じ合うことを基本としている社会であり、人の善意を善意として受け止めることが普通の習性として成り立っている。しかし中国はまったく逆だ。人間関係の基本に性悪説がこびりついており、お互いを疑い警戒《けいかい》しあうことが基本になっている社会であるため、人の善意を善意として素直に受け止める習性が成り立っていないのだ。孔子が微生高の行為を「正直ではない。」と解したのは、このような国柄が反映したのではないか。

それにしても、孔子自身が「**孰謂微生高直**」（孰《だ》れか微生高《びせいこう》を直《ちょく》なりと謂《い》う。）と言っているということは、微生高《びせいこう》のことを正直だと言っている人もいたことを表している。微生《びせい》高《こう》は本当は正直者だったかも知れない。「他所から借りてきた酢を自分の家のもののようにして渡した。」ということが本当かどうかを孔子は確かめたのだろうが、そのことをわざわざ暴いてまで、微生高《びせいこう》を「正直ではない。」と非難しなければならなかったのは、中国という国のどうしようもない悪弊《あくへい》の発露《はつろ》だったと言えるのかも知れない。私たち日本人から見れば、人の親切を悪意にとって非難しているようで、何だか後味《あとあじ》がよくない。

二五　子曰、巧言令色足恭、左丘明恥之、丘亦恥之、匿怨而友其人、左丘明恥之、丘亦恥之、

子曰《しのたま》わく、巧言《こうげん》、令色《れいしょく》、足恭《すうきょう》なるは、左丘明《さきゅうめい》これを恥《は》ず、丘《きゅう》も亦《ま》たこれを恥《は》ず。怨《うら》みを匿《かく》して其《そ》の人《ひと》を友《とも》とするは、左丘明《さきゅうめい》これを恥《は》ず、丘《きゅう》も亦《ま》たこれを恥《は》ず。

【現代語訳】

先生は次のように言われた。

「口が巧《うま》くて顔つきがよく、あまりにも恭《うやうや》しく振る舞うことを、左丘明《さきゅうめい》は恥《は》じた。丘《きゅう》（私）もまた恥じる。心の中では怨《うら》んでいながらそれを隠して人と友だちになることを、左《さ》丘明《きゅうめい》は恥《は》じた。丘（私）もまた恥じる。」

※　金谷氏は訳文に関して、「左丘明――新注では単に『昔の有名な人』という。一説には『春秋左氏伝』の著者とされる孔子と同時代の魯の人ともいうが、不明。　丘――孔子の名。ここでは自称。」と付記しておられる。

【私の見解】

孔子には「**巧言令色、鮮矣仁**」という言葉があり、口の巧《うま》い人間を信用しない性向《せいこう》があるからこのように言っているのかも知れないが、何の説明も書かれていないので、「**巧言令色足恭**」（巧言《こうげん》、令色《れいしょく》、足恭《すうきょう》なるは、）がどうして恥ずかしいことなのか、私にはよくわからない。「**足恭**」（度が過ぎたうやうやしさ）ということが問題なのか。

また、「**匿怨而友其人**」（怨《うら》みを匿《かく》して其《そ》の人《ひと》を友《とも》とするは、）は、どうして恥ずかしいことなのか。正直でないことがけしからんと思ってのことなのかも知れないが、これも何の説明も書かれていないので、私には訳《わけ》が分からない。

長い人生に於いては、腹の中で怨みに思っているような人ともやむを得ず友だちにならざるを得ない場合も生じ得《う》る。それが現実というものである。一概《いちがい》にそれを恥としたのでは、とても生活しにくくなるのではないか。

要するに、この章は、左丘明と孔子がどんな人間を恥ずかしいと思ったのかという、ただそれだけの話である。『論語』に載せなければならないほどの味わい深い話でもないように、私には思える。『論語』が出た後の中国にこれがどのような影響を及ぼしたのか、私には想像すらできない。

二六　顔淵季路侍、子曰、盍各言爾志、子路曰、願車馬衣輕裘、與朋友共、敝之而無憾、顔淵曰、願無伐善、無施勞、子路曰、願聞子之志、子曰、老者安之、朋友信之、少者懷之、

顔淵《がんえん》・季路《きろ》侍《じ》す。子曰《しのたま》わく、盍《なん》ぞ各々爾《おのおのなんじ》の志《こころざし》を言《い》わざる。子路曰《しろい》わく、願《ねが》わくは車馬衣裘《しゃばいきゅう》、朋友《ほうゆう》と共《とも》にし、これを敝《やぶ》るとも憾《うら》み無《な》けん。顔淵曰《がんえんい》わく、願《ねが》わくは善《ぜん》に伐《ほこ》ること無《な》く、労《ろう》を施《ほどこ》すこと無《な》けん。子路曰《しろい》わく、願《ねが》わくは子《し》の志《こころざし》を聞《き》かん。子曰《しのたま》わく、老者《ろうしゃ》は、これを安《やす》んじ、朋友《ほうゆう》はこれを信《しん》じ、少者《しょうしゃ》はこれを懐《なつ》けん。

※　金谷氏は読み下し文に関して、「衣裘――『衣軽裘』の『軽』の字は後世の附加。　労を施す……――古注による。新注では『労にほこること無けん。』の意味に読み、施を伐（誇）と同意にみる。」と付記しておられる。

【現代語訳】

顔淵《がんえん》と季路《きろ》がおそばにいたとき、先生は、

「どうだ、そなたたちの志《こころざし》を話してみないか。」

と言われた。子路が、

「車や馬やきものの毛皮の外套《がいとう》を友達といっしょに使って、それが破れても怨《うら》みに思わないようにしたいです。」

と言った。顔淵《がんえん》は、

「善いところを自慢せず、人に苦労させせないようにしたいです。」

と言った。子路は、

「どうか先生のご志望をお聞かせください。」

と言った。先生は、

「老人を安心させ、友達には信頼され、若ものには慕《した》われたいものだ。」

と言われた。

※　金谷氏は訳文に関して、「顔淵——顔回のこと。あざ名の子淵で姓につづけた。季路——子路（仲由のあざ名のこと。それに兄弟の末のよび名である季をつづけた。」と付記しておられる。

【私の見解】

さて、これは師と弟子の日常の何でもない会話のように見える。子路と顔回それに孔子の人柄の一端を知るうえで貴重な会話だとはいえ、わざわざ『論語』に収録するほどのことではないように私には思える。

とはいえ、儒者がこれを『論語』に載せたのには、それなりの理由《わけ》があったはずである。おそらく、孔子の門弟のなかでも秀《ひい》でた高弟といわれた子路と顔回がどのような志を抱《いだ》いていたかは、儒者たちの高い関心の的《まと》であったに違いない。まして、儒学の祖である孔子がどのような志を抱いていたかは、彼等の最も知りたいことだったのであろう。だから、『論語』に収録して後世に伝えようとしたのかも知れない。

それにしては、子路・顔回・孔子の志望のなんとあっけないことか。天下国家に関わるような壮大《そうだい》な志ではなく、日常の生活上の心がけ程度の軽い志のように私には思える。

しかし、これは、このような一見何でもないような志こそが、人間が生きる上では大切なのだという教訓なのかも知れない。この話が『論語』に載ったのも、本当はその辺《あた》りに意味があるのかも知れない。

日本や中国でこの言葉がどのように読まれ、どのように扱われてきたのかについては、残念ながら、私にはまったく分からない。

二七　子曰、已矣乎、吾未見能見其過、而内自訟者也、

子曰《しのたま》わく、已《や》んぬるかな。吾《わ》れ、未《いま》だ能《よ》く其《そ》の過《あやま》ちを見《み》て内《うち》に自《みずか》ら訟《せ》むる者《もの》を見《み》ざるなり。

【現代語訳】

先生は次のように言われた。

「もうおしまいだなあ。自分の過ちを認めて反省し、自分を責めることのできる人を、私はまだ見たことがない。」

【私の見解】

これは、自分の過失を認めて反省する人間がいないことを孔子が嘆いた言葉だと解釈できる。「**已矣《や》乎**（已んぬるかな。＝もうおしまいだなあ。）」にその嘆きの大きさが込められているように思われる。「見たことがない。」には、孔子自身のことも含まれているかも知れない。

時は春秋時代である。誰もが生きることに精一杯で、いちいち自分の過失を反省するゆとりなどなかったことが想像される。孔子は、その世相そのものを嘆《なげ》いたのであろう。

この言葉が『論語』に収められたのは、孔子が生きた時代よりもさらに紊乱《びんらん》の度を増した時代に、孔子の嘆きを知らしめる意図があったからではないかと、私は推測する。

孔子の嘆きは、しかし、その後の中国には何の教訓にもならなかったのではないか。世は乱れに乱れ、独裁王朝が生まれては滅び滅んではまた生まれるを繰り返し、人々の精神には利己心が澱《おり》となっていったであろうからである。

自分の過失を認めて反省していたのでは、生き残っては行けない厳しい現実が繰り広げられていき、そして現在の中華人民共和国に行き着いたのだ。

中国（中国人）の振る舞いを見ていると、彼等の辞書には「反省」という言葉がないかのようである。彼等は、ことあるたびに他を責めるばかりで、反省を口にして謝罪をした例《ためし》がない。

日本人の感覚から言えばこうだが、中国（中国人）の側から見ると、そうではないかも知れない。

つまり、彼等からすれば、過失を認めて反省すべきは相手の方であって、自分たちには何の落ち度もないということになるのであろう。孔子の嘆きを自分たちの嘆《なげ》きに被《かぶ》せ、自分たちは『論語』の教訓には何も叛《そむ》いていないと思っているに違いない。その背景には、「利己」のためには嘘も捏造《ねつぞう》も騙《だま》しも許されるという身勝手な正義がはびこっているものと思われる。

二八　子曰、十室之邑、必有忠信如丘者焉、不如丘之好學也、

子曰《しのたま》わく、十室《じっしつ》の邑《ゆう》、必《かなら》ず忠信《ちゅうしん》、丘《きゅう》が如《ごと》き者《もの》あらん。丘《きゅう》の学《がく》を好《この》むに如《し》かざるなり。

【現代語訳】

先生は次のように言われた。

「十軒ばかりの村里にも、丘（私）ぐらいの忠信の人は必ずいるだろうが、丘（私）ほどの学問好きはいない。」

【私の見解】

一見して、これは、孔子が自分の学問好きをひけらかしている言葉のようにも読めるが、実はそうではなく、金谷氏の訳と齋藤氏の訳を見比べながら考えて見ると、学問の効用を一般論として述べたものだと分かる。

ちなみに、金谷氏の訳は、

先生がいわれた、「十軒ばかりの村里にも、丘《きゅう》（わたくし）ぐらいの忠信の人はきっといるだろう。丘の学問好きには及ばない〔だけだ〕。」

となっており、齋藤孝氏の訳は、

先生はいわれた。

「十軒ばかりの村にも、私ぐらいの忠信の徳を持つ性質の人はきっといるだろう。ただ、私の学問好きには及ばないというだけだ。（人は学んではじめて向上する。生来の良い性質だけではだめなのだ。）

となっている。

つまり、孔子は、誠実で正直な人間はどこにでもいるが、学問をしないとそのよい資質も花開かないよ、と言っているのだ。それにしても、学問が大切であることは、今日では普通の常識人なら誰でも弁《わきま》えていることである。この程度の言葉がどうして『論語』に収められているのか。

おそらく、孔子の生きた時代には、学問に対する認識が一般的に低かったのであろう。そこで孔子は、啓蒙《けいもう》の意味でこのようなことを言ったものと思われる。

孔子の死後数百年経った頃の中国は、孔子が生きた時代よりもいっそう世相が安定せず、学問どころではなかったことが推察できる。そこで、儒者たちは、右の孔子の言葉を広めるために『論語』に収めたのではないか。

右のように考えれば、何の抵抗もなく読める言葉だと思われるが、さて、日本でこれが人倫徳目《じんりんとくもく》として人口《じんこう》に膾炙《かいしゃ》されてきたかどうか、私は寡聞《かぶん》にして知らない。

雍也《ようや》第六

一　**子曰、雍也可使南面、**

子曰《しのたま》わく、雍《よう》や南面《なんめん》せしむべし。

【現代語訳】

先生は次のように言われた。

「雍《よう》は、南面させてもよい。」

※　金谷氏は訳文に関して、「雍――門人の冉雍《ぜんよう》、あざ名は仲弓。徳行の人とされる。公治長篇第五章参照。　南面――

――天子や諸侯は南むきで政治をとった。立派な政治家になれるということの強い表現。」などと付記しておられる。

【私の見解】

さて、冉雍《ぜんよう》は、孔門十哲の一人で、徳行に優れた人物だったという。孔子は、その冉雍を政治向きだと見抜き、「**雍也可使南面**」（雍《よう》や南面《なんめん》せしむべし。）と言ったというのだが、はて、これが『論語』に収録されたのは何故だろう。他愛のない普通の言葉のように私には思える。

冉雍は、無茶なことをせず、誰にでも愛情をもって接した徳行の人だったということだから、孔子は、そういう人物こそが、この乱世では政治に関わるべきだと考えたのかも知れない。

『論語』を編集した儒者たちは、この孔子の思いを後の世に知らしめるために、「**雍也可使南面**」を『論語』に載せたのであろう。実際に冉雍は、後に魯の重臣・季氏の家老となったそうだが、無学な私には、それ以上のことは分からない。

中国がその後今日《こんにち》言うところの「人権」も何もない国になっていったことを考えると、孔子が冉雍にかけた思いは実を結ばなかったと言ってよいだろう。

現在の中華人民共和国は、まさに徳とは無関係の様相を呈《てい》しているが、中国人の逆立ちした感覚では、現在の中国こそが真の徳を備えた国だと思っているのかも知れない。自分の顔を自分で見ることができないように、中国（中国人）は、自分の姿がまったく見えていないのではないか。そうでなければ、現在行なっているような傍若無人《ぼうじゃくぶじん》な振る舞いはできないはずである。徳行の人・冉雍を政治家に推《お》した孔子の真意を、『論語』を通して今一度受け止めてもらいたいものだ。

二　仲弓問子桑伯子、子曰、可也、簡、仲弓曰、居敬而行簡、以臨其民、不亦可乎、居簡而行簡、無乃大簡乎、子曰、雍之言然、

仲弓《ちゅうきゅう》、子桑伯子《しそうはくし》を問《と》う。子曰《しのたま》わく、可《か》なり、簡《かん》なり。仲弓曰《ちゅうきゅうい》わく、敬《けい》に居《い》て簡《かん》を行《おこな》い、以《もっ》て其《そ》の民《たみ》に臨《のぞ》まば、亦《ま》た可《か》ならずや。簡《かん》に居《い》て簡《かん》を行《おこな》う、乃《すなわ》ち大簡《だいかん》なること無《な》からんや。子曰《しのたま》わく、雍《よう》の言《げん》、然《しか》り。

【現代語訳】

仲弓が先生に子桑伯子《しそうはくし》のことを、

「どうお思いですか。」

とお訊ねしたところ、先生は、

「こせこせしていないからいいのではないかな。」

と言われた。仲弓は〔孔子の答えに納得がいかず〕、「でもおおように構えているのはいいとしても、政治までおおように行なったのではおおようが過ぎませんか。」

と重ねて訊ねた。すると孔子は、

「そなたの言うことは尤《もっとも》だね。」

と言われた。

※　金谷氏は訳文に関して、「子桑伯子——不明。当時の政治家であろう。」と付記しておられる。

【私の見解】

金谷氏の付記にもあるように、子桑伯子という人がどのような人物で何をしたのかはよくわかっていないようだ。政治家であったようだが、いつもおおように構え、政治もおおようであったらしい。

さて、これは、孔子と仲弓による子桑伯子についての普通の人物評のように見える。

どうしてこれが『論語』に収録されたのだろう。徳深い仲弓が、孔子に歴史上それほど重要な人物とも思えない子桑伯子という政治家の政治のやり方について訊ね、自分の考えを述べたという、ただそれだけの話ではないか。

いや、そうではない。孔子は仲弓の問いに合わせる形で政治家の資質について述べているのだと考えると、『論語』に収録された意味も少し見えてくる。

つまり、孔子は、政治というものはおおように構えつつも細部に気を配ることが大切だと述べているのであり、後の儒者が『論語』にこれを収録したのは、政治とはそうあるべきだと後世の権力者に伝えようとしたからではないか。

中国でこれがどう生かされたかについては、私は語るべき資料を持っていない。日本に於いても、この逸話がどれほど語り継がれてきたか、まったく分からない。

不遜《ふそん》ながら、私は、孔子と弟子の会話の一片として心に留めておけばそれで十分ではないかと思う。

ところで、本章は、前章と一つの話として解説しているものも見受けられる。どういうことなのか、私にはよく分からない。変な感じがするが、『論語』の世界では普通のことなのであろう。

三　哀公問曰、弟子孰爲好學、孔子對曰、有顏回者、好學、不遷怒、不貳過、不幸短命死矣、今也則亡、未聞好學者也、

哀公《あいこう》問《と》うて曰《い》わく、弟子《ていし》、孰《だれ》か学《がく》を好《この》むと為《な》す。孔子対《こうしこた》えて曰《のたま》わく、顔回《がんかい》なる者《もの》あり、学《がく》を好《この》む。怒《いか》りを遷《うつ》さず、過《あやま》ちを弐《ふたた》びせず。不幸《ふこう》、短命《たんめい》にして死《し》せり。今《いま》や則《すなわ》ち亡《な》し。未《いま》だ学《がく》を好《この》む者《もの》を聞《き》かざるなり。

※　金谷氏は読み下し文に関して、「亡し――『経典釈文』に、一本には『亡』の字が無いとある。なおこの章は、先進篇第七章では季康子の問いとしてみえる。」などと付記しておられる。

【現代語訳】

哀公が、

「お弟子の中で誰が学問好きですか。」

とお訊ねになった。先生は、

「顔回という者がおりまして、学問が好きでした。怒りを誰かにぶつけることもなく、同じ過ちをしませんでした。不幸にも短命で死んでしまって、今はもう〔この世に〕おりません。学問好きの者のことは〔顔回の他には〕聞いたことがありません。」

と答えられた。

※　金谷氏は訳文に関して、「顔回の死は、『孔子家語』に三十二歳という異説が多い。清の李鍇《りかい》は四十一歳という。そうだとすると、孔子は七十一歳、最も晩年の悲痛なことばである。」と付記しておられる。

【私の見解】

これは、孔子が、弟子の中で誰が学問好きかと哀公《あいこう》（魯の第27代君主。名は将。父は魯の第26代君主定公）に訊ねられて、顔回の名を挙げ、顔回ほどの学問好きは他にはいないと言ったという逸話である。顔回は、あまり読書をしすぎて29歳の時に頭髪が真っ白になったという説もあると井上靖の前掲書にある。

顔回は孔門十哲の中でも筆頭格の人物で、彼が早世したとき、孔子は「ああ、天、予《わ》れを喪《ほろ》ぼせり」と声を上げて泣いたと伝えられている。

金谷氏の付記にあるように、先進篇第七章では同趣旨の質問を季康子がしたことになっている。おそらく、季康子も同じ質問をしたのであろう。

さて、この話が『論語』に収録されたのは何故だろうか。

残念ながら、私にはその理由がよく分からない。おそらく『論語』を編集した儒者たちは、孔門十哲の筆頭格だった顔回の人柄を後世に伝えたかったのではないか。それが、孔子の顔回への熱い思いを後世に遺《のこ》すことになると考えたのかも知れない。

逸話としては傾聴《けいちょう》に値《あたい》するとはいえ、人倫徳目となるような話ではないと私は思う。顔回という人物の印象の一片として心に留めておけば十分ではないだろうか。

四　子華使於齋、冉子爲其母請粟、子曰、與之釜、請益、曰與之庾、冉子與之粟五秉、子曰、赤之適齋也、乗肥馬、衣輕裘、吾聞之也、君子周急不繼富、

子華《しか》、斉《せい》に使《つか》いす。冉子《ぜんし》、其《そ》の母《はは》の為《ため》に粟《ぞく》を請《こ》う。子曰《しのたま》わく、これに釜《ふ》を与《あた》えよ。益《ま》さんことを請《こ》う。曰《のたま》わく、これに庾《ゆ》を与《あた》えよ。冉子《ぜんし》、これに粟五秉《ぞくごへい》を与《あた》う。子曰《しのたま》わく、赤《あか》の斉《せい》に適《ゆ》くや、肥馬《ひま》に乗《の》りて軽裘《けいきゅう》を衣《き》たり。吾《わ》れ、これを聞《き》く、君子《くんし》は急《きゅう》を周《すく》うて富《と》めるに継《つ》がずと。

【現代語訳】

子華《しか》が、先生の使いで斉《せい》へ行った。冉子《ぜんし》は子華の母親のために穀物《こくもつ》を下さいと言った。先生は、

「釜《ふ》の分量をあげなさい。」

と言われた。〔冉子が、〕

「もっと増やして下さい。」

と言うと、先生は、

「庾《ゆ》の分量をあげなさい。」

と言われた。冉子は〔独断で〕五秉《ごへい》の穀物を与えた。先生は、

「赤《せき》が斉に出かけたときは、立派な馬に乗って軽やかな毛皮を着ていた。わたしの聞くところでは、君子は困っている者は助けても、金持ちにはいっそうの施《ほどこ》しはしないものだ。」

と言われた。

※　金谷氏は訳文に関して、「子華――門人の公西赤のあざ名。冉子――冉求のこと。釜《ふ》・庾《ゆ》・秉《へい》――ます目の単位。釜は六斗四升（一斗はわが国の約一升で約一・九リットル）、庾は十六斗、秉はその十倍の十六斛《こく》。五秉は釜の百二十五倍にあたる。」などと付記しておられる。

【私の見解】

これは、孔子が、困っている者を助けるのはいいが、裕福な者にいっそうの施しをするのはよくない、と門弟の冉子をたしなめた話だ。孔子が自分を主語にせず「君子は……。」

と言っているのは私には抵抗感があるが、それ以外は、なるほどと首肯できる内容である。誰にも異存はないのではないか。

ただ、深読みすれば、気がかりなことが見えてくる。

子華《しか》がどのような経済状況にあったか、私には知る由《よし》もないが、彼は孔子の使いで斉へ行ったとき、立派な馬に乗り軽やかな毛皮を着ていた。孔子はそのことを以て子華は豊かな経済状態にあると見たのだが、本当はどうだったのだろう。

先生の使いで斉へ行くのだからと、子華の母親は息子のためにどこからか借金をして身《み》支度《じたく》をさせ立派な馬をあてがったのかも知れない。同門の冉子はそのことを知っていて、子華の母親のために穀物を援助してやって欲しいと願い出たのかも知れない。だから、孔子が「**與之釜**」（これに釜《ふ》を与《あた》えよ。）と言ったとき「**請益**」（益《ま》さんことを請《こ》う。＝もっと増やして下さい。）と願い、結局、孔子が初めに言った量の125倍もの量を子華の母親に届けたのではないか。

これはあくまでも私の推理《すいり》だが、まんざら的外《まとはず》れとは言えないのではないか。なぜなら、このように解釈すれば、日々孔子の教えを受けて孔子の考えを知らないはずのない冉子《ぜんし》が、孔子の言うことを守らず125倍もの量の穀物を子華の母親に届けたことの説明がつくと思うからである。

さはさりながら、推理はあくまでも推理であって何の確証もない。これ以上の深読みはしないことにする。

さて、この逸話が『論語』に収録されたのは何故か。富める者はますます豊かになり、貧しい者はますます貧しくなるという弱肉強食《じゃくにくきょうしょく》の時代に必要な教訓として、儒者たちはこれを後世に伝えたかったのかも知れない。

そうだとすれば、その思いは、中国という国柄に拒絶《きょぜつ》されたと言ってよいだろう。権力者が富を独占し、人民はその奴隷という状況が何百年も続いた挙げ句、今日の共産党一党独裁の中華人民共和国が現出した。皇帝が共産党に変わっただけで、社会構造は本質的に何も変わっていない。

貧富の格差はますます拡大している。共産党の幹部はそれを巧妙《こうみょう》に正当化し、その恩恵にあずかっている一部の国民はいっそうの富の拡大に血道《ちみち》をあげ、貧しい絶対多数の国民は奴隷の安逸《あんいつ》に沈んでしまっている。

だが、これはあくまでも日本人的価値観による観測だ。中国（中国人）はまったくそう思ってはいないであろう。共産主義による政治こそが君子の政治であり、国民に平等に富をもたらすという共産主義の演繹的論理《えんえきてきろんり》を振りかざして、自分たちのしていることは『論語』と少しも矛盾していないと、彼等は胸を張っているに違いないのだ。恐ろしいことである。

五　原思為之宰、與之粟九百、辭、子曰、毋、以與爾隣里郷黨乎、

原思《げんし》、これが宰《さい》たり、これに粟九百《ぞくきゅうひゃく》を与《あた》う。辞《じ》す。子曰《しのたま》わく、毋《な》かれ、以《もっ》て爾《なんじ》が隣《りん》里郷党《りきょうとう》に与《あた》えんか。

※　金谷氏は読み下し文に関して、「新注では前とあわせて一章としている。」と付記しておられる。

【現代語訳】

原思《げんし》は、家宰《かさい》（とりしまり）となった。九百〔斗？〕の穀を与えられたが辞退した。先生は、

「いやいや、それをそなたの隣近所に分けるんだね。」

と言われた。

※　金谷氏は訳文に関して、「原思——孔子の門人。姓は原、名は憲《けん》、あざ名は子思。清貧の人であった。」と付記し

ておられる。

【私の見解】

これは、金谷氏の説明によると、孔子が魯の司寇《しこう》(司法大臣)だったときの話だという。原思が清貧の人であったことを伝えるエピソードだ。

これが『論語』に収められたのは、文字通り、原思の人柄を後世に伝えるのが目的だったと思われる。あるいは、孔子の思いやりに溢《あふ》れた人柄を後世に伝えるのが目的だったのかもしれない。いずれにせよ、そんなに特筆すべき逸話でもないように私は思う。

『論語』には、人倫徳目として教訓とすべきほどでもない孔子と弟子の会話もたくさん載っているが、これもその一例である。

ところで、金谷氏の付記にもあるように、新注では、本章は前章と合わせて一章としているとのことである。確かに、話としては通底している。

六　子謂仲弓曰、犂牛之子、騂且角、雖欲勿用、山川其舍諸、

子《し》、仲弓《ちゅうきゅう》を謂《い》いて曰《のたま》わく、犂牛《りぎゅう》の子《こ》、騂《あか》くして且《か》つ角《つの》あらば、用《もち》いること勿《な》からんと欲《ほっ》すと雖《いえど》も、山川《さんせん》其れ舎《そ》てんや。

【現代語訳】

先生は、仲弓のことを次のように言われた。

「まだら牛の子でも、赤い毛並みでさらに角《つの》があれば、用いないでおこうと思っても、山川の神々が捨て置くことはないだろう。」

※　金谷氏は訳文に関して、「仲弓――門人の冉雍《ぜんよう》のこと。まだら牛というのは、仲弓の出身が微賤であったからで、それにもかかわりなく人格の立派さで抜擢されるであろうというたとえ。」と付記しておられる。

【私の見解】

これは、門人の仲弓を孔子が高く評価していたことを伝えるエピソードである。人物評価に隠喩《いんゆ》の手法を用いるのが孔子の性向《せいこう》だったようで、『論語』の他の章でもよく見受けられる。

これが『論語』に収められたのは、仲弓の人柄を後世に伝えるためであったと思われるが、私たち日本人には、取り立てて言うほどの話ではないように私は思う。

中国で、これを『論語』に載せた儒者の思いが伝わったかどうか、私には想像すらできない。

七　子曰、回也、其心三月不違仁、其餘則日月至焉而已矣、

子曰《しのたま》わく、回《かい》や其《そ》の心三月仁《こころさんがつじん》に違《たが》わず。其《そ》の余《よ》は則《すなわ》ち日月《ひびつきづき》に至《いた》るのみ。

【現代語訳】

先生は次のように言われた。

「回《かい》は、三カ月もの間仁徳から心が離れない。その他の者は一日か一月《ひとつき》の間仁徳に行き着けるだけだ。」

※　金谷氏は訳文に関して、「そのほかの者――顔回以外の門人とみるのが通説。仁斎は仁よりほかの諸徳とみて、それらはわずかの日月で獲得できるとした。」と付記しておられる。

【私の見解】

仁斎の説に立って、この章を次のように訳している例も見られる。

先師がいわれた。――

「回よ、三月の間、心が仁の原理を離れなければ、その他の衆徳は日に月に進んでくるものだ。」

（下村湖人『現代訳論語』）。

さて、顔回が孔子の門弟のなかでも学問好きの筆頭であったことは先に見たとおりである。孔子は、仁徳についても、顔回を最も高く評価していたことがこの章から読み取れる。孔子の思想の神髄《しんずい》は「仁」にあると一般に言われるが、顔回は、その「仁」の徳に優れていたのだ。孔子が顔回を高く評価したのは当然であったと言えよう。

これが『論語』に収録されたのは、やはり、孔子の「仁」への思いと「仁」に優れていた顔回という孔門の高弟について後世に語り継ぐためであったと思われる。

ところで、「仁」と言っても、その中身を的確《てきかく》に言い表すのは難題《なんだい》である。私のような非《ひ》才《さい》には歯が立たない。

井上靖は前掲書で実にうまく「仁」の解説をしている。蔫薑《えんきょう》という小説上の架空《かくう》の人物に語らせているその部分を、少し長いが抜粋《ばっすい》してみる。（文中、「私」とは蔫薑《えんきょう》のこと、「子」とは孔子のことである）。

私が〝仁〟という詞《ことば》を、初めて耳に致しましたのは、私が子にお仕えするようになったごく初期の頃、陳都滞在の三年目の春のことかと思います。その頃、時に子は、陳の若い役人や、町の人たちを相手に、御自分の館の一室で、礼楽のお話をなさったり、その儀式、作法の手解《てほど》きをなさったりすることがありました。そんな時には、私も仕事を片付けて、なるべく子のお話を聴くように致しましたが、その時の子のお話の中で、心に刻まれたまま、現在も記憶に遺っているのは、〝仁〟という字と、〝信〟という字のお話であります。

――〝仁〟という字は、人偏《にんべん》に〝二〟を配している。親子であれ、主従であれ、旅であった未知の間柄であれ、兎に角、人間が二人、顔を合せさえすれば、その二人の間には、二人がお互いに守らねばならぬ規約とでもいったものが生れてくる。それが〝仁〟というもの、他の言葉で言うと、〝思いやり〟、相手の立場に立って、ものを考えてやるということ。（中略）

――みんなが、相手の立場に立って、考えてやろうじゃないか。悲しんでいたら、慰めてやろう。淋しがっていたら、労わってやろう。これが〝仁〟というものだ。〝仁〟は〝二人〟と書く。二人の間に成り立つ人間の道である。思いやりである。親に会っても、思いやり。妹に会っても、思いやり。隣家の内儀さんに会っても、思いやり。道

で見知らぬ旅人に会っても、思いやり。（中略）
――子貢がお訊ねした。ほんの一言で、生涯、これを行なう価値のあるものがありましょうか。子がお答えになった。それは〝恕〟、――他人《ひと》の身になってやることだろうかね。自分の欲しないことを、他人にやらせてはいけないということである。（281〜284ページ）。

『論語』は日本に伝わって、日本人の洗浄《せんじょう》された（つまり汚《けが》れを嫌う）精神に受け止められてこそ花開いたと誰かの本にあった。まさしくそうであろうと私も思う。

孔子の教えの中心をなす「仁」を後世《こうせい》に伝えようとした儒者たちの切なる思いは、その後の中国に素直に伝わったとはとても思えない。

たとえば、「仁」の中身をなす「相手の立場に立って考える。」というのは、民主主義の基本でもあると言えるが、中国には、古来今日《こんにち》に至るまで、その民主主義の欠片《かけら》さえもないのだ。

だが、中国（中国人）には、その自覚は微塵《みじん》も窺《うかが》えない。自分たちの国こそが「新しい民主主義だ」と世界に向かって堂々と宣《のたま》っているのである。救いようがないとはこのことであろう。

井上靖の同書には、次のような件《くだり》もある。

仁とは、すべての人間が倖せに生きてゆくための、人間の人間に対する考え方でありま す。〃まこと〃、〃まごころ〃、〃人の道〃、――いろいろ、どのようにも名付けられましょうが、要するに、人間はお互いに相手を労《いたわ》る優しい心を持ち、そしてお互いに助け合って、この生きにくい乱れに乱れた世を、やはりこの世に生まれて来てよかった、と思うように生きようではないか。そういう考え方が、〃仁〃であります。（328ページ）

この文章に照らして見ても、『論語』の本家本元である中国には、孔子がもっとも訴えたかった「仁」が、素直な形では受け継がれていないことがハッキリと分かるではないか。

八　李康子問、仲由可使従政也與、子曰、由也果、於従政乎何有、曰、賜也可使従政也與、子曰、賜也達、於従政乎何有、曰、求也可使従政也與、子曰、求也藝、於従政乎何有、

季康子《きこうし》、問《と》う、仲由《ちゅうゆう》は政《せい》に従《したが》わしむべきか。子曰《しのたま》わく、由《ゆう》や果《か》、政《せい》に従《したが》うに於《お》いてか何《なに》か有《あ》らん。曰《い》わく、賜《し》は政《せい》に従《したが》わしむべきか。子曰《しのたま》わく、賜《し》や達《たっ》、政《せい》に従《したが》うに於《お》いて何《なに》か有《あ》らん。曰《い》わく、求《きゅう》は政《せい》に従《したが》わしむべきか。子曰《しのたま》わく、求《きゅう》や藝《げい》あり、政《せい》に従《したが》うに於《お》いて何《なに》か有《あ》らん。


【現代語訳】

季康子《きこうし》が、

「仲由《ちゅうゆう》（子路）は政治を担当させられますかな。」

と訊ねた。先生は、

「由は果断《かだん》です。政治を担当するぐらいは何でもありません。」

と言われた。〔すると季康子は、〕

「賜《し》（子貢）は政治を担当させられますかな。」

と言った。先生は、

「賜は何事にも明るく人に受け入れられます。政治を担当するぐらいは何でもありません。」

と答えられた。〔すると季康子《きこうし》はさらに、〕

「求《きゅう》（再求《ぜんきゅう》）は政治を担当させられますかな。」

と言った。先生は、

「求は才能ゆたかです。政治を担当するぐらいは何でもありません。」
と言われた。

※ 金谷氏は訳文に関して、「通達する――ものごとに明るく、広く人に受けいれられる。顔淵篇第二〇章を参照。」
などと付記しておられる。

ちなみに、金谷氏の訳は次のようになっている。

季康子がたずねた、「仲由《ちゅうゆう》（子路）は政治をとらせることができますかな。」先生はいわれた、「由は果断です。政治をとるぐらいは何でもありません。」「賜《し》（子貢）は政治をとらせることができますかな。」「賜は何事でも通達する。政治をとるぐらいは何でもありません。」「求（冉求《ぜんきゅう》）は政治をとらせることができますかな。」「求は才能ゆたかです。政治をとるぐらいは何でもありません。」

【私の見解】

さて、これは、東周春秋時代の魯の国の大夫であった季康子《きこうし》が、孔子に、子路・子貢・冉求の政治を執《と》る能力について訊ねたときの逸話《いつわ》である。孔子は、子路・子貢・冉求の特長をそれぞれ挙げて、政治を執る能力があると答えている。

逸話として特筆すべきほどのものでもないと私は思うが、これを『論語』に収めたのは、『論語』を編集した儒者たちが、孔子がいかに的確《てきかく》に弟子たちの特質を把握していたか、そして、孔門の高弟であった子路・子貢・冉求がどのような人物であったか、を後世に語り継ごうとしたためではないかと思われる。

孔子は、子路の性格を「果（果断）」、子貢のそれを「達（通達）」、冉求のそれを「藝（豊かな才能）」と端的に表現し、三人共に政治を担当するぐらいは何でもない、と答えている。果たしてこれは真に孔子が言った言葉なのか、それとも後世の子路たちを贔屓《ひいき》する儒者の創作なのかはわからないが、いずれにしても、儒者たちは孔子や子路たちのことをこのような形で後世に伝えたかったのであろう。

政治を担当するために必要な資質として、孔子が、「果」「達」「藝」を挙げているのは興味深い。今日の政治を志す人たちには、一つのヒントになるかも知れないが、この章が、その後の中国にどのような影響を与えたか、そして、わが国の『論語』愛読者にどのような感慨《かんがい》をもたらしたか、については、私には推察《すいさつ》することさえできない。

九　季氏使閔子騫爲費宰、閔子騫曰、善爲我辭焉、如有復我者、則吾必在汶上矣、

季氏《きし》、閔子騫《びんしけん》をして費《ひ》の宰《さい》たらしむ。閔氏騫《びんしけんい》曰わく、善《よ》く我《わ》がために辞《じ》せよ。如《も》し我《わ》れを復《ま》たする者《もの》あらば、則《すなわ》ち我《わ》れは必《かなら》ず汶《ぶん》の上《ほとり》に在《あ》らん。

※　金谷氏は読み下し文に関して、「則ち吾れ――『経典釈文』では、ある本には『吾』の字が無い、また鄭注本には『則吾』の二字が無いといい、『史記』仲尼弟子伝でも二字が無い。」と付記しておられる。

【現代語訳】

季氏《きし》が閔子騫《びんしけん》を〔封地である〕費《ひ》の町（山東省費県）の宰《さい》（とりしまり）にしようとした。閔子騫は、

「私にはその気はありません。断って下さい。もし再び私をお召《め》しになるようならば、私はきっと汶水《ぶんすい》のほとりに行くでしょう。（つまり、これは亡命するということ。）」

※　金谷氏は訳文に関して、「閔子騫――孔子の門人。閔は姓、子騫はあざ名。名は損。孔子より十五歳わかい。汶水の……――汶水は魯の北境の川の名。斉の国への亡命の意を表す。季氏の無道をきらったのだという。」と付記しておられる。

【私の見解】

さて、これは、たいした逸話ではないように思われる。

閔子騫は孔門十哲の一人で、徳行に優れていた人物だったという。そのような人物であったからこそ、季氏は閔子騫を費《ひ》の町の宰にしようとしたのであろう。だが、閔子騫は季氏の無道《むどう》を嫌《きら》って、それを断ってくださいと（おそらく孔子に）申し出た。それでも誰かが自分を費の町の宰《さい》（とりしまり）に推薦《すいせん》するのであれば、斉《せい》の国へ亡命するとまで閔子騫は言っている。なんだか、話の流れが不自然である。

どうもこの話は、魯の国の家老であった季氏の無道な行跡《ぎょうせき》を後世に語り継ぐために、『論語』を編集する儒者たちがあとで創作して付け加えたのではないか、と私は思う。確たる根拠はない。文章全体の雰囲気からそのように感じるだけだ。

一〇　伯牛有疾、子問之、自牖執其手、曰、亡之、命矣夫、斯人也而有斯疾也、斯人也而有斯疾也、

伯牛《はくぎゅう》、疾《やまい》有《あ》り、子《し》、これを問《と》い、牖《まど》より其《そ》の手《て》を執《と》りて曰《のたま》わく、これを滅《ほろ》ぼせり、命《めい》なるかな。斯《こ》の人《ひと》にして斯《こ》の疾《やまい》あること、斯《こ》の人《ひと》にして斯《こ》の疾《やまい》あること。

※　金谷氏は読み下し文について、『亡之』を『これ無けん』と読んで、こういう悪疾にかかる道理がないのに、とする解釈もある。」と付記しておられる。

【現代語訳】

伯牛《はくぎゅう》が病気になり、先生が見舞われた。窓ごしに伯牛の手を取られて、「おしまいだ。運命だねえ。この人がこんな病気にかかろうとは、この人がこんな病気にかかろうとは。」と言われた。

※　金谷氏は訳文に関して、「伯牛――孔子の門人の冉耕《ぜんこう》のあざ名。先進篇では徳行の士としてあげられる。病気はハンセン病であったという。　窓ごしに……――古注では悪疾で顔をみられたくなかったためだといい、新注では君主に対する礼で迎えたので孔子がそれを辞退して入室しなかったのだという。『その手を取る』の意味は重い。」などと付記しておられる。

【私の見解】

さて、伯牛も孔門十哲の一人ということだ。その伯牛が「ハンセン病」という当時としては不治の病に罹《かか》った。孔子は伯牛を見舞い、窓越しに彼の手を握って、高弟の悲運を嘆《なげ》いた。自分もハンセン病に感染《かんせん》するかもしれないという恐怖《きょうふ》をものともしない孔子の行為を、金谷氏は、『その手を取る。』の意味は重い。」と書いておられる。孔子の人柄を伝える話として、一級のものであろう。

この逸話は、孔子が伯牛の能力をいかに高く評価していたか、そして、不治《ふち》の病《やまい》に罹《かか》った愛弟子《まなでし》の悲運をどんなに深く嘆いたかを示しており、『論語』を編集した儒者たちは、是非この話を後世に語り継ごうと思ったのであろうと思われる。

『論語』には、この逸話のように、孔子の「恕」の姿勢を伝える話が数多く収録されている。その中でも、この逸話は、顔回が亡くなったときに「ああ、天、予《わ》れを喪《ほろ》ぼせり。」と嘆いた逸話と双璧《そうへき》をなしている。孔子という人は、滅多に自分の感情をあからさまにすることがなかったそうだが、顔回と伯牛の悲運に際しては誰憚《だれはばか》ることなく感情を露《あら》わにしているのだ。

日本では、この逸話はいかにも人々の心に浸透《しんとう》する「恕」の清らかさを具《そな》えているが、さて、中国や韓国ではどうであろう。儒教の国の人々の言動には「恕」などまったく感じられないが、「恕」の概念《がいねん》もかの国々では違うのかも知れない。

一一　子曰、賢哉回也、一簞食、一瓢飲、在陋巷、人不堪其憂、回也不改其樂、賢哉回也、

子曰《しのたま》わく、賢《けん》なるかな回《かい》や。一簞《いったん》の食《し》、一瓢《いっぴょう》の飲《いん》、陋巷《ろうこう》に在《あ》り。人《ひと》は其《そ》の憂《うれ》いに堪《た》えず、回《かい》や其《そ》の楽《たの》しみを改《あらた》めず、賢《けん》なるかな回《かい》や。

【現代語訳】

先生は次のように言われた。

「えらいねえ、回は。竹のわりご一杯のめしとひさごのお椀一杯の飲みもので、狭い路地暮らしだ。他の人ならその辛《つら》さに耐えられないだろうが、回は自分の楽しみを改めようとはしない。えらいねえ、回は。」

【私の見解】

孔子が、回（顔回）が貧窮《ひんきゅう》の中でも道理を学ぶ楽しみを持って生きていたことを「偉いねえ。」と感嘆《かんたん》している逸話である。

話そのものは、先生が弟子のよいところを褒《ほ》めている構図であって、師弟の関係性の中ではそんなに珍しいものではない。

ではなぜ、これが『論語』に載っているのか。おそらく、孔子にこよなく愛されつつ僅《わず》か41歳でこの世を去った顔回のことだけに、後の儒者たちは、どんな些細《ささい》なことでも逸話として遺《のこ》しておきたかったのであろう。孔門十哲の筆頭格と言われた顔回の人柄と顔回を

高く評価していた孔子のことを、後世に語り継ぎたかったのだろうと私は思う。

貧窮《ひんきゅう》の中にあっても希望と楽しみを失わずに力強く生きている人は今日《こんにち》でもたくさんいる。しかし、こうして『論語』に載っている顔回のエピソードを読むと、顔回の人柄がいきいきと伝わってくるように感じられるから不思議である。

ところで、貧窮《ひんきゅう》の中でも楽しみを持って生きて行くことを評価した孔子の思想は、その後の中国にどのような影響を与えたのであろうか。皇帝の独裁政治の下であえぐ人民を鼓《こ》舞《ぶ》する思想になり得ただろうと思う人もいるかも知れないが、そんなはずはないのだ。既に触れたように、漢字は権力者かそれに近しい一部の上流人のものであって、人民は自由に『論語』が読めたわけではない。だから、貧窮《ひんきゅう》の中でも楽しみを持って生きて行くことを評価した孔子の思想は、権力者の統治論理に組み込まれ、人民を抑え込む論理として悪用されたと想像できる。

とりわけ、儒教が時の権力に迎合《げいごう》し、時の権力を正統化し、時の権力を支える理論的基《りろんてきき》盤《ばん》となってからは、いっそう人民を抑圧する正当な論理として幅《はば》を利《き》かしたものと思われる。皇帝の独裁政治が入れ替わり立ち替わり続き、そして一党独裁の共産主義政権に行き着いた中国の歴史が、そのことを雄弁に物語っているのではないか。

一二　**冉求曰、非不説子之道、力不足也、子曰、力不足者、中道而廢、今女畫、**

冉求《ぜんきゅう》曰《い》わく、子《し》の道《みち》を説《よろこ》ばざるには非《あら》ず、力《ちから》足《た》らざればなり。子曰《しのたま》わく、力《ちから》足《た》らざる者《もの》は中道《ちゅうどう》にして廢《はい》す。今女《いまなんじ》は畫《かぎ》れり。

※　金谷氏は読み下し文に関して、「冉求——清本では『冉有』とある。求が名、子有があざ名で、同じ人物。」と付記しておられる。

【現代語訳】

冉求《ぜんきゅう》が、

「先生の道を〔学ぶことを〕喜ばないわけではありませんが、力が足りません。」

と言った。先生は、

「力の足りない者は中途で見切りを付けるものだが、今そなたは、はじめから見切りを付けている。」

と言われた。

【私の見解】

冉求も孔門十哲の一人である。その冉求に、孔子は、「そなたははじめから見きりをつけている。」と言っている。これは、冉求を「そなたは能力があるのだから、それを信じてやってみなさい。」と励ましているのか、それとも、「そなたはやりもしないで投げ出している。」と非難しているのか、判断に迷うところだ。

いずれにしても、この逸話は、それほど重いものではないように私は思う。どうしてこれが『論語』に載っているのかよく分からないが、おそらく、孔門十哲の一人である冉求について孔子がどう考えていたのかのエピソードであるため載せた方がよいと、編集に当たった儒者たちが考えたのだろう。

それはともかくとして、これを「できる能力があるのに、やりもしないで見きりを付けるのはよくないよ。」という教訓として受け止めれば、今日の私たちにも有益な徳目になることは間違いない。

一三　子謂子夏曰、女爲君子儒、無爲小人儒、

子《し》、子夏《しか》に謂《い》いて曰《のたま》わく、女《なんじ》、君子《くんし》の儒《じゅ》と為《な》れ。小人《しょうじん》の儒《じゅ》となること無《な》かれ。

※　金谷氏は読み下し文に関して、「女、……無かれ――通行本には『女』の字がなく、『無母』となっている。」と付

記しておられる。

【現代語訳】

先生は子夏に、

「そなたは君子の学者になりなさい。小人《しょうじん》の学者にはならないように。」

と言われた。

※　金谷氏は訳文に関して、「君子としての学者、小人の学者――わが身に修養するのと、単に名誉を求めるとの差、とするのが通説。仁斎は社会的影響力の有無によるとみた。」と付記しておられる。なお、金谷氏は「**君子儒**」を「君子としての学者」と訳しておられる。

【私の見解】

この章は短い言葉だが、「**君子儒**（君子の学者）」「**小人儒**（小人の学者）」の意味の理解が悩ましいところだ。

ちなみに、齋藤孝氏は、

先生が子夏《しか》にいわれた。

「おまえは、自分の人格を磨く君子としての学者になりなさい。単に知識を誇り有名になりたがる小人的な学者になってはいけない。」

と訳しておられる。

この齋藤氏の訳には、「君子としての学者」の意味として「自分の人格を磨く学者」が充《あ》ててあり、「小人的な学者」の意味として「単に知識を誇り有名になりたがる学者」が充《あ》ててある。なるほど、こういう説明だと分かり易い。ただ、このように訳すのであれば、「君子としての」と「小人的な」はわざわざ付けるまでもなかろう、と私は思う。

金谷氏の付記にある仁斎の解釈も、孔子の思想に照らせばさもありなんと思われる。孔子は、下々の者に影響を与えるような学者になるのではなくて、社会的に影響を与えるような偉大な学者になれと言ったというのも、十分に説得力のある解釈だと私は思う。

子夏は、孔子の高弟で十哲の一人といわれる人物で、孔子の「礼」を広めたと伝えられている。孔子は、そんな子夏に期待をしていたに違いない。その現れが「**女爲君子儒、無爲小人儒**」（女《なんじ》、君子《くんし》の儒《じゅ》と為《な》れ。小人《しょうじん》の儒《じゅ》となること無《な》かれ。）であったのであろうと理解できる。

これが、『論語』に載ったのは、その徳目を孔子の教えとして後世に遺《のこ》そうとしたからだと思われる。また、孔門十哲の一人であった子夏を孔子が評価し期待していたことも後世に伝えようとしたのかも知れない。

「自分の人格を磨《みが》く学者になれ。単に知識を誇り有名になりたがる学者になってはいけない。」という教訓は、学問を志す者であれば誰にでも通用するものだ。私は、いわゆる学者ではないが、学問に親しむ一人の学徒として、肝に銘じておきたい言葉である。

一四　子游爲武城宰、子曰、女得人焉耳乎、曰、有澹臺滅明者、行不由徑、非公事、未嘗至於偃之室也、

子游《しゆう》、武城《ぶじよう》の宰《つかさ》たり。子曰《しのたま》わく、女《なんじ》、人《ひと》を得《え》たりや。曰《いわ》く、澹台滅明《たんだいめつめい》なる者《もの》あり、行《ゆ》くに径《こみち》に由《よ》らず、公事《こうじ》に非《あら》ざれば未《いま》だ嘗《かつ》て偃《えん》の室《しつ》に至《いた》らざるなり。

【現代語訳】

子游《しゆう》が武城《ぶじよう》の宰《さい》（とりしまり）になった。先生が、

「そなた、人物は得られたかな。」

と言われた。〔子游は、〕

「澹台滅明《あわいだいめつめい》という者がおります。近道を歩くことをせず、公務でないかぎりは未《いま》だ嘗《かつ》て私の部屋には来たことがありません。」

と言った。

※ 金谷氏は訳文に関して、「歩くには……──大通りを通って抜け道をしない。下の句と同様に、人物の公正なことを示す。行為についての比喩的な意味もある。」と付記しておられる。

【私の見解】

子游も孔門十哲の一人である。礼楽に聡《さと》かったという。

この話は、孔子が、魯の国の武城の宰になった子游に、仕事をしていく上で役に立つ人物を得たかどうかを訊ね、それに対して子游が答えたというエピソードである。

子游の答えは、隠喩《いんゆ》というか暗喩《あんゆ》というか、よくよく考えなければ意味が分からない言い方だ。金谷氏の付記によると、子游は「公正な人物を得ました。」という意味で「**行不由徑、非公事、未嘗至於偃之室也**」(行《い》くに径《こみち》に由《よ》らず、公事《こうじ》に非《あら》ざれば未《いま》だ嘗《かつ》て偃《えん》の室《しつ》に至《いた》らざるなり。)と答えたということだ。

『論語』には、このように解釈にひとひねりもふたひねりもしなければならない表現が多くて、私は泣かされ通しである。

さて、この逸話が『論語』に載った理由《わけ》は何《なん》だろうか。師と弟子の何でもない会話だと思うが、これを『論語』に収録した儒者たちは、孔子の弟子を思う気持ちや公務を遂行《すいこう》する上で大切なことは「公正」だということを後世《こうせい》に伝えたかったのではないか。

中国の政治が公正であったことなどなかったと思われるが、「公正」をどうとらえるかで評価は変わってくるだろう。中国の歴代の権力者は、現在の中国共産党を含めて、自分たちの意に適《かな》うかどうかで「公正」を判断している節《ふし》がある。でなければ、国民の自由を平気で踏みつけにすることなどできないはずだ。彼等にとっては、そういう意味で『論語』の教訓は立派に生きているのである。

一五　子曰、孟之反不伐、奔而殿、將入門、策其馬曰、非敢後也、馬不進也、

子曰《しのたま》わく、孟之反《もうしはん》、伐《ほこ》らず。奔《はし》って殿《でん》たり。将《まさ》に門《もん》に入《はい》らんとす。其《そ》の馬《うま》に策《むちう》って曰《い》わく、敢《あ》えて後《おく》れたるに非《あら》ず、馬進《うますす》まざるなり。

【現代語訳】

先生は次のように言われた。

「孟之反《もうしはん》は、自分の功を誇《ほこ》らない。敗走して殿《しんがり》を務めたが、今将《いままさ》に城門に入ろうとしたとき、乗っていた馬にむち打ち、『敢《あ》えて殿《しんがり》を務めようとしたわけではない。馬が走らなかったのだ。』と言った。」

※ 金谷氏は訳文に関して、「孟之反――魯の大夫。この戦争はB・C・四八四年、孔子六十九歳のときで、斉に敗れた。敗走の殿軍は最も困難である。」と付記しておられる。

【私の見解】

これは、斉《せい》との戦いに敗れ、殿《しんがり》をつとめた孟之反が、殿《しんがり》をつとめることの大変さを誇ることなく、「馬が走るのが遅かったから後手《ごて》にまわったのだ。」と言ったことを、孔子が「功を誇らない。」と評価したという逸話である。

この逸話は、取り立てて語り継ぐほどのことではないと私は思うが、『論語』に載っていることから考えると、孔子の教えを守ってきた儒者たちにとっては一大事件だったことが窺《うかが》える。

魯は、孔子が生まれた国であり、役人を務めたことのある国である。彼は権力闘争に敗れて故郷を出奔《しゅっぽん》し、14年の流浪の旅を余儀なくされたあと魯に戻ったが、その魯が斉との戦いに敗れたのだ。この章の話は、殿《しんがり》を務めた孟之反《もうしはん》の勇気と功を誇らぬ武人としての立派さを孔子が証明したものであり、是が非でも後世に語り継がなくてはならないと、儒者たちは考えたのだろう。

この逸話のキーワードは、「功を誇らない」であると思われるが、『論語』が世に出たあとの中国でこの教訓は生かされてきただろうか。少なくとも、現在の中華人民共和国では生かされていない、と私は思う。

先の大戦で、彼らは日本軍とまともに戦っていないにも拘《かか》わらず、いかにも自分たちが日本軍を討滅《とうめつ》したかのように誇大宣伝《こだいせんでん》を繰り返しているが、これは、「功を誇らない」どころか、「功を捏造《ねつぞう》=歴史を捏造」している所業だと言わなければならない。日本は、アメリカの高質な物量と原爆投下などの無慈悲《むじひ》な無差別攻撃《むさべつこうげき》に負けたのであって、中国軍に負けたわけではない。まして、中国共産党の軍に負けたわけではさらさらないのだ。

しかし、彼らにその自覚は恐らくないであろう。この程度のことは「功を誇っている」ことにはならぬと考えているに違いないのだ。でなければ、恥ずかしくて「日本軍に勝った」などと言えるはずがないではないか。

一六　子曰、不有祝鮀之佞、而有宋朝之美、難乎、免於今之世矣、

子曰《しのたま》わく、祝鮀《しゅくだ》の佞《ねい》あらずして宋朝《そうちょう》の美《び》あるは、難《かた》いかな。今《いま》の世《よ》に免《まぬが》れんこと。

※　金谷氏は読み下し文に関して、「新注では、『祝鮀の佞ありて宋朝の美あらずんば、』と読み、佞美の両方がなければと解する。」と付記しておられる。

【現代語訳】

先生は次のように言われた。

「宋朝《そうちょう》ほどの美男子であっても、祝鮀《しゅくだ》ほど口がうまくなくては、この世でやっていくのは難しいなあ。」

※　金谷氏は訳文に関して、「祝鮀――衛の祭祀官（祝）。鮀は名、あざ名は子魚。雄弁家として功をたて、もてはやされた。　宋朝――宋の公子朝。衛の霊公の夫人南子《なんし》の情人として美貌で有名。両人とも孔子の当時の人。」と付記しておられる。

【私の見解】

さて、孔子は、これまで見てきた通り、口ばかりが達者で実行の伴わない人間を軽蔑《けいべつ》しているが、この章は、どんなに美貌《びぼう》であっても弁舌《べんぜつ》が立たなくてはやっていけないご時世を、孔子が嘆《なげ》いている話であると私は解釈する。

孔子が生きた春秋時代は、さぞかし口の達者な者がいい思いをした時代だったのであろう。孔子はその時世を嘆き、「**巧言令色、鮮矣仁**」などの警告《けいこく》を発していた。しかし現実は変わらず、この嘆きになったのではないか。

話としては単純なものだが、これが『論語』に収められたのは、口先の巧い者が重宝《ちょうほう》される世情を嘆いた孔子の思いを後世に伝えようとしたためだと思われる。

日本では、「有言実行」という言葉もあり、バランスをとっているが、「以心伝心《いしんでんしん》」とか「沈黙は金」などの格言があり、どちらかと言えば孔子の思いに近い価値観があると言えるだろうか。

中国ではどうであろう。『論語』が世に出たあと、世情は変わったであろうか。

少なくとも現在の中華人民共和国の振る舞いを見る限り、私にはそうは思えない。語る内容が真実かどうかはそっちのけで、口角泡《こうかくあわ》を飛ばして一方的に自己主張をするのが、相も変わらぬ中国人の性癖《せいへき》のように見える。たとえば、中国政府報道官が、嘘話《うそばなし》を自信たっぷりに顔色一つ変えずに言い放っているのを見ると、そう言わざるを得ない。
中国（中国人）は、この章を孔子の嘆きとは解さず、逆に雄弁を推奨する言葉だと受け止めて実践しているのかも知れない。だとすれば、彼らには、『論語』を実践しているという誇《ほこ》りこそあれ、『論語』に叛《そむ》いているという意識は皆無《かいむ》なのかも知れない。

一七　子曰、誰能出不由戸者、何莫由斯道也、

子曰《しのたま》わく、誰《たれ》か能《よ》く出《い》ずるに戸《こ》に由《よ》らざらん。何《なん》ぞ斯《こ》の道《みち》に由《よ》ること莫《な》きや。

【現代語訳】

先生は次のように言われた。
「〔家を〕出て行くときに戸口を通らない者はいない。なのに、どうしてこの〔人としての〕道を通る者がいないのだろうか。」

【私の見解】

さて、この章は短い言葉だが、それだけに解釈が別れやすいようだ。
たとえば、次のように訳している例もみられる。

先生――「出るには戸口しかないのに…。なぜこの道をとおらないのかな…。」(魚返《おがえり》善雄『論語新訳』)。

この訳だと、「この道」は「戸口」と同じことになる。これでは、私の訳とは意味ががらりと変わってしまう。

ちなみに、金谷氏の訳は、

先生がいわれた、「だれでも出てゆくのに戸口を通らなくてよいものはない。〔人として生きてゆくのに〕どうしてこの道を通るものがいないのだろうか。」

となっている。これは私の訳とほぼ同じで、「この道」は「戸口」とは別のもので、人としての道理ある生き方を意味していると解することができる。

齋藤孝氏の訳を見ると、

先生が言われた。

「人は家を出るのに必ず門を通る。それなのに、なぜ事を行なうのに、筋の通った道を通らずに平気でいるのか。（事を行なうのには必ず通るべき道理の門があるのだ。）

となっている。これも金谷氏や私の訳とほぼ同じである。

他の訳《やく》をネットで検索《けんさく》してみたが、魚返善雄《おがえり》氏のような訳は他にはなかった。

孔子は、要するに、人が何かをなすときには、必ず踏まえるべき道理というものがあると言っているのだろう。

ここで言う道理とは、忠恕《ちゅうじょ》の道ということであろう。極めて当たり前のことを言っているに過ぎないが、どうしてこのような当たり前のことをわざわざ言わなければならなかったのだろうか。

おそらく、そう言わなければならないほど、世情が乱れていたのであろう。この逸話が『論語』に収められたのは、孔子が生きた時代よりも一層乱れている世情に孔子の思いを伝えたかったからだと思われる。

秦の始皇帝が中原を統一すると独裁に拍車《はくしゃ》がかかり、国民は皇帝の奴隷に貶《おとし》められ、焚書坑儒《ふんしょこうじゅ》によって孔子の教えは完全に踏みにじられた。秦王朝が滅び、『論語』が世に出た後も入れ替わり立ち替わり王朝が続き、皇帝の独裁が止《や》むことはなかった。

そして現在の中華人民共和国の現出である。それは、共産主義というバーチャルな思想によって理論武装をし、正々堂々と国民の自由と権利を奪う歴史上最も質の悪い政治体制なのだ。

このように、「道理を踏まえて事を成せ」という孔子の教訓が、中国で生かされることはなかったと言っていい。だが、中国人にこのような認識はないだろう。彼らには彼らなりの「道理」があり、その「道理」を踏まえて政治を行なってきたという自負があるに違いない。同じ「道理」という言葉でも、その中身には天と地ほどの開きがあるのだ。

『論語』を素直に受け止めてきた日本では、今日でも忠恕（人としての道理）の徳を素直に行動に生かそうとする動きは衰《おとろ》えていない。『論語』の読書会は健在だし、毎朝『論語』を朗誦《ろうしょう》しなければ一日が始まらない人もいる。

今年成人式を迎えたある若者に成人としての抱負《ほうふ》を訊《き》いたところ、躊躇《ちゅうちょ》なく「他人《ひと》に優しい思いやりのある人間になりたい。」と答えた。『論語』を読んだこともない成人になりたての若者でさえ、このようなことが躊躇《ちゅうちょ》なく言えるのは、私たちの日本という国がまさに忠恕の国であることを物語っているのではないか。「道理を踏まえて事をなせ」の教訓は、日本でこそ生かされていると私は思うのだが、どうであろうか。

一八　子曰、質勝文則野、文勝質則史、文質彬彬、然後君子、

子曰《しのたま》わく、質《しつ》、文《ぶん》に勝《か》てば則《すなわ》ち野《や》。文《ぶん》、質《しつ》に勝《か》てば則《すなわ》ち史《し》、文質彬彬《ぶんしつひんぴん》として然《しか》る後《のち》に君子《くんし》なり。

【現代語訳】

先生は次のように言われた。
「質が外観よりも勝《まさ》っていれば野人《やじん》だし、外観が質よりも勝っていれば文書係だ。外観と質が一体となってこそ君子なのだ。」

※　金谷氏は訳文に関して、「文書係り――『史』は朝廷の文書をつかさどる役人で、典故に通じて文章の外面的な修飾をつとめる。」と付記しておられる。

ちなみに、金谷氏の訳は次のようになっている。

先生がいわれた、「質朴さが装飾よりも強ければ野人《やじん》であるし、装飾が質朴よりも強ければ文書係りである。装飾と質朴とがうまくとけあってこそ、はじめて君子だ。」

【私の見解】

齋藤孝氏の訳を見ると、次のようになっている。

先生がいわれた。

「質朴な内面（〈質《きじ》〉）が表に出る言動（〈文《かざり》〉）よりも勝ちすぎると粗野になる。表に出る言動が質朴さに勝ると、文書役人のように要領はよくても誠が足りなくなる。文《かざり》と質《きじ》、つまり外への表れと内の充実がバランスよくととのっているのが、君子というものだ。」

要するに、孔子は、自分の性質（あるいは能力）に見合った言動をすることが大切だと言っていることが分かる。「君子」云々の表現は私は好きではないが、これが孔子の表現スタイルなのだ。

能力が勝っていて表現が貧しい場合は「野人」となり、逆に表現の方が能力に勝っている場合は単なる「文書役人」になってしまう、という指摘は、なるほど、言い得て妙である。

孔子がこれを言ったのは、当時、あまりにも質実の伴わない言動が横行していたことを物語っているのではないか。

これが『論語』に載ったのは、孔子の指摘を後世に伝えようとしたためだと思われる。

中国の人たちがこれをどう読みどう生かしているかは知る由もないが、相手をやり込めるためなら嘘だろうと何だろうと押して押して押しまくる中国政府報道官の姿は、まさに哀《あわ》れな「文書係り」そのものと言えるのではないか。孔子が生きていたら、何と言うであろうか。

一九　子曰、人之生也直、罔之生也、幸而免、

子曰《しのたま》わく、人《ひと》の生《い》くるは直《なお》し。これを罔《し》いて生《い》くるは、幸《さいわ》いにして免《まぬか》るるなり。

※　金谷氏は読み下し文に関して、「これを罔《し》いて――徂徠は『これを罔《な》くして』と読む。」と付記しておられる。

【現代語訳】

先生は次のように言われた。

「人が生きてゆけるのは素直な心があるからだ。素直な心を歪《ゆが》めて生きている者もいるが、それは、たまたま天罰《てんばつ》を免れて生きているだけだ。」

【私の見解】

さて、訳してはみたものの、なんとなく分かりにくい。

金谷氏の訳は、

先生がいわれた、「人が生きているのはまっすぐだからだ。それをゆがめて生きているのは、まぐれで助かっているだけだ。」

となっている。

ちなみに、齋藤孝氏の訳は、

先生がいわれた。

「人が生きていくには、人としてのよい本性がまげられないまっすぐさが大切だ。〔人の生くるは直なり〕。このまっすぐさをなくして生きているとするなら、それはたまたま助かっているだけだ。」

となっている。

要するに孔子は、「人は素直に生きなければならない。」と言っているのだと思う。孔子に「**人之生也直、罔之生也、幸而免**」（人《ひと》の生《い》くるは直《なお》し。これを罔《し》いて生《い》くるは、幸《さいわ》いにして免《まぬか》るるなり。）と言われると、なんとなく重々しい感じがするが、その内容はごく当たり前のことで、今日《こんにち》でも、私たち大人が、ことあるごとに子どもたちに言い聞かせていることである。

孔子が、この当たり前のことをわざわざ言ったのは、当時、素直さに欠ける生き方が目に余っていたからではないか。乱世では、素直な気持ちを歪《ゆが》めなければならないことも多かったに違いなく、孔子はその世情を慨嘆《がいたん》し、警告《けいこく》を発したのだと私は思う。

孔子没後《ぼつご》も、乱世は収まるどころか酷《ひど》くなる一方だった。孔子の教えを守ってきた儒者たちは、孔子のこの警告を後世に遺《のこ》すために、『論語』に載せたのだと、私は推測《すいそく》する。

残念ながら、中国には、この孔子の警告は届かなかったようだ。

『広辞苑』には、「素直」とは、「飾り気なくありのままなこと。」「曲がったり癖があったりしないさま。」「心の正しいこと。」「正直なこと。」などとある。

嘘・騙《だま》し・事実の捏造《ねつぞう》・脅《おど》しなど、素直とはほど遠いことを平気で行なっている中国の現状を見ると、中国には「素直」という言葉そのものがないのではないかとさえ思えるほどである。

だが、これは、私が日本人であるから言えることであって、所変われば品変わるである。

「素直」の中身も、中国と日本とでは違うのかも知れないのだ。

天命思想が幅を利《き》かせている儒教社会の中国では、権力者は、天命によって国を統治するものと考えられており、天命に従うことこそが「素直」の中身だと考えられているようだ。権力者は、天命を素直に受けて国民を制し、国民は、権力者の言うことを素直に受け入れてこれに従う、これこそが、中国人にとっては「素直」の基準であり、「素直に生きる」ということなのかも知れない。

そうだとすれば、嘘・騙し・事実の捏造・脅しなど、私たちから見ればとても「素直」とは思えない行為も、彼らにとっては「素直に生きる」ための単なる手段に過ぎず、決して悪いことではないということになる。

このように考えれば、中国（中国人）のしていることの説明がつくようだが、しかし、これは、孔子が言った「人は素直に生きなければならない。」とは大きくかけ離れているように私たち日本人には映る。

二〇　子曰、知之者不如好之者、好之者不如樂之者、
子曰《しのたま》わく、これを知《し》る者《もの》はこれを好《この》む者《もの》に如《し》かず。これを好《この》む者《もの》はこれを楽《たの》しむ者《もの》

に如《し》かず。

【現代語訳】

先生は次のように言われた。

「〔何事によらず、〕知る者は好む者に及ばない。好む者は楽しむ者に及ばない。」

【私の見解】

孔子は、「知っている」ということよりも「好む」ということの方が、「好む」ということよりも「楽しむ」ということの方が、高度な境地《きょうち》だと言っている。

なるほど、「知る」という行為は物事を物理的に認知することに過ぎず、何の嗜好《しこう》の情感も含まれないが、「好む」は、認知したことがらに自分の嗜好の情感が入ることを意味する。すなわち、自己の確立がそこにはある。また、「好む」はおもむくままの嗜好の情感に止《とど》まるが、「楽しむ」は、嗜好の情感が高まって心が満ち足りる境地であることを意味し、自己の心理的発展がそこにはある。

このように考えると、孔子は、何事も「楽しむ」境地に至るまでやり通すことを推奨《すいしょう》した、それが「**子曰、知之者不如好之者、好之者不如樂之者**」（子曰《しのたま》わく、これを知《し》る者《もの》はこれを好《この》む者《もの》に如《し》かず。これを好《この》む者《もの》はこれを楽《たの》しむ者《もの》に如《し》かず。）なのだと分かる。

私は、長年勤めた教職から退《しりぞ》いたとき、これからは何事も楽しむ心境で事に当たりたいと気持ちを切り替えた。好きで就《つ》いた教職ではあったが、辛《つら》いことの連続で、なかなか「楽しむ」境地《きょうち》には至らなかった。孔子の言葉の本意は、好きで就いた仕事を楽しいと思う境地に至るまでやり通すことにあると思うが、不肖《ふしょう》私にはそれができなかったのだ。だから、退職時の気持ちの切り替えは、そのことへのささやかな反動だったのかも知れない。

退職後すぐに、母校の大学にアドミッション・オフィサーとして就職した。高校を回って、大学進学を目指す高校生たちに大学入試に関わる情報を提供するのが主な仕事だったが、体調不良でとても楽しむ心境には至らず、三年半で辞《や》めた。高い報酬は魅力だったが、「高報酬も楽しむことに如《し》かず」であった。

大学を辞めたあと、体調と相談しながら鮎釣りを始めた。64歳のときだった。始めるや否や、その魅力の虜《とりこ》になり、「楽しむ」境地の醍醐味《だいごみ》をモノにできた。

爾来《じらい》、妻は「くそ暑いのに、よくもまあやるわ！」とあきれ顔の連続だが、私は、「鮎釣りの楽しさは、やったものにしか分からない。」と自信を持って言えるほど入れ込んでいる。(釣行途中の高速道路で心臓発作に襲われて救急車で運ばれたこともある。心臓手術を二回も経験した身体《からだ》には常に不安がつきまとう。それでも鮎釣りだけはやめられない)。

60代半ばからシルバーセンターに籍を置き、植木剪定《うえきせんてい》の仕事をさせていただくようになった。剪定はもともと私の趣味で、松の木の剪定は得意中の得意だ。自宅の植木は何年も自分で剪定して来たことでもあり、仕事はとても楽しかった。何よりも地域の人たちのお役に立っていることが、嬉しかった。

しかし、剪定は高い脚立《きゃたつ》の上に立っての危険な作業である。心臓の病気に他の体調不良が重なり、体力が続かなくなった。68歳のときに身《み》を退《ひ》き、今は自宅の狭い庭の世話をほそぼそとやっているだけだが、それでもけっこう楽しい。

70歳が近くなった頃に、著書の出版を始めた。これまでに、『学校の先生が国を滅ぼす』・『反日組織・日教組の行状』・『反日教育の正体』・『戦後70年もう「平和ボケ」とは言わせない』・『日本共産党の仮面を剥ぐ』・『嘘と欺瞞と赤い罠』・『保守論壇に垣間見える「自虐史観」の痕跡』・『私本歎異抄』・『保守の顔をした左翼を叩く』などを世に出した。全ての原稿を妻に読んで貰い、忌憚《きたん》のない助言を得ることができたのはありがたかった。

このうち、『学校の先生が国を滅ぼす』は、マスコミで取り上げられたこともあってよく売れたが、他は殆《ほとん》ど売れていない。多くの人に読んでいただきたいが、売れるかどうかはもはや二の次だ。とにかく自分の考えをまとめて活字にすることが、楽しくてたまらないのだ。

『往復書簡』という本も出した。これは、私が尊敬する元小学校校長・玉田泰之先生との往復書簡《おうふくしょかん》をひとまとめにしたもので、非売品である。先生と私が一冊ずつ保有している世界に二冊だけの本だ。先生もたいそう喜んでくださったのが何よりだった。

70歳台半ばを過ぎてから古典の現代語訳に取り組み始めた。これまでに、北畠親房《きたばたけちかふさ》『神皇正統記《じんのうしょうとうき》』・頼山陽『日本外史』・大川周明『日本精神研究』・蓮如《れんにょ》『歎異抄《たんにしょう》』などを既に訳し終えた。いま取り組んでいるこの『論語』もその延長線上にある。

学者ではない私には、学問的に正確な翻訳ができているかどうかは二の次である。とにかく、自分にも分かる現代語に古典を訳すこと自体が楽しくて仕方がないのだ。難解《なんかい》な語彙《ごい》や言い回しに出逢うと「分かりたい」という欲望がふつふつとわき上がって、楽しみがいっそう増すから不思議である。

楽しみは、この他にもまだいろいろある。妻とのドライブ旅行も楽しいし、旧来の友人との語らいも楽しい。子や孫たちに囲まれて彼らの話に耳を傾けているときなどは楽しみの極地と言っていい。

いずれも、チマチマとした個人的なごく狭い世界の楽しみに過ぎないが、取り立てて言うほどの能力も才覚《さいかく》もない私のような人間にとっては、これでもかけがえのないものなのだ。

これらの楽しみは、年をとって先が短くなった者の哀《あわ》れなあがきなのかも知れないが、楽しみの境地を生きていることに変わりはない。この意味で、私には、この章の孔子の言葉はとても有り難く響くのである。

さて、この章が『論語』に載ったのはなぜだろう。おそらく、乱世で何事も「楽しむ」境地には至らない状況に心を痛めて、孔子はこの言葉を遺《のこ》したのであろう。孔子のこの気持ちを、『論語』編集の儒者たちは後世に伝えたかったのだと思われる。

『論語』のこの言葉が、その後の中国にどう響いたかは、正確なところは私には分からない。ただ、中国の歴史を見る限り、権力者が楽しみを独り占めにするばかりで、国民が楽しみの境地を生きることは至難《しなん》であったことは想像できる。現在の中華人民共和国にあっても、基本的な事情は何も変わらないだろう。中国共産党とそれに群がる一部の人たちにとってのみ、孔子の言葉は都合良く生きているのであろう。

二一　**子曰、中人以上、可以語上也、中人以下、不可以語上也、**

子曰《しのたま》わく、中人以上《ちゅうじんいじょう》には、以《もっ》て上《かみ》を語《つ》ぐべきなり。中人以下《ちゅうじんいか》には、以《もっ》て上《かみ》を語《つ》ぐべからざるなり。

【現代語訳】

先生は次のように言われた。

「中以上の人には高級なことを話してもよい。中以下の人には高級なことは話せない。〔相手の能力に合わせて話をしなければならない。〕」

【私の見解】

教育は能力に応じて行なわれるべきものである。これは言わずもがなのことであるが、現実にはなかなか難しいことである。そもそも、人の能力そのものの見極《みきわ》めが容易ではないのだ。

だから、教育に於いては、教育される側（教育の客体）の資質《ししつ》・能力はもちろん一義的に大切だが、それよりも、教育を行なう側(教育の主体)の力量がもっと問われることになるのである。

わが国には「門前の小僧、習わぬ経を読む。」という諺《ことわざ》がある。これは、いつも見聞きしていれば、知らぬ間にそれが身に付くようになるというほどの意味だ。。

これも広い意味では教育と言えるかも知れないが、厳密に言えば「教育」というよりも「習慣」あるいは「習性」に近い概念に含まれるものだろう。

なぜなら、そこには、教育の主体と客体の関係はなく、ただ慣《な》れてある事柄が身に付いたというだけのことだからである。

孔子が言っているのは、もちろん「習慣」や「習性」のことではない。意図的あるいは計画的に行なわれる教育のことを言っているのだと私は思う。

孔子がこのようなことを言った背景には、彼自身が門下生の教育に頭を痛めていた事情があったのではないか。でなければ、ことさらに言うほどのことではないように思われる。『論語』にこれが収録されたのも、孔子の教えを次に伝える儒者たちが、孔子の指摘を実感として受け止めていた証《あか》しなのかも知れない。

二千数百年前に孔子が言った「能力に応じて教育を行なう。」というごく当たり前のことが、今日の日本でも議論を呼ぶことがある。わが国の学校では、能力別の学級編成をして教育する手法がとられることがあるが、そのたびに、左がかった先生たちが「差別だ。」などと騒ぐことが繰り返されてきた。もういい加減に、この騒動は、社会主義的な平等主義にかぶれた人たちの戯言《たわごと》だと気づいてほしいものだ。

中国では、この章はどのように受け止められてきたのだろうか。中国共産党の政府に不都合なことは一切シャットアウトされている現実を見れば、教育の神髄《しんずい》である真実や真理が尊ばれているはずもなく、教育客体の能力に配慮した教育が行なわれているはずもないと私は思う。

中国では、大学も学生は自分の希望や特技とはかかわりなく、指定された学部に入らなければならないのだという。『論語』でさえ口に出して言うことは憚《はばか》られると石平氏は何かの本に書いておられた。『論語』が、国民に読まれているかどうかさえあやしいものだが、独裁政権は、これを都合良く読んで解釈し、国民の能力に応じて教育を与えているのだと考えているのかも知れない。

二二　樊遲問知、子曰、務民之義、敬鬼神而遠之、可謂知矣、問仁、子曰、仁者先難而後獲、可謂仁矣、

樊遅《はんち》、知《ち》を問《と》う。子曰《しのたま》わく、民《たみ》の義《ぎ》を務《つと》め、鬼神《きしん》を敬《けい》してこれを遠《とお》ざく、知《ち》と謂《い》うべし。仁《じん》を問《と》う。子曰《しのたま》わく、仁者《じんしゃ》は難《かた》きを先《さき》にして獲《う》るを後《のち》にす。仁《じん》と謂《い》うべし。

※　金谷氏は、読み下し文に関して、「難きを先に……――新注のよみかた。古注は『先ず労苦して後に功を得る。』といい、唐石経の原刻では「難」の字が「労」となっている。」と付記しておられる。

【現代語訳】

樊遅《はんち》が、知についてお訊ねした。先生は、

「人民としての義務を果たし、鬼神は敬《うやま》って遠ざける、それを知というのだ。」

と言われた。樊遅《はんち》は、仁についてお訊ねした。先生は、
「仁者は難《むずか》しいことを先にして利益を得るのを後にする、それを仁というのだ。」
と答えられた。

※　金谷氏は訳文に関して、「人としての正しい道――『民の義』。新注による。古注では人民を化導する道。顔淵篇＝樊遅、仁を問う。子の曰わく、人を愛す。知を問う。子の曰わく、人を知る。」などと付記しておられる。

【私の見解】

さて、「知」についてである。「民《たみ》の義《ぎ》を務《つと》め」は、「国民が国民としての義務を果たす」と訳した方が分かり易いし、「鬼神《きしん》を敬《けい》してこれを遠《とお》ざく」は、「鬼神は敬《うやま》いながらも遠ざけておく。」と訳した方が分かり易い。

要するに、孔子は、「国民が義務を果たし、鬼神には敬《うやま》いつつも近寄らない。」ことが「知」だと言っているのではないかと私は解釈する。このように解釈すれば、なぜ中国では、人民を義務がらみにし、宗教を軽視ないしは抑圧してきたのかが分かるような気がする。

つまり、「国民の義務」は権力者の腹一つでどうにでもなるだろうし、国民には「義務を果たせ。」と言っておればいいのだ。それに「鬼神《きしん》を敬《けい》してこれを遠《とお》ざく」は、国民の信仰

心を抑え込むための格好《かっこう》の口実《こうじつ》にもなる。「子曰、務民之義、敬鬼神而遠之、可謂知矣」（民《たみ》の義《ぎ》を務《つと》め、鬼神《きしん》を敬《けい》してこれを遠《とお》ざく、知《ち》と謂《い》うべし。）は、中国の権力者にとってとても都合のいい言葉になったであろうことが想像できる。『論語』（儒学）が王朝の正統性を担保《たんぽ》する儒教に変身して行《い》ったのも、ここら辺りに原因の一端があったのかも知れない。

次に、「仁」についてである。

私は、「仁者先難而後獲、可謂仁矣」（仁者《じんしゃ》は難《かた》きを先《さき》にして獲《う》るを後《のち》にす。仁《じん》と謂《い》うべし。）は、要するに「よくできた人は、自分の損得勘定《そんとくかんじょう》は後回しにして、難しいことを先に行なう。それが立派な人というものだ。」というほどの意味ではないかと思う。

この解釈が間違っていなければ、「子曰、仁者先難而後獲、可謂仁矣」は、今日でもそのまま通じる人倫徳目と言えるだろうし、日本では、そのような人は誰からも信頼され、尊敬されること請け合いである。

中国ではどうだろう。私には、孔子が言った「仁」は、今や中国には無縁のように思われてならないが、一党独裁の中国共産党は、経済を豊かにし、国民を思いのままに支配している自分たちの振る舞いこそが、「可謂仁矣」だと思っているのかも知れない。

二三　子曰、知者樂水、仁者樂山、知者動、仁者静、知者樂、仁者壽、

子曰《しのたま》わく、知者《ちしゃ》は水《みず》を楽《たの》しみ、仁者《じんしゃ》は山《やま》を楽《たの》しむ。知者《ちしゃ》は動《うご》き、仁者《じんしゃ》は静《しず》かなり。知者《ちしゃ》は楽《たの》しみ、仁者《じんしゃ》は　寿《いのちなが》し。

【現代語訳】

先生は次のように言われた。

「知者は水を楽しみ、仁者は山を楽しむ。知者は動き、仁者は静かである。知者は楽しみ、仁者は長生きをする。」

【私の見解】

孔子が「哲学者」だと言われるのは、私のような凡人には理解しがたいことをさらりと言ってのけるからであろう。この章の言葉がまさにそうである。私には、禅問答《ぜんもんどう》を聞いているようで、現代日本語に訳してもさっぱり意味が分からない。

金谷氏の訳は、

先生がいわれた、「智のひとは〔流動的だから〕水を楽しみ、仁の人は〔安らかにゆったりしているから〕山を楽しむ。智の人は動き、仁の人は静かである。智の人は楽しみ、仁の人は長生きをする。」

となっている。

金谷氏が、〔流動的だから〕とか〔安らかにゆったりしているから〕といった補助文をつけて訳して下さっているので、「なるほどそういうことか」と少し分かったような気になるが、「智の人」がどうして「流動的」なのか、流動的だとどうして「水を楽しむ」ことになるのかが分からない。「仁の人は安らかにゆったりしている」とはどういうことなのか、ゆったりしているとどうして「山を楽しむ」のか……。最後の一文字まで何度読んでも疑問が膨らむばかりだ。

齋藤孝氏の訳を参照してみる。氏は次のように意訳をしておられる。


先生がいわれた。

「〈知〉の人と〈仁〉の人とでは性質が異なる。知の人は心が活発なので流れゆく水を好み、仁の人は心が落ち着いているので不動の山を好む〔知者は水を楽《この》み、仁者は山を楽《この》む〕。知の人は動き、仁の人は静かである。したがって、知の人は快活に人生を楽しみ、仁の人は心安らかに長寿となる。」


これはあくまでも齋藤氏の解釈である。創造と言ってもいい。「知者樂水、仁者樂山、知

者動、仁者静、知者樂、仁者壽」（知者《ちしゃ》は水《みず》を楽《たの》しみ、仁者《じんしゃ》は山《やま》を楽《たの》しむ。知者《ちしゃ》は動《うご》き、仁《じん》者《しゃ》は静《しず》かなり。知者《ちしゃ》は楽《たの》しみ、仁者《じんしゃ》は寿《いのちなが》し。）をいくら読み返してみても、私には、このような意訳が成り立つこと自体が不思議に思えてくる。

やはり、孔子自身の言葉で説明してもらわなければ、本当のところは分からないが、それは無理というものだ。ここは、『論語』にこの章があるという事実だけをしっかりと確認し、「禅問答」のまま胸にしまっておくことにする。

この章が『論語』に収録されたのは、おそらく、「智者」とか「仁者」といったことについて、孔子の思想を後世に伝えようとしたためだと思われるが、中国の人たちがこれをどう読みどう理解してきたかについては、私は、想像することもできない。

二四　子曰、齋一變至於魯、魯一變至於道、

子曰《しのたま》わく、斉《せい》、一変《いっぺん》せば魯《ろ》に至《いた》らん。魯《ろ》、一変《いっぺん》せば道《どう》に至《いた》らん。

【現代語訳】

先生は次のように言われた。

「斉《せい》の国は、政治が変われば魯《ろ》のようになるだろう。魯の国は、政治が変われば真の道義国家になるだろう。」

※　金谷氏は訳文に関して、「魯は孔子の故国、しかも理想とした周公旦《たん》が開いた国で、周初の文化の伝統がなお遺存したからである。」と付記しておられる。

【私の見解】

斉の国は、周朝の諸侯国の一つだ。孔子は、その斉の国は、政治が変われば魯の国のようになるだろうと言い、魯の国は、政治が変われば真の道義国家になるだろうと言っている。

金谷氏の付記にもあるように、魯の国は孔子の故国であり、かつてはその国で役人をしていたこともある。権力闘争で敗れて殺されそうになり出奔《しゅっぽん》したが、故国のことは忘れがたく、14年の中原放浪の後に魯の国に帰っている。

右の逸話がいつ頃のことかは分からぬが、文章の雰囲気からして、孔子が放浪の旅に出ていたときの言葉であろう。それだけに、言葉の中に魯の国を想《おも》う情感がにじみ出ているように私は感じる。

「魯一變至於道」（魯《ろ》、一変《いっぺん》せば道《どう》に至《いた》らん。）には、自分の故国が道理のある政治によって生まれ変わって欲しいという孔子の熱い思いが籠《こ》もっているように私は感じるのだ。これが『論語』に収められたのは、言うまでもなく、孔子のこの熱い思いを後世に伝えるためだと思われる。

厄介《やっかい》なのは、「道」の概念が抽象的《ちゅうしょうてき》なものだということだ。私は「道義」と訳したが、立場によって如何様《いかよう》にも解釈される言葉なのである。権力者は、我こそが「道」の体現者だとの思いで好き放題をすることも可能なのだ。

事実、孔子没後の中国は、孔子が生きた時代以上に権力者の勝手放題の国になった。彼らには、「道理ある政治」をしているという自負こそあれ、道をはずれたことをしているという自覚などなかったであろう。

これは、現在の中華人民共和国でも変わらない。中国共産党も「道」の体現者よろしく独裁政治を敢行《かんこう》しているに違いないのだ。それがなんとも恐ろしい。

二五　子曰、觚不觚、觚哉、觚哉、

子曰《しのたま》わく、觚《こ》、觚《こ》ならず。觚《こ》ならんや。觚《こ》ならんや。

【現代語訳】

先生は次のように言われた。

「觚《こ》が觚でなくなった。これが觚であろうか。これが觚であろうか。」

※　金谷氏は訳文に関して、「觚——儀礼用の酒器。容量二升というが、礼制がすたれて当時では多量で大きくなっていた（古注系）。新注では棱《かど》のある器。それが当時ではまるくなっていたと解釈する。」と付記しておられる。

【私の見解】

さて、これは、「觚《こ》」が何なのかが分からないと分からない話である。金谷氏の付記によれば、「觚」は角《かど》のある儀礼用の盃で、容量が二升ほどだという。

金谷氏は、

先生がいわれた、「〈飲酒の礼で觚《こ》の盃を使うのは、觚すなわち寡《すく》ない酒量のためであるのに、このごろでは大酒になって〉觚が觚でなくなった。これでも觚であろうか。觚であろうか。」

と訳しておられる。

この訳によれば、酒礼で飲まれる酒の量が多くなって、觚《こ》では役に立たなくなったことを孔子が嘆いたという解釈になっていることが分かる。

礼を重んじる孔子は、儀礼に用いる盃の大きさにまで神経をとがらせていたことが窺《うかが》える。この話は、要するに孔子が、礼をもっとしっかりと守れと警鐘《けいしょう》を鳴らしたものだと、解釈できる。

私には大した問題ではないように思えるが、礼式を重んじる孔子にとっては重大なことだったのであろう。乱世にあって、孔子は、とりわけ礼式を守ることの重要性を強調したのかも知れない。

礼式を守ることは、保守思想の基本であるが、社会が変動するときには礼式も変化するものである。孔子は、自分が理想とする周の国の古き良き礼式にこだわりがあったのであろう。これが『論語』に載ったのは、孔子のこうした気持ちを後世に伝えたかったからであろうと推察《すいさつ》できる。

ただ、礼式の変化は、ある意味で誰にも止められないものでもあるが、孔子は、保守に拘《こだわ》ったのかも知れない。中国で、孔子の思いが後世にどの程度受け継がれていったか私には分からない。

礼式といえば、日本では意識的に古来のやり方を守る取り組みがなされている。たとえば、各地方に受け継がれている祭礼もその一つだし、ニュアンスは少し異なるが、伊勢神宮や出雲大社などの式年遷宮《しきねんせんぐう》もそう言えるだろう。日本が、経済先進国でありながら古来の礼式・文化・伝統をこうして受け継いでいけるのは、革命などというおぞましい歴史の断絶《だんぜつ》が一度もなく、万世一系の天皇という主柱が長い歴史を貫いているからだ、と私は思う。

その点、中国は革命に次ぐ革命で歴史に一貫性がなく、礼式や文化伝統にも一貫した繋《つな》がりは見られない。一貫したものがあるとすれば、それは、人間不信と利己主義ぐらいなものであろう。孔子が生きていたらさぞかし残念がったに違いない。

二六　宰我問曰、仁者雖告之曰井有仁者焉、其從之也、子曰、何爲其然也、君子可逝也、不可陷也、可欺也、不可罔也、

宰我《さいが》問《と》うて曰《い》わく、仁者《じんしゃ》はこれに告《つ》げて、井《せい》に仁《じん》ありと曰《い》うと雖《いえど》も、其《そ》れこれに従《したが》わんや。子《し》曰《のたま》わく、なんすれぞ其《そ》れ然《しか》らん。君子《くんし》は逝《ゆ》かしむべきも、陥《おとしい》るべからざるなり。欺《あざむ》くべきも、罔《し》うべからざるなり。

※金谷氏は、読み下し文に関して、「仁——新注では『仁』の字を『人』に改めて読む。従わんや——『也』の字、皇本では『与』とあり、清本では『也与』と二字。」と付記しておられる。

【現代語訳】

宰我《さいが》が、

「仁の人は井戸の中に人が落ちていると言われたら、すぐに助けに行くでしょうか。」

とお訊ねした。先生は、

「どうしてそんなことをするだろうか。君子は〔井戸のそばまで〕行かせることはできても、〔井戸の中まで〕落とすことはできない。欺《あざむ》くことはできても、判断力を失わせることはできないのだ。」

と言われた。

※　金谷氏は訳文に関して、「仁がある——古注では仁人が落ちていると解するが、今、清《しん》の兪樾《ゆえつ》の説に従う。『孟子』万章上篇＝君子は欺《あざむ》くに其の方《みち》（道）を以てすべきも、罔《し》うるに其の道に非《あら》ざるを以てし難《がた》し。」などと付記しておられる。

ちなみに、金谷氏の訳は、

宰我《さいが》がおたずねしていった、「仁の人は井戸の中に仁があるといわれたとしても、やはりそれについていきますか。」先生はいわれた、「どうしてそんなことがあろうか。君子は〔そばまで〕行かせることはできても、〔井戸の中まで〕落としこむことはできない。ちょっとだますことはできても、どこまでもくらますことはできない。」

となっている。

【私の見解】

齋藤孝氏の訳は、次のようになっている。

宰我《さいが》が先生にこうたずねた。

「〈仁〉の人は思いやりの心がありすぎて人に騙《だま》されることがあるのではないかと心配になります。たとえば、人が偽って『井戸に人が落ちています。』と言われたら、自ら井戸の中に入って救けようとしてしまうのではないでしょうか。」

先生はこう答えられた。

「そんなことにはならないよ。仁の心を持つ君子を井戸の前まで行かせることはできても、井戸に落ち込ませることはできない。（仁の人はあわて者でも愚かものでもない。）

ちょっと騙すことはできても、騙し続けることはできない。（仁のゆえに危険に陥るということはないから、心配はいらない。）

つまり、この章は、齋藤氏の解説的付記にもあるように、「仁の人＝君子」をちょっと騙《だま》すことはできても騙し続けることはできない。」と孔子が言ったという逸話である。「仁の人」とか「君子」という言葉は、私たち日本人にはあまり馴染《なじ》みがなく、一般的に使われる言葉でもないので分かりにくいが、要するに、「よくできた立派な人は、簡単に人に騙されることはないよ。」と孔子は言ったのだと私は解釈する。

ところで、宰我《さいが》は、孔門十哲の一人で、孔門の中では最も実利主義的だったという。配慮を欠く言葉遣いをして孔子から叱責《しっせき》されたこともあった。（八佾第三の第二一章）。彼は後に斉の国の長官になったが、反乱に加担して一族もろとも殺されたという。

この章の話が『論語』に収録されたのはなぜか。孔門十哲と称されるほどの宰我《さいが》が孔子に「仁」や「君子」について訊ねた逸話なのだ。孔子の教えを守る儒者たちにとっては価値ある会話だったに違いない。後世に遺《のこ》したかったのだろうと、私は推察する。

儒者たちの思いが後世の中国に伝わったかどうかは私には分からない。しかし、歴史を見る限り、そして現在の中国を見る限り、孔子の言った本来の「仁」とか「君子」といった概念は、中国では少しも生かされていないように思われる。さて、中国（中国人）は何と言うだろうか。

二七　子曰、君子博學於文、約之以禮、亦可以弗畔矣夫、

子曰《しのたま》わく、君子《くんし》、博《ひろ》く文《ぶん》を学《まな》びて、これを約《やく》するに礼《れい》を以《もっ》てせば、亦《ま》た以《もっ》て畔《そむ》かざるべきか。

※　金谷氏は読み下し文に関して、「君子――『経典釈文』では、ある本には二字が無いという。顔淵篇第一五章（重出）でも通行本では無い。」と付記しておられる。

【現代語訳】

先生は次のように言われた。

「君子は、ひろく書物を読んで、それを礼に則《のっと》って実践すれば、道に背《そむ》くことはないだろうね。」

【私の見解】

金谷氏の付記にあるように、そもそも「君子」というのは、「よくできた人」のことで、書物もひろく読み、礼儀も十分に弁《わきま》えている人のことなのだから、「君子」の二字は無い方が意味としては通り易い気がする。この章を裏読みすれば、孔子は、「どんなに本を読んで知識・教養を身につけても、礼を弁《わきま》えなければ道理を外《はず》れる。」と言っていることが分かる。それほど孔子は礼儀を重んじていたのだ。

孔子には、理想とする周の文化・伝統のことが念頭にあり、彼の「礼」観は保守的だったと言ってよいだろうが、書物を読んで教養を身につけることと礼を重んじることの重要性は、時代が変わっても変わることはない。礼は、いつの時代でも人間関係を健全に保つ上で大切なものであることに変わりはないのだ。

孔子の教えを守る儒者たちは、孔子の「礼」についての考えを後世に伝えるためにこの章を『論語』に収録したのであろう。

「礼」の中身は、時代と共に変わっていくものであり、中国で孔子が考えていた「礼」が保たれてきたかどうか私には分からないが、少なくとも、現在の共産党政権の振る舞いを見る限り、「礼」が保たれているとは思えない。

「礼」は、見方を変えれば人の立場を尊重し人権を大切にする行為でもある。ウイグルなどの人権を踏みにじったり、他国の領海を蹂躙《じゅうりん》したりしている中国には、もはや「礼」の欠片《かけら》もないと私は思う。

だが、『論語』の国であることを誇る中国は、都合のよい理屈をつけて、「自分たちは決して礼に悖《もと》ることはしていない。」と言うであろう。南シナ海の岩礁《がんしょう》を勝手に埋め立てて「中国のものだ。」と言い、それを国際機関から「歴史的にみて正当性がない。」と裁定されても、「紙くずだ。」と言って憚《はばか》らないのも、彼らの論理が如何に破天荒かを証明している。

二八　子見南子、子路不説、夫子矢之曰、予所否者、天厭之、天厭之、
子《し》、南子《なんし》を見《み》る。子路《しろ》説《よろこ》ばず。夫子《ふうし》これに矢《ちか》って曰《のたま》わく、予《わ》が否《すまじ》き所《ところ》の者《もの》は、天《てん》これを厭《た》たん。天《てん》これを厭《た》たん。


【現代語訳】

先生は、南子《なんし》に会われた。子路はこれを喜ばなかった。先生は、「自分に道外《みちはず》れたところがあれば、天が見捨てるであろう。天が見捨てるであろう。」と言われた。

※　金谷氏は訳文に関して、「南子――衛の霊公の夫人。美人だが不品行の悪評が高かったので、子路はこの会見に不

機嫌であった。孔子の五十七歳のときという。」と付記しておられる。

【私の見解】

師の孔子が美人だが不品行で悪評高い女性に会ったことを、弟子の子路が快く思わなかったということ、さらに、それに対して孔子が、「自分に非があれば天が罰するだろう。」と二度も言ったということ、このエピソードは、実に興味深い。孔子と弟子との関係は、割合リベラルだったことが窺《うかが》える。

子路は、孔子が品行の悪い女性と会ったことをどう思って不機嫌だったのだろう。孔子ほどの人が女性と淫行《いんこう》ということもあるまいに、不思議である。それとも、男女のことは、どんな聖人でも分からぬと言うことをこの逸話《いつわ》は暗示しているのだろうか。

そのようなふしだらなことを考えて、子路に対する孔子の対応を読むと、天に責任を預けて、自分の責任をあいまいにしているところがなんとも絶妙《ぜつみょう》である。

この逸話が『論語』に収録されたのはなぜだろう。孔子ほどの人でも、このようなエピソードがあったことを後世に伝えるためか、それとも、孔子という人の人間臭さを伝えようとしたのか、あるいは、リベラルな師弟関係であったことを後世に遺《のこ》そうとしたのか、いずれにしても、孔子の教えを守ってきた儒者たちには、孔子と子路のこの飾りっ気のないやりとりは魅力だったに違いない。

これは、『論語』にしては珍しく、男女のことは、昔も今も、そして、聖人も凡人も、ないのかもしれないと思わせる逸話である。

二九　子曰、中庸之爲徳也、其至矣乎、民鮮久矣、
子曰《しのたま》わく、中庸《ちゅうよう》の徳《とく》たるや、其《そ》れ至《いた》れるかな。民鮮《たみすく》なきこと久《ひさ》し。


【現代語訳】

先生は次のように言われた。

「中庸の徳というのは至高の徳だなあ。人民の間に行われなくなって久しい。」
※　金谷氏は訳文に関して、「中庸――朱子は、『中とは過不及のないこと、庸とは平常の意。』と解説する。極端に走らぬほどよい中ほどを守ってゆく処世の徳。」と付記しておられる。

【私の見解】

さて、「中庸の徳」とはまた難しいことを言ったものだ。端的に言えば「過不足なくほど

ほど」ということであろうが、とりようによっては、どのようにでもなる極めて抽象的《ちゅうしょうてき》な概念《がいねん》である。

この章は、孔子が「中庸の徳」が最上だと言い、人々が中庸の徳から離れて久しいことを嘆《なげ》いたという話だが、乱世にあって、人々が中庸の徳を保つというのはどういうことだったのであろう、諸侯が覇権《はけん》を争ってドンパチやっているときに、人々の「中庸の徳」を云々する孔子の気持ちを、私は想像することさえできない。乱世だからこそ、中庸の徳を保つことが大切だと言いたかったのだろうか。それにしても、なんと現世離れした理念思考であろうか。

これが『論語』に載っているのは、孔子の教えとして後世に遺《のこ》しておくべきだと儒者たちが考えたからであろうが、孔子の教えは、後世の中国にどう伝わったのだろう。

歴史と現在の中華人民共和国を見る限り、中国のすることにはほどほどということがないように思われる。やることなすこと全てが極端《きょくたん》に過ぎていて、「中庸の徳」など欠片《かけら》も窺《うかが》えない。しかし、「中庸の徳」は立場によってどうにでも解釈できる概念である。中国は、他から何と言われようと、「中庸の徳」を体現していると胸を張っているかも知れない。

儒学が権力者に都合のよい口実を与える儒教に変質したのは、「中庸の徳」に見られるように、孔子の教えそのものにそのような隙《すき》があったとは言えないだろうか。

三〇　子貢曰、如能博施於民、而能濟衆者、何如、可謂仁乎、子曰、何事於仁、必也聖乎、堯舜其猶病諸、夫仁者己欲立而立人、己欲達而達人、能近取譬、可謂仁之方也已、

子貢《しこう》曰《い》わく、如《も》し能《よ》く博《ひろ》く民《たみ》に施《ほどこ》して能《よ》く衆《しゅう》を済《すく》わば、何如《いかん》。仁《じん》と謂《い》うべきか。子《し》曰《のたま》わく、何《なん》ぞ仁《じん》を事《こと》とせん。必《かなら》ずや聖《せい》か。堯舜《ぎょうしゅん》も其《そ》れ猶《な》お諸《こ》れを病《や》めり。夫《そ》れ仁者《じんしゃ》は己《おの》れ立《た》たんと欲《ほっ》して人《ひと》を立《た》て、己《おの》れ達《たっ》せんと欲《ほっ》して人《ひと》を達《たっ》す。能《よ》く近《ちか》く取《と》りて譬《たと》う。仁《じん》の方《みち》と謂《い》うべきのみ。

※　金谷氏は読み下し文に関して、「如し能く――唐石経および通行本は『如有』とある。皇本は清本と同じ。取りて譬う――『譬《たと》えを取る』と読んで、『譬』をおきて、法則の意味にとるのが古注系の説。」と付記しておられる。

【現代語訳】

子貢が、

「もし人民にひろく施《ほどこ》しをして多くの人を救ったら、どうでしょうか。仁と言えるでしょうか。」

と訊ねた。先生は、

「どうして仁どころではない。強《し》いていえば聖だね。堯や舜でさえ、なおそれには頭を痛

められた。そもそも仁者は、自分が立ちたいと思えば人をも立て、自分が物事を達成したいと思えば人にも達成させる。つまり、自分の身に引き比べて他人のことを考える。それが仁の道筋といえるだろう。」

と言われた。

※ 金谷氏は訳文に関して、「堯や舜でさえ……――堯・舜は古代の理想的な聖天子。そうした人々にとっても、子貢のいうことはむつかしいことだったという意味。 自分が立ちたいと……――ここは恕《じょ》（思いやり）の徳のことをのべている。顔淵篇第二章＝仲弓《ちゅうきゅう》、仁を問う。子の曰わく、……己れの欲せざる所は人に施すこと勿《な》かれ。」などと付記しておられる。

【私の見解】

さて、これは「仁」について、子貢の問いに孔子が答えたエピソードである。

孔子は、人民にひろく施しをして多くの人を救うのは、仁どころではなく聖の行ないで、あの堯・舜にもなかなかできなかったことだと言っている。

金谷氏の付記にもあるように、これは要するに「恕」（おもいやり）のことを述べており、孔子は、「仁」には「恕」が必要だと言っていることが分かる。

「恕」については、有名な「**己所不欲、勿施於人**」（己《おのれ》の欲《ほっ》せざる所《ところ》は人《ひと》に施《ほどこ》すこと勿《なか》れ）という言葉があるが、この他にも孔子は、「仁」について、その時々によって違う側面からいろいろな表現を用いている。ある意味で一貫性がないとも言えるが、「仁」の概念はそれほど奥行きが広くて深いということなのであろう。この章が『論語』に載っているのは、「仁」は孔子の教えの中枢《ちゅうすう》に位置づくものだけに、当然であろう。「仁」についての孔子の教えは、日本では広く受け止められ、人倫徳目として生かされてきたと言えるが、中国ではどうだろう。

何度も述べてきたように、中国では、孔子の教えは素直には生かされて来なかったと私は観ている。中国のしていることは、なにもかもが「仁」の逆を示していると言ってもよいほどだ。

とはいえ、これまで中国には、そのような認識はなかったであろう。現在の中国も、共産主義の正義に基づいて自分たちは「仁の徳」を体現しているのだと思っているに違いない。でなければ、あんなに堂々と悪事を働くことなどできはしないはずだ。

論語　巻第三　終

論語　巻第四

述而《じゅつじ》第七

一　**子曰、述而不作、信而好古、竊比於我老彭、**

子曰《しのたま》わく、述《の》べて作《つく》らず、信《しん》じて古《いにし》えを好《この》む。窃《ひそ》かに我《わ》が老彭《ろうほう》に比《ひ》す。

※　金谷氏は読み下し文に関して、「我が老彭に比す——清本では『比於我於老彭』とあり、その別本に上の『於』字の無いのもある。それに従えば、『我れを老彭に比す。』と付記しておられる。

【現代語訳】

先生は次のように言われた。

「私は、知っていることを述べてはいるが、創作はしていない。古《いにしえ》を信じて愛好している。私は、密かに老彭《ろうほう》と私を比べている。」

※　金谷氏は訳文に関して、「老彭――殷《いん》王朝の賢大夫。鄭玄《ていげん》の注で老聃《ろうたん》（老子のこと）と彭祖《ほうそ》（尭のころ数百歳の長寿者）のこととするほか、異説が多い。」と付記しておられる。

【私の見解】

さて、**「述而不作」**（述べて作らず）とは、これまた良い言葉だ。私たち凡人は、知ったかぶりをしてついつい事実に基づかずにしゃべりがちだが、さすがに孔子はそのようなことがないように戒《いまし》めていたことが分かる。

「信而好古」（信《しん》じて古《いにし》えを好《この》む。）は、歴史を踏まえていると言っているようにも読める。

「老彭」は、解釈がいろいろあるようだが、この際は「昔の偉い人」というほどの意味に理解しておけばいいのではないか。

さて、この言葉は、孔子がどんな場面で誰に向かって話したものであろうか。誰かに「あなたの言っていることは本当のことか。」とかなんとか言われて、釈明《しゃくめい》した言葉なのかも知れないし、あるいは、後世の儒者が、孔子の言葉を遺《のこ》そうとして収集していたときに、孔子の立ち位置を明確にしておきたいと思って創作した言葉なのかも知れない。

このような穿《うが》った見方をしたくなるほど、この章にはどこか言い訳がましい響きが感じられるのだ。まあこれは、私の無用な詮索《せんさく》かもしれないが……。

それはともかくとして、嘘・デマ・でっち上げ・歴史の捏造《ねつぞう》など、ありとあらゆる創作をして言《げん》を弄《ろう》している中国（中国人）には是非読んで貰いものだ。そして、「**述而不作**」（述べて作らず）を胸にたたき込んで欲しいものだ。

だが、彼らには馬《うま》の耳《みみ》に念仏《ねんぶつ》であろう。どんな言葉も、都合の良いように改竄《かいざん》されてしまうのがオチであることは、歴史が証明しているところである。

二　**子曰、默而識之、學而不厭、誨人不倦、何有於我哉、**

子曰《しのたま》わく、默《もく》してこれを識《しる》し、学《まな》びて厭《いと》わず、人《ひと》を誨《おし》えて倦《う》まず。何《なに》か我《わ》れに有《あ》らんや。

【現代語訳】

先生は次のように言われた。

「黙って頭にたたき込み、飽《あ》きずに学んで、倦《う》むことなく人を導く。これ以外に私には何があろうか。」

【私の見解】

さて、この章の話も、誰かがあとづけで言った言葉のように思える。孔子自身が、自慢《じまん》たらしくこのようなことを言うとは思えない。おそらく、教育者でもあった孔子の人柄を思い、多分そうであっただろうと想像して、後世の儒者が創造した言葉ではないだろうか。なにしろ、『論語』は、孔子の教えを守ってきた儒者たちが約400年の時をかけて編集したと言われているものだ。どれが本当に孔子の言葉でどれが誰かの創作の言葉か分からない。証明のしようがないのだ。だから、私のような素人学徒は、ついついこのような詮索《せんさく》をしてしまう。

この章は、孔子の人柄を知る逸話として読むだけで十分ではないだろうか。取り立てて人倫徳目とするほどのことではないように思われる。

とはいえ、「**默而識之、學而不厭、誨人不倦**」（默《もく》してこれを識《しる》し、学《まな》びて厭《いと》わず、人《ひと》を誨《おし》えて倦《う》まず。）は、教育学徒の志《こころざし》として踏まえておきたい言葉ではある。

三　**子曰、徳之不脩也、學之不講也、聞義不能徙也、不善不能改也、是吾憂也、**

子曰《しのたま》わく、徳《とく》の脩《おさ》めざる、学《がく》の講《こう》ぜざる、義《ぎ》を聞《き》きて徙《うつ》る能《あた》わざる、不善《ふぜん》の改《あらた》むる能《あた》わざる、是《こ》れ、吾《わ》が憂《うれ》いなり。

【現代語訳】

先生は次のように言われた。

「道徳を修めないこと、学問をしないこと、正義を聞きながら行動できないこと、善くないことを改められないこと、これが私の心配事だ。」

※　金谷氏は訳文に関して、「そんなになる――孔子自身のこととみるのが通説。徂徠は門人についてのべたものという。」と付記しておられる。

ちなみに、金谷氏の訳は、

先生がいわれた、「道徳を修めないこと、学問を習わないこと、正義を聞きながらついてゆけないこと、善くないのに改められないこと、そんなになるのが私の心配ごとである。」

となっている。

【私の見解】

さて、金谷氏の訳では、四つの心配事は通説通り孔子自身の事との解釈だが、私は、通説の解釈よりも徂徠の解釈を採《と》った。なぜなら、「**徳之不脩也、學之不講也、聞義不能徙也、不善不能改也**」（徳《とく》の脩《おさ》めざる、学《がく》の講《こう》ぜざる、義を聞《き》きて徙《うつ》る能《あた》わざる、不善《ふぜん》の改《あらた》むる能《あた》わざる）は、どれをとっても孔子には当てはまらないように思われるからである。「**是吾憂也**」（是《こ》れ、吾《わ》が憂《うれ》いなり。）の読み手は、これが孔子が自身のことを述べているものだとすると、孔子ほどの「君子」にしてこの謙虚《けんきょ》さかと畏《おそ》れ入《い》ることになるし、弟子たちのことを孔子が心配したものだとすると、弟子たちを思う孔子の愛情深さに感じ入ることになる。

いずれにしても、孔子の人柄を知る上で貴重な逸話だと言えようが、文章全体の内容からすれば、やはりこれは、孔子が弟子たちのことを心配したものだと見た方が無難《ぶなん》な気がする。

この章は、おそらく、弟子のだれかが日々孔子がそのように言っていたことを思い出して書き留めていたものか、あるいは後世の儒者が孔子の人柄を慮《おもんばか》って創造したものであろうと私は思う。

ともかく、この言葉は、今日でもそのまま通用する警句《けいく》だと私は思うが、厄介《やっかい》なのは、「道徳」「学問」「正義」「善悪」のどれもが抽象的《ちゅうしょうてき》な概念《がいねん》であり、立場や土地柄（国柄）・時代などによってその中身は変わるということである。

だから、たとえば、日本から見て、中国は「**徳之不脩也、學之不講也、聞義不能徙也、不善不能改也**」を反省せよと言ったとしても、中国に「日本こそ反省せよ」と反発されるのがオチであろう。

日本の識者の中には、中国は『論語』の徳目に反していると批判する人がいるが、それは、「言っても無駄」というものである。

四　子之燕居、申申如也、夭夭如也、

子《し》の燕居《えんきょ》、申申如《しんしんじょ》たり、夭夭如《ようようじょ》たり。

【現代語訳】

先生は、自宅ではのびのびとして、楽しそうだった。

※　金谷氏は訳文に関して、「のびやか、にこやか——清《しん》の劉宝楠《りゅうほうなん》は『つつしみ深く、やわらいでおられた。』と解する。」と付記しておられる。

ちなみに金谷氏の訳は、

先生のくつろぎのありさまは、のびやかであり、にこやかである。

となっている。

【私の見解】

これが『論語』に載っているのは、まぎれもなく、孔子の人柄を後世に伝えるためだと思われる。

くつろぐときは、孔子に限らず誰でも、のびやかであり、にこやかであろう。わざわざ言い伝えるほどのことでもあるまいに、と思うが、孔子のことになると、儒者たちは何でも書き残しておきたかったのかも知れない。

それにしても、「**申申如也、夭夭如也**」は響きがいい。善い言葉である。

五　**子曰、甚矣、吾衰也、久矣、吾不復夢見周公也、**

子曰《しのたま》わく、甚《はなは》だしいかな。吾《わ》が衰《おとろ》えたるや。久《ひさ》し、吾《わ》れ、復《ま》た夢《ゆめ》に周公《しゅうこう》を見《み》ず。

【現代語訳】

先生は次のように言われた。

「ひどいものだなあ、私もずいぶん衰《おとろ》えたものだ。長いあいだ私は周公の夢を見なくなった。」

※　金谷氏は訳文に関して、「周公――姓は姫《き》、名は旦《たん》。周の武王の弟で、周王朝の文化を創建した人、また魯の国の始祖。理想に燃える若い孔子がいつも夢に見てあこがれていたのである。」と付記しておられる。

【私の見解】

魯の国の生まれである孔子は、魯の国を作った周公に憧《あこが》れていた。周公は、理想とする周王朝の文化を創った人でもあった。この章は、その周公を夢にも見なくなった自分の衰《おとろ》えを、孔子が自嘲気味《じちょうぎみ》に語った逸話である。

孔子がこの言葉を発したのは、魯の国を出奔《しゅっぽん》して中原を流浪《るろう》していたとき、そう、彼が陳国の辺境《へんきょう》から新蔡《しんさい》へ入ったときのことであったという。

その時の情景を、井上靖は前掲書の中で、孔子が蔫薑《えんきょう》に亘《わた》って語って聞かせた三夜に三夜目の話のこととして描写している。少し長いが引いてみる。(ふりがなは山内が補った。)

第三夜は、そうした周の多彩、豊潤《ほうじゅん》な文化を造り上げた人について、

——それは余人ならぬ周公・旦である。五〇〇年ほど前の人である。周公は兄武王を補佐して殷を討ち、武王の歿後、周室の基礎を固めた優れた政治家であり、武人であり、哲学者である。自分は若い時から、この周公・旦に傾倒し、周公が歴史の上に果した大きい役割を考え、いつも周公の心の内部に立ち入るようにして、周公が為したことの意味を考え、考えして、今日に到っている。周公は殷の神政に替って、礼を社会の基調とする政治を考えた最初の人であり、この人の前にも、この人の後にも、これだけの政治家は出ていない。

それから話の口調を変えられて、

——こんどの、この陳蔡《ちんさい》の旅に於て、自分にとっては二つの事件があった。一つは陳国辺境で飢えかかったことであり、これはこれで、自分にとっては生涯の事件と言えるものであった。もう一つは、この旅の途上、もう久しく、夢に周公を見ていないということに気付いたことである。これはこれで、また、自分にとっては生涯の事件と言っていいものであった。


ここで子《し》は立ち上がって、暫くそこらをお歩きになっていたが、やがて足を停めると、

——この周公に関する事件についての、わが感懐《かんかい》を、ありのまま表現すると、このよ

うなことになろうかと思う。――〝甚だしいかな、吾《わ》が衰えたるや。久しいかな、吾れ復《ま》た夢に周公を見ず〟と、仰言《おっしゃ》いました。この時、子《し》は六十三歳であったかと思います。〟自分はいつ、このように、ひどく耄碌《もうろく》したのであろうか。もう久しいこと、夢で周公にお目にかかっていない〝――こういう意味でありましょう。（76～77ページ）。

この描写からも、孔子がいかに周公に傾倒していたかが分かる。あれほど信奉《しんぽう》していた周公のことを夢にさえ見なくなった自分の耄碌《もうろく》ぶりを、孔子は嗤《わら》ったのである。孔子ほどの人でも、流浪《るろう》の旅はよほどこたえたのであろう。

この逸話は、孔子がとてつもなく辛い流浪の旅をしたことを、儒者たちが後世に伝えようとして『論語』に収めたものと思われる。孔子の教えを引き継ごうとする人々にとって、この話は格別のものだったに違いない。

六　子曰、志於道、據於徳、依於仁、游於藝、

子曰《しのたま》わく、道《みち》に志《こころざ》し、徳《とく》に拠《よ》り、仁《じん》に依《よ》り、藝《げい》に游《あそ》ぶ。

※ 金谷氏は読み下し文に関して、「『志於道』の上に『魏書』崔光伝の引用では『士』の字があり、『礼記《らいき》』少儀篇の類似句と合う。士人としての在り方を説いたものであろう。」と付記しておられる。

【現代語訳】

先生は次のように言われた。

「正しい道を志し、徳を拠り所にし、仁に寄り添って離れず、芸（教養）を楽しむ。」

【私の見解】

金谷氏の付記にあるように、この章は士人の心得を説いたもののようである。端的に言えば、士人は、正しい道を志《こころざ》し、仁徳を拠《よ》り所《どころ》にして教養を身につけるべきだと孔子が説いた話であると理解することができるだろう。

これは、何も士人（＝教育のある地位の高い人）にだけ求められることではなく、誰にでも必要なことであるように思えるが、それは今日的《こんにちてき》な感覚だからこそ言えることなのであろう。孔子が生きた時代には、誰でも彼でもそのように生きることはできなかったであろうから、あえてこのように言わざるを得なかったのだと、私は推察する。

これが『論語』に載っているのは、『論語』を編集した儒者たちが後世の権力者たちにこのような生き方をして欲しいと願ったからであろうか。

私には、中国でこの願いが生かされてきたとは思えないが、一党独裁で国民を押さえつけている現在の中国共産党でさえ、自分たちは「**志於道、據於徳、依於仁、游於藝**」を実践してきたと、堂々と胸を張ることであろう。

なぜなら、「**志於道、據於徳、依於仁、游於藝**」の内容も、地位・土地柄（国柄）・時代などによって様々に変わるものであり、私たちから見れば「正しい道を志し、仁徳を拠り所にして」いるとはとても思えない振る舞いも、権力者の主観でどのようにでも言い繕《つくろ》うことができるだろうからである。

七　子曰、自行束脩以上、吾未嘗無誨焉、

子曰《しのたま》わく、束脩《そくしゅう》を行《おこ》なうより以上《いじょう》は、吾《わ》れ、未《いま》だ嘗《かつ》て誨《おし》うること無《な》くんばあらず。

【現代語訳】

先生は次のように言われた。

「乾肉一束《ほしにくひとたば》を持ってきたからには、私は未《いま》だ嘗《かつ》て誰でも教えなかったことはない。」

※　金谷氏は訳文に関して、「乾肉一束を……――初見で教えをこうときの最も軽い手みやげとして、礼で定まったも

の。　第二八章互郷の童子の章を参照。」などと付記しておられる。

【私の見解】

齋藤孝氏の訳によると、「乾肉一束」とは、乾肉を十本束ねたもののようである。孔子も、御多分に洩《も》れずこのような謝礼を受け取っていたとは、興味深い話である。

それにしても、この章の言葉は、孔子がどんなときに誰に対して言ったのであろうか。わざわざこのようなことを言わなければならなかったのは、誰かに、「あんたは、謝礼だけとってちゃんと教えていないではないか。」とかなんとか言われたからであろうか。孔子ともあろう人がそのような非難を受けたとも思えないが、なんとなく、釈明《しゃくめい》というか、言い訳めいた響きが、この言葉にはある。

どうも、この言葉は、孔子自身が言ったものではなく、誰かが後で創作したもののような匂《にお》いがする。孔子が自らこのようなことを言わなければならない情景が、私には想い浮かばないのだ。

この章が『論語』に収録されたのはなぜだろう。おそらく、『論語』を編集した儒者が、孔子はきちんと礼を踏まえて教えていたことを後世に伝えようとしたのであろうが、私は、これは、孔子ほどの人でも謝礼をとって教えていたという当時の風習を知る資料としての価値はあるとしても、記録に遺《のこ》すほどの言葉ではなかったのではないかと思う。

ところで余談だが、碩学《せきがく》の加瀬英明氏（故人）は、孔子は塩漬《しおづ》けにした人肉（つまり人肉の塩から）を食するのを日課にしていたと指摘し、『論語』はインチキだ」とまで言い切っておられる。（『ここまで違う日本と中国』159ページ）。

「**自行束脩以上**」の「乾肉一束」が、まさか塩漬けの人肉だったなどということはないであろうが、万が一そうであったとしたらと想像するだけで、私は鳥肌《とりはだ》が立つ思いがする。

八　**子曰、不憤不啓、不悱不發、擧一隅而示之、不以三隅反、則吾不復也、**

子曰《しのたま》わく、憤《ふん》せずんば啓《けい》せず。悱《ひ》せずんば発《はっ》せず。一隅《いちぐう》を挙《あ》げてこれに示《しめ》し、三隅《さんぐう》を以《もっ》て反《か》えらざれば、則《すなわ》ち復《ま》たせざるなり。

※　金谷氏は読み下し文に関して、「これに示し――『而示之』の三字は、唐石経・通行本にないが、『文選《もんせん》』注の引用にもある。」と付記しておられる。

【現代語訳】

先生は次のように言われた。
「〔教えを乞う者が〕分かろうとして歯がみをするほどでなければ、理解の糸口を示してやらぬ。言いたいことが巧《うま》く言えずに苦しんでいるのでなければ、導いてやらぬ。道理の一隅を示せば残りの三隅を理解するほどでなければ、二度と教えぬ。」

【私の見解】

金谷氏は、次のように訳しておられる。

先生がいわれた、「〔わかりそうでわからず、〕わくわくしているのでなければ、指導しない。〔言えそうで言えず、〕口をもぐもぐさせているのでなければ、はっきり教えない。一つの隅《すみ》をとりあげて示すとあとの三つの隅で答えるというほどでないと、くりかえすことをしない。」

これは、難解である。
齋藤孝氏の意訳を見ると、次のようになっている。

先生がいわれた。

「わかりたいのにわからず身もだえしているようでなければ、指導はしない（憤《ふん》せずんば啓《けい》せず）。言いたくてもうまく言えずもごもごしているのでなければ、はっきり言えるように指導はしない。（自ら求めない者に教えてもしかたがない。）四隅のあるものの一隅を示したら、他の三隅を推測してわかるようでなければ、もう一度教えることはしない。（類推してわかろうとする気構えのない者はまだ教わる水準に達していない。教えを受けるには素地が必要なのだ。）」

要するに、孔子は、自ら学ぼうとする者や意見を言おうとする者でなければ指導しても仕方がないと言い、教えを受ける素地《そじ》のない者には教えない、と言っていることが分かる。教育に対する孔子の厳《きび》しさと、孔子が生きた時代の教育客体（教えられる側の者）の必須《ひっす》要件の一端について読み取ることができる。

孔子が言っていることは、教育主体（教える側の者）が普通に抱く感懐《かんかい》ではあるが、私の経験から言えば、教育はこのように構えていたのでは決してうまくゆくものではない。学ぼうとする意欲や自ら意見を言おうとする積極性をいかに引き出すかが、教育主体の力量として求められるし、教育を受ける素地についても、逆に教育客体の教育素地に合わせて教育する内容や方法を見極めることも教育主体の任務であり責任であるのだ。

孔子ほどの人が、このように教育客体を見放すようなことを本当に言ったのであろうか。私は、曲がりなりにも教育の仕事を40年以上経験した者として、率直《そっちょく》にそのような感想を持った。おそらくこれは、誰かが、孔子の教育に対する厳しい姿勢から推《お》し量《はか》って、創作した言葉ではないか。

とはいえ、この章は、教育を受ける者としての基本的な心構えや姿勢および教育を受ける素地についての教訓として読めば、それなりに有益ではある。

これが『論語』に載っているのは、教育に対する孔子の厳しさを後世に伝えるためだと思われるが、第七章との整合性が、少し気にかかる。孔子は、自ら学ぼうとしない者や意見を言おうとしない者あるいは教えを受ける素地のない者であっても、乾肉一束《ほしにくひとたば》を持参した者には教育したのであろうか。

九　**子食於有喪者之側、未嘗飽也、子於是日也哭、則不歌、**

子《し》、喪《も》ある者《もの》の側《かたわ》らに食《しょく》すれば、未《いま》だ嘗《かつ》て飽《あ》かざるなり。子《し》、是《こ》の日《ひ》に於《お》いて哭《こく》すれば、則《すなわ》ち歌《うた》わず。

【現代語訳】

先生は、近親者が亡くなった人と同席して食事をされるときは、腹いっぱい召《め》し上がったことはない。先生は喪の席で声を上げて泣かれた日には、歌を歌われることはなかった。

※　金谷氏は訳文に関して、「声をあげて……──『哭』は弔問者の礼であった。　この章、邢〇《けいへい》の疏本では二章に分けている。」と付記しておられる。（〇は日冠に丙の字）

【私の見解】

これは、葬儀《そうぎ》における孔子の振る舞いを説明している文章だが、ことさら取り上げなければならないような内容ではない、と私は思う。

葬儀の参列者は、普通、遺族の気持ちを慮《おもんばか》って腹一杯食べるようなことはしないものだし、死者との最後の別れの際に涙を流す（場合によっては声を上げて泣く）のも普通のことだ。金谷氏の付記には、声を上げて泣くのは弔問者の礼だったとあるから、なおさらのことである。葬儀に参列したあとで歌を歌う気持ちにならないのも、普通の人間なら当たり前のことである。

孔子が生きた時代は、一般の葬儀の参列者は遺族の側でも腹一杯食べるのが普通だったのだろうか。死者との別れに声を上げて泣いたあとでも歌を歌ったりするのが当たり前のことだったのであろうか。そのような振る舞いと孔子のそれがあまりにも違うので、孔子はこうだったのですよ、という意味でこの章を『論語』に収録したのであろうか。

風習や感覚は国柄や時代などによって異なるのでなんとも言えないが、おそらく、この章を記録に遺《のこ》しておかなければならない理由が何かあったのだろう。

とりわけ、葬儀のことは、人々の信仰や国（あるいは地域）の風俗などと深い関わりがあり、簡単に推《お》し量《はか》ることはできないので、これ以上の思索《しさく》は措《お》くことにする。

ところで、「哭」は弔問者の礼だったようだが、葬儀に参列した人は誰もが声を上げて泣くことが礼儀として求められたということだろうか。そうだとすれば、悲しくもないのに泣かなければならない人も出てくることになる。

前にも少し触れたように、中国や韓国では今も「泣き女」の風習があり、葬儀で「泣き女」として雇われた女性は、葬儀に参列した人たちを代表して声を上げて泣くのが仕事なのだそうだ。この習俗は、「哭」を礼とするしがらみから逃れるために考え出された窮余《きゅうよ》の一策で、「哭」を弔問者の礼とする中国古来のしがらみが、儒教によって一層強化されたために今日まで残ったものと思われる。ただ、「泣き女」は儒教の影響下にないイスラム圏の国や西洋の国にもある習俗らしいから、一概に儒教と関係があるとは言えないようだ。いずれにしても、私の感覚では、摩訶不思議な習俗としか言いようがない。

一〇　子謂顏淵曰、用之則行、舍之則藏、唯我與爾有是夫、子路曰、子行三軍、則誰與、子曰、暴虎馮河、死而無悔者、吾不與也、必也臨事而懼、好謀而成者也、

子《し》、顔淵《がんえん》に謂《い》いて曰《のたま》わく、これを用《もち》うれば則《すなわ》ち行《おこ》ない、これを舍《す》つれば則《すなわ》ち蔵《かく》る。唯《た》だ我《わ》れと爾《なんじ》と是《こ》れあるかな。子路曰《しろい》わく、子《し》、三軍《さんぐん》を行《おこ》なわば、則《すなわ》ち誰《たれ》と与《とも》にせん。子曰《しのたま》わく、暴虎馮河《ぼうこひょうか》して死《し》して悔《く》いなき者《もの》は、吾《わ》れ、与《とも》にせざるなり。必《かなら》ずや事《こと》に臨《のぞ》みて懼《おそ》れ、謀《ぼう》を好《この》みて成《な》さん者《もの》なり。

【現代語訳】

先生は、顔淵《がんえん》に向かって、

「登用されたら活動し、解雇されたらひきこもるというのは、ただ私とそなただけにできることだね。」

と言われた。子路が、

「先生が大軍を率いるとしたら、誰と一緒になさいますか。」

と言った。先生は、

「暴虎《ぼうこ》に素手《すで》でたちむかったり河を歩いて渡ったりして、死んでも悔いのないような男とは、私は一緒にやらないよ。どうしてもというなら、事に臨んで慎重で、よく計画を練って成しとげるような人物とならなら手を組むね。」

と言われた。

※　金谷氏は訳文に関して、「大軍を……──『三軍』は大国の軍隊。一軍は一万二千五百人で、天子は六軍、大国は三軍、中国は二軍、小国は一軍というのが、周制であった。勇敢を自負する子路は先生の口から自分の名の出ることを期待した。」と付記しておられる。

【私の見解】

顔淵《がんえん》は顔回のことで、儒教では聖人の扱いをされているほどの孔門の高弟であった。

その顔淵に対して、孔子は、「臨機応変に対応できるのはお前と私くらいだね。」と言った。それを聞いて子路が孔子に「大軍を進めるなら誰と一緒になさいますか。」と聞いている。子路は勇敢《ゆうかん》の誉《ほま》れ高い孔門の高弟で十哲の一人だ。彼は、孔子が当然に「お前とだよ。」と答えることを期待したのであろう。だが、孔子は、子路は勇敢だが無鉄砲《むてっぽう》なところがあることを見抜いていて、「無鉄砲な男とはやらないよ。慎重で計画的に事を成し遂げる人物と一緒にやるよ。」と答えた、そういう逸話である。

この逸話は、孔子が門弟一人一人の特質をよく見極めていたことの一端を伝えるもので、これが『論語』に載っているのも、孔子と弟子の深い繋《つな》がりを後世に伝えるためであったのだろうと思われる。

ちなみに、顔淵（顔回）は孔子に随《したが》って14年に亘《わた》って中原を放浪《ほうろう》し、魯の国に帰還《きかん》したが、帰還後わずか三年目に41歳の若さで亡くなっている。孔子は、顔回の死を受けて、「ああ、天、予《わ》れを喪《ほろ》ぼせり、天、予れを喪ぼせり。」と声を上げて泣いたと伝えられている。それほど孔子は顔淵を愛していた。

また、子路も孔子に随《したが》って中原を放浪したあと、衛の国の宰《さい》（とりしまり）になっていたが、内乱に巻き込まれて63歳の生涯を閉じている。

子路の律儀《りちぎ》さと勇敢《ゆうかん》さを、井上靖は小説『孔子』の中で次のように描写している。孔子と子路の師弟関係がよく分かる筋立てなので、少し長いが引用しておく。

……、子路にとっては領主ともいうべき孔悝が、衛の内乱に巻き込まれ、蒯聵《かいかい》なる亡命中の権力者に城を乗っとられ、己が城のどこかに閉じ込められてしまったという事件が起りました。これを聞いた子路は孔悝救出に、孔悝の居城に向かいました。周囲の者は停めましたが、諾《き》きませんでした。

――その食をはむ者は、その難を避けずという詞がある。自分は孔悝の禄を食んでいる。孔悝が苦難の渦中にある以上、自分としては彼を救けに行かないわけにはゆかぬ。

そして既に閉まっている城門を開けさせて、城に入り、城の占領者と問答の末、抜刀して襲いかかって来る兵たちと闘い、そこの床に倒れました。その時、子路は襲いかかる相手を制して、

――君子は死すとも冠をぬがずと言う。待て！

そう言って、冠の紐を結び直して、その上で相手の刃に倒れたということであります。子路らしい、みごとな最期であると言えましょう。

　こうした子路の死が伝わらない前、

――衛に内乱がおこったらしい。

という報せが入った時、子はすぐ、二人の門弟の身の上を案じました。一人は子路、もう一人はやはり孔悝の領内で、子路と同じように宰なる役に就いている門弟の子羔《しこう》であります。その時、子が口にされたというお言葉が伝えられています。

――柴《さい》（子羔）や、それ来たらん。由《ゆう》（子路）や、それ死せん。

　この子の予言は当たりました。子羔は城には入らず、無事に帰って来ましたが、子路はついに帰って来ませんでした。

　この子のお言葉は怖いと思います。本当に子路のそのすべてを知っている人にして、初めて言える言葉であって、それを口に出された時の子の悲しみが、今もここで、この

ようにお話している私の心にも伝わって参ります。

冠の紐をしめ直して討たれた子路は、地下で師・孔子の話を聞いて、どのように嬉しかったことでありましょう。“以て瞑すべし”という詞《ことば》がありますが、子路は、子に自分のすべてを知って貫って、一生を子に捧げたことが無駄ではなかったと、そういう思いで眼を閉じたに違いありません。（133～134ページ）。

一一　**子曰、富而可求也、雖執鞭之士、吾亦爲之、如不可求、從吾所好、**
子曰《しのたま》わく、富《とみ》にして求《もと》むべくんば、執鞭《しつべん》の士《し》と雖《いえど》も、吾《わ》れ、亦《ま》たこれを為《な》さん。如《も》し求《もと》むべからずんば、吾《わ》が好《この》む所《ところ》に従《したが》わん。


【現代語訳】

先生は次のように言われた。

「富を求めることが許されるなら、私は鞭《むち》を振るう市場の監督の仕事でもするが、もし求めることが許されないのなら、自分の好きなように生きて行こう。」

※　金谷氏は訳文に関して、「市場の監督――『執鞭』には、行路の警備員と市場の監督との二種あり、ここは後者。

里仁篇＝利に放《よ》りて行なえば、怨み多し。また本篇第一五章参照。」などと付記しておられる。

【私の見解】

さて、私は一応右のように訳したが、もう少し平明に言い換えれば、

先生は次のように言われた。

「富というものは、求めてどうなるものでもない。求めて得られるものであるのなら、どんな賤《いや》しい仕事でもするが、そういうものではないのだから、〔富を求めて汲々《きゅうきゅう》とするのではなく、〕私は自分の好きなように生きて行くよ。」

ということになろうか。

これは、孔子が、「富」は求めてもどうなるものでもないと考えていたことを伝える逸話なのか、それとも、「富」の危うさ、「富」に目がくらんで身を持ち崩《くず》す人間の性《さが》への警鐘《けいしょう》か。

いずれにしても、「富」に目がくらみ、「富」に溺《おぼ》れるような生き方をせず、自分のなすべきことを見定めて生きて行きなさい、という含意《がんい》があるように私は思う。

直接的な表現がことさらに避けられているようで理解に難儀《なんぎ》するが、これは、漢語（表意文字である漢字のみによる表記）に特有の性質なのかも知れない。門外漢には分からぬことが多い。

ともあれ、この章は、今日に於いても教訓にすべき逸話だ。幸い、わが国には「清貧《せいひん》」という言葉があり、貧しくとも清く正しく生きることを善しとする文化が息づいている。この章で示された孔子の生き方に相通じるところがあるように思われる。

一方、中国（中国人）は、富の追求に汲々《きゅうきゅう》としているように見える。孔子の言葉はどのように読まれ、どのように解釈されてきたのだろうか、不思議でならない。

一二　**子之所愼、齊戰疾、**
子《し》の慎《つつし》む所《ところ》は、斉《さい》、戦《せん》、疾《しつ》。

※　金谷氏は読み下し文に関して、「斉――陸徳明の『経典釈文』では、ある本には『斎』とあるという。斎は本字。」と付記しておられる。

【現代語訳】

先生が慎まれたことは、潔斉《ものいみ》と、戦争と、病気であった。

【私の見解】

「潔斉《ものいみ》」とは聞き慣れない言葉だ。辞書で調べると、「神事に慎むこと。心身を清浄に保ち慎むこと。遠慮すること。憚りあること。」などとある。（広辞苑）

この章は、孔子がどのようなことに慎んでいたかを伝える逸話である。誰が遺《のこ》した言葉かは分からない。おそらく、孔子の事績《じせき》を集めるときに、孔子の教えを守る儒者の誰かが孔子のことを思い出して語ったものであろう。

これが、『論語』に載ったのは、短い言葉であるとはいえ、孔子の生き様を端的に表すものであるだけに、是非後世に伝えたかったからであろう。

孔子が慎んだ三つのうち、「斎」は神への畏《おそ》れを表す礼式である。孔子の言う徳の中で最も重くて深いのは「仁」だが、その「仁」に「礼」が伴わないのを彼は極端に嫌った。おそらく「斎」はその礼式の中でも最も重視したものだったのであろう。

「戦」は、言うまでもなく「いくさ」のことだ。孔子が生きた時代は群雄割拠《ぐんゆうかっきょ》の乱世だった。彼が「戦」を忌《い》み嫌《きら》っていたことは想像に難《かた》くないが、それを「慎む」というのはどういうことだろう。「慎む」には「気を付ける」「用心する」という意味もあるから、孔子は、乱世にあって「いくさ」を常に気に懸け、用心していたことが窺《うかが》える。「疾」は「やまい」のことだ。「やまい」は望まなくても訪れてくる。孔子は、「いくさ」と同様に「やまい」を忌《い》み嫌《きら》い、平素から用心していたことが読み取れる。

さて、「**子之所愼、齊戰疾**」は、孔子の教えを守る人たちにとっては大切に心に刻《きざ》む言葉なのであろうが、一般人の私たちにとっては、ごく普通の言葉である。『論語』にそのような言葉があったと心に留めておくだけで十分ではないだろうか。

一三　**子在齊、聞韶樂三月、不知肉味、曰、不圖爲樂之至於斯也、**

子《し》、斉《せい》に在《いま》して韶《しょう》を聞《き》く。三月《みつき》、肉《にく》の味《あじ》を知《し》らず。曰《のたま》わく、図《はか》らざりき、楽《がく》を為《な》すことの斯《ここ》に至《いた》らんとは。

※　金谷氏は読み下し文に関して、「三月――徂徠は『韶を聞くこと三月、』と上につけて読む。『史記』から考えるとそれが正しい。原文の句点はそれによる。」と付記しておられる。

【現代語訳】

先生は斉《せい》の国にいて韶《しょう》の音楽を聞き、〔感動のあまり、〕数ヶ月も肉の味も分からないほどだった。

「音楽がこれほどすばらしいとは思いもかけないことだった。」

と言われた。

※　金谷氏は訳文に関して、「八佾篇＝子、韶を謂《のたま》わく、美を尽くせり、又た善を尽くせり。」などと付記しておられる。

【私の見解】

私は右のように訳したが、齋藤孝氏の訳は状況説明等が豊富でいっそう分かり易いものになっているので、参考のために引用しておく。

先生が斉《せい》の国に滞在していたとき、斉の国に伝えられていた聖王舜《しゅん》の作った韶《しょう》という音楽を初めて聞き習う機会を得られた。あまりのすばらしさに感動し、三月《みつき》の間この音楽に身も心も奪われ、肉の味のおいしさも気づかれないほどであった。先生はこういわれた。「舜の音楽はきっとすばらしいだろうと思ってはいたが、まさかここまで美を尽くし善を尽くしたすばらしいものとは思いもよらなかった。」

孔子は、『論語』のいたるところで学問を薦《すす》めているが、同時に「藝」で教養を広めかつ深めることも推奨《すいしょう》している。音楽は、おそらく「藝」の中でも筆頭《ひっとう》のものであったのであろう。この章はそのことを彷彿《ほうふつ》とさせる逸話《いつわ》である。音楽の素晴らしさに魅了《みりょう》されて、数ヶ月もの間食する肉の味も分からなかったというのだから、すさまじい。

この逸話は、孔子の人間性の一端を見事に伝えるものであり、『論語』の編者は、これを是非《ぜひ》載せたいと思ったのであろう。誰かが創作して脚色《きゃくしょく》した匂《にお》いがしないでもないが、孔子の教えを守ろうとする人々にとって、そんなことはこの際どうでもよいことだったのではないか。

金谷氏の付記にあるように、八佾篇第二五章にも「子謂韶、盡美矣、又盡善也、……」とある。これについては既に考察した。

一四　冉有曰、夫子爲衞君乎、子貢曰、諾、吾將問之、入曰、伯夷叔齊何人也、子曰、古之賢人也、曰怨乎、曰、求仁而得仁、又何怨乎、出曰、夫子不爲也、

冉有《ぜんゆう》曰《い》わく、夫子《ふうし》は衛《えい》の君《きみ》を為《たす》けんか。子貢《しこう》曰《い》わく、諾《だく》、吾《わ》れ、将《まさ》にこれを問《と》わんとす。入《い》りて曰《い》わく、伯夷《はくい》・叔斉《しゅくせい》は何人《なんびと》ぞや。子曰《しのたま》わく、古《いにし》えの賢人《けんじん》なり。曰《い》わく、夫子《ふうし》は怨《うら》みたるか。曰《のたま》わく、仁《じん》を求《もと》めて仁《じん》を得《え》たり。又《ま》た何《なん》ぞ怨《うら》みん。出《い》でて曰《い》わく、夫子《ふうし》は為《たす》けじ。

【現代語訳】

冉有《ぜんゆう》が、

「先生は衛の殿さまを助けられるだろうか。」

と言った。子貢《しこう》は、

「よし、私が先生にお訊ねしてみよう。」

と言って〔先生の部屋に〕入って、

「伯夷《はくい》と叔斉《しゅくせい》とはどういう人物ですか。」

と訊ねた。先生は、

「昔の偉い人だ。」

と言われた。子貢は、

「〔君主の位につかなかったことを〕後悔したでしょうか。」

と言った。先生は、

「仁を求めて仁を得たのだから、また何を後悔することがあろうか。」

と言われた。子貢は退出すると、

「先生は助けられないだろう。」

と言った。

※　金谷氏は訳文に関して、「衛の殿さま――衛の出公輒《しゅっこうちょう》。祖父霊公の遺命で即位したが、国外に亡命していた父が即位を求めて帰ろうとしたのをこばんで、内乱の状態にあった。孔子の六十二、三歳ごろのとき。伯夷と叔斉――公治長篇第二三章注参照。伯夷は父の遺志を重んじて弟の叔斉に位を譲って亡命し、叔斉はまた兄弟の序列を重んじて兄の後を追って亡命した。『仁を求めて仁を得た。』とは、人として道義を第一としたことで、衛の君のように君位に執着する態度でなかったことをいう。」と付記しておられる。

【私の見解】

さて、この話は、君位に執着して父と子が争うのを、孔子が善しとしない考えであることを、子貢が確かめたという逸話である。孔子の道徳観の一端を表す逸話として、『論語』に掲載されたのであろう。

冉有が「**夫子爲衛君乎**」（夫子《ふうし》は衛《えい》の君《きみ》を為《たす》けんか。＝先生は衛の殿さまを助けられるだろうか。）と言ったのを受けて、子貢は、伯夷《はくい》と叔斉《しゅくせい》が、父の遺志に叛《そむ》いてでも君位に執着することなく兄弟の争いを回避したという故事を念頭に置いて、「**伯夷叔齊何人也**」（伯《はく》夷《い》・叔斉《しゅくせい》は何人《なんひと》ぞや。＝伯夷《はくい》と叔斉《しゅくせい》とはどういう人物ですか。）と孔子に訊ねた。孔子は、伯夷と叔斉の二人を「**求仁而得仁**」（仁《じん》を求《もと》めて仁《じん》を得《え》たり。＝仁を求めて仁を得た。）人物だと褒《ほ》め称《たた》えた。子貢は、孔子の道徳観の神髄《しんずい》を知って、冉有に「**夫子不爲也**」（夫子《ふうし》は為《たす》けじ。＝先生は助けられないだろう。）と答えた、これがこの逸話の柱である。

よくできた話で興味は尽きないが、私には、いかにも後で誰かが創作した話のように思われてならない。子貢の問い方が、孔子の答えを先取りして組み立てられているようで、なんとも不自然に感じられるのだ。

孔子の教えを守ってきた儒者たちとっては、たとえ作り話であっても、孔子の教えを後世に伝えるためにはたいしたことではなかったのかもしれない。『論語』には、そう思わせるような逸話がけっこう多い。

一五　**子曰、飯疏食飲水、曲肱而枕之、樂亦在其中矣、不義而富且貴、於我如浮雲、**

子曰《しのたま》わく、疏食《そし》を飯《くら》い水《みず》を飲《の》み、肱《ひじ》を曲《ま》げてこれを枕《まくら》とす。楽《たの》しみ亦《ま》た其《そ》の中《うち》に在《あ》り。不義《ふぎ》にして富《と》み且《か》つ貴《とうと》きは、我《わ》れに於《お》いて浮雲《ふうん》の如《ごと》し。

※　金谷氏は読み下し文に関して、「疏食――皇本・清本には『蔬食』とある。『蔬食《そしょく》』は菜食（古注）、『蔬食《そし》』は粗末な飯（新注）である。」と付記しておられる。

【現代語訳】

先生は次のように言われた。

「粗末な飯を食って水を飲み、腕を曲げてそれを枕にする。楽しみはやはりそこにあるものだ。不正不義をして金持ちになり高い地位を得ても、私にとっては浮き雲のようなものだ。」

※　金谷氏は訳文に関して、「浮き雲――実効のないもののたとえ。鄭注に『万物を潤沢することなし。』とあるのが古義である。」と付記しておられる。

【私の見解】

さて、この話は、悪いことをして富を手に入れ立身出世をする生き方を忌《い》み嫌《きら》い、質素に暮らすことを善しとする、孔子の人生観（道徳観）を伝える逸話である。

孔子が生きた乱世にあっては、少々悪いことをしてでも富を得て、立身出世をしようとするのが正義だとする風潮《ふうちょう》が顕著《けんちょ》であったのであろう。それ故、孔子はわざわざこのようなことを言わざるを得なかったのだと、私は推測《すいそく》する。

『論語』にこの章が収録されたのは、孔子の人生観（道徳観）を後世に伝えようとしたためだと思われる。

幸いなことに、わが国では、悪いことをしてでも富を得て、立身出世するのは良いことだ、とする社会風潮《しゃかいふうちょう》はないと言ってよいだろう。

さすがに、「**飯疏食飲水、曲肱而枕之**」（疏食《そし》を飯《くら》い水《みず》を飲《の》み、肱《ひじ》を曲《ま》げてこれを枕《まくら》とす。＝粗末な飯を食って水を飲み、腕を曲げてそれを枕にする。）は極端だとしても、これは、理念としては今日《こんにち》でも十分に生き方の指針になり得る。事実、日本では「質素倹約《しっそけんやく》」という言葉も立派に生きているように、良識ある日本人の多くは、孔子の言葉を知っているいないに拘《かか》わらず、そのような生き方を善しとして生きていると私は思っている。

孔子のこの言葉は、中国ではどのように受け止められてきたのであろう。有名ブランドの偽物《にせもの》を大量に作って世界にばらまいている行為一つをとってみても、儲《もう》かるのであれば何をしても構わないという魂胆《こんたん》が見え見えである。また、政府行政の要職にある者が賄賂《わいろ》によって巨万の富を蓄えているばかりでなく、金《かね》で地位までが売り買いされているといううわさも後を絶たない。一口に「賄賂」と言っても、中国の場合は規模と桁《けた》が違うのだ。偽物作りと賄賂は、中国に於ける古来の悪弊《あくへい》であり、もはや悪いことをしているという感覚すら麻痺《まひ》していると言っても過言ではないであろう。

　このように、中国（中国人）に孔子のこの思いが伝わっているようにはとても思えないのだが、はて、彼らはどのように弁明《べんめい》するであろうか。

一六　子曰、加我數年、五十以學易、可以無大過矣、

　子曰《しのたま》わく、我《わ》れに数年《すうねん》を加《くわ》え、五十《ごじゅう》にして以《もっ》て易《えき》を学《まな》べば、大《だい》なる過《あやま》ち無《な》かるべし。

※　金谷氏は読み下し文に関して、「加え、五十――新注では『加』は『仮』の、『五十』は『卒』の誤りであろうとして、『数年を仮《か》し、卒《つい》に以て……』と読む。　易を学べば――『易《えき》』の字を『亦《「えき」》』の字の意味で読むべきだとする説が古くからあり、孔子の時代に『易』の書物はなかったとする学説からすれば、それが正しい。『五十にして学ぶも、易《ま》（亦）た』となる。訳文はそれに従う。ただし、『易』の古い部分はあったから、『易を学ぶ』でよいとする説も強

い。」と付記しておられる。

【現代語訳】

先生は次のように言われた。

「私がもう数年年を取り、50歳になってまた学べば、大きな間違いはしないだろう。」

【私の見解】

金谷氏の付記にあるように、「易」については諸説あるようだ。私は、「易」の字を「亦」の字の意味で読んで訳をつけた。金谷氏の訳も齋藤孝氏の訳もそのようになっている。どのように訳そうとも、寿命が今日ほど長くなかった時代に、孔子は「50歳になっても学ぶ」と言っている。さすがである。これは、今日であれば70歳台の後半に「80歳になっても学ぶ」というようなものであり、孔子の向学心が旺盛《おうせい》であったことが読み取れる。『論語』にこれが収録されたのも、いつまでも向学心をもつことの大切さを後世に伝えるためだったのではないだろうか。

今や長寿で生涯学習の時代である。「**子曰、加我數年、五十以學易、可以無大過矣**」を教訓にして、向学心を持ち続けたいものである。

一七　子所雅言、詩書執禮、皆、雅言也、

子の雅言《しがげん》する所《ところ》は、詩《し》、書《しょ》、執礼《しつれい》、皆雅言《みながげん》す。

【現代語訳】

先生は、いつも詩と書と執礼について語られた。実際毎日語られた。

※　金谷氏は訳文に関して、「正しい言語――古注に従う。伝統的な由緒正しい言語。新注では『常言』と解して『ふだんにいつも話題にしたこと』となる。」と付記しておられる。

金谷氏の訳は、

先生が正しい言語を守られるのは、詩経・書経〔を読むとき〕と礼を行なうときとで、みな正しい言語であった。

となっている。

【私の見解】

ちなみに、齋藤孝氏の訳は、

先生がいつも言われるのは、『詩経《しきょう》』と先王の故事の書かれている『書経《しょきょう》』、そして人が守るべき〈礼〉のことであった。

となっており、新注に従っておられることが分かる。私の訳も新注の解釈に基づいている。その方が言葉全体としてすんなりと意味が通るように思われる。

とはいえ、中国は多民族国家で、文化も入り乱れ、言葉も様々だと言われている。孔子の生きた時代には、今よりももっと未整理な混沌《こんとん》とした言葉事情であったと思われる。そう考えれば、金谷氏の訳のように古注に従って「雅言」を「正しい言語」と訳した方が正解のような気もする。

では、そのような状況下で、「正しい言語」とはどのような言語だったのだろうか。

金谷氏の付記には「伝統的な由緒正しい言語」とある。孔子にとっては、周王朝が正当な国であったから、「伝統的な由緒正しい言語」とは周王朝で日常正式に用いられていた言語だったのだろう。孔子は、詩経・書経〔を読むとき〕と礼を行なうときにはその言語を話したということか。

日本は、基本的に単一民族で、方言はあるものの言葉も日本語一つであるが、中国は村が違えば宗族も言葉も違う国柄である。孔子が生きた時代にはそれが甚《はなは》だしかったものと推察できる。それ故に、この章のような逸話があるのだろう。私たち日本人の感覚では理解し難いものがある。

この章が『論語』に収録されたのは、おそらく、詩経・書経〔を読むとき〕と礼を行なうときには周王朝の正式な言語を用いるように、後世の人々に申し送る意味があったのではないかと、私は推測する。これは、あくまでも私の憶測に過ぎず、何の証拠も根拠もない。

一八　葉公問孔子於子路、子路不對、子曰、女奚不曰、其為人也、發憤忘食、樂以忘憂、不知老之將至也云爾、

葉公《しょうこう》、孔子《こうし》を子路《しろ》に問《と》う。子路《しろ》対《こた》えず。子《し》曰《のたま》わく、女《なんじ》奚《な》んぞ曰《い》わざる、其《そ》の人《ひと》と為《な》りや、憤《いきどお》りを発《はっ》して食《しょく》を忘《わす》れ、楽《たの》しみて以《もっ》て憂《うれ》いを忘《わす》れ、老《お》いの将《まさ》に至《いた》らんとするを知《し》らざるのみと。

【現代語訳】

葉公《しょうこう》が、孔子のことを子路に訊ねた。子路は答えなかった。

先生は、子路に、

「そなたは、どうして言わなかったのだ。私の人となりは、〔学問に〕発憤《はっぷん》しては食事も忘れ、〔道を〕楽しんでは心配事も忘れ、やがて年を取ることも知らずにいると。」と言われた。

※ 金谷氏は訳文に関して、「葉公――楚《そ》の国の葉県の長官。姓は沈《しん》、名は諸梁《しょりょう》、あざ名は子高。」と付記しておられる。

【私の見解】

さて、この話は、子路が葉公《しょうこう》に孔子のことを訊ねられたのに何も答えなかったことに対して、孔子が小言《こごと》をいったという逸話である。

子路は、孔門十哲の一人と言われている高弟である。孔子のことは誰よりもよく知っているはずなのに、どうして何も言わなかったのだろう。おそらく、子路にしてみれば、海よりも深く山よりも高い存在である師・孔子のことを、弟子の自分如きがあれこれ評価じみたことを言うわけにはいかない、という思いだったのだろう。

このエピソードは、おそらく孔子が子路たちを伴って中原を放浪していたときのことと思われる。孔子は、弟子たちをどこかの国の役人に推挙《すいきょ》したいと思っていたようだが、伝えられているところによると、自分自身も役人として登用されることを望んでいたようだ。孔子にしてみれば、楚《そ》の国の高官である葉公が孔子のことを子路に訊ねたということは、その好機だったのに、子路が何も答えなかったことでそれを逃したことになる。だから、孔子は子路に、このような小言というか苦言めいたことをいったのであろうと一応推察できる。

だが、この逸話はなんだか変な感じがする。孔子は、本当にこのようなことを言ったのだろうか。いかに役人として登用されることを望んでいたとはいえ、弟子を通して自分を売り込むようなことを言うのは、一般的な孔子像に照らして不似合いな感じがする。それに、孔子ほどの人が、愛弟子《まなでし》の子路の思いを慮《おもんばか》ることができないはずもない。やはりこれは、後世の誰かの作り話のように私は思う。

では、なぜこの話が『論語』に載っているのか。おそらく、孔子の人となりを後世に伝えるためにこのような話を仕立て上げたのだろうが、手法があまりにも粗雑《そざつ》かつ稚拙《ちせつ》ではあるまいか。これでは、孔子が弟子のことを何も分かっていなかったことを曝《さら》けることになるし、なによりも、孔子が権勢欲《けんせいよく》の権化《ごんげ》であったかのような印象を与えることにもなるではないか。もし、この逸話が本当のことを伝えているのであれば、孔子の信奉者は、孔子も普通の人間だったのだと、がっかりするかも知れない。

『論語』には、このような真偽不明《しんぎふめい》の話が結構詰まっている。それだけに、読み手がそれをどう受け止めどう解釈するかが問われることになる。『論語』だからといって盲目的に信じ込むことのないように気を付けたいものである。

一九　**子曰、我非生而知之者、好古敏以求之者也、**

子曰《しのたま》わく、我《わ》れ、生《う》まれながらにしてこれを知《し》る者《もの》に非《あら》ず。古《いにし》えを好み、敏《びん》にして以《もっ》てこれを求《もと》めたる者《もの》なり。

【現代語訳】

先生は次のように言われた。

「私は生まれつきものごとをよく知っている者ではない。昔のことを愛好して速《すみ》やかに探《たん》求《きゅう》している者だ。」

【私の見解】

この章は、孔子が、好んで歴史を学ぶことによって様々な知識を身につけたことを、自ら語っている逸話だ。つまり、孔子は、「自分は生まれつきの物知りではない。」と言っている訳である。

この話は、孔子の素直さというか、謙虚《けんきょ》さというか、その率直《そっちょく》な人柄を後世に伝えるために、『論語』に収録されたものと思われる。

話そのものは、取り立てて言うほどのことではないように私は思う。生まれながらに物事を弁《わきま》えている者などいないはずだが、孔子の教えを守る儒者たちにとっては、孔子の人柄を知る大切な逸話だったのであろう。

ただ、この話も、誰かが作り上げたもので、孔子自身が実際に言った言葉ではないように私には感じられる。孔子自身がこのような当たり前のことをもったいぶって言う姿を、私は想い浮かべることができないのだ。

おそらく、孔子の人柄に接して感じ入った弟子の誰かが、自分の受けた印象を何かに書き留めていたか誰かに話したかして語り継がれたものを、後世の儒者が拾い上げたものではないか。あるいは、後世の儒者のまったくの作り話なのかも知れない。

それはともかくとして、この章の話は、今日でも私たちの貴重な心得になり得る。「**好古敏以求之者也**」（古《いにしえ》を好み、敏《びん》にして以《もっ》てこれを求《もと》めたる者《もの》なり。）は「**温故而知新**」にも通底しており、歴史に学ぶことの重要性を私たちに教えていることに変わりはない。

二〇　子不語怪力亂神、

子《し》、怪力亂神《かいりきらんしん》を語《かた》らず。

【現代語訳】

先生は、怪談と暴力と反乱と神秘については、語られなかった。

【私の見解】

「怪力亂神」を怪・力・亂・神に分けず、怪力と亂神の二者に分けて考える解釈もあるそうだが、私はとりあえず怪・力・亂・神に分けて訳をつけた。

さて、乱世のまっただ中に生きた孔子は、政治の安定と平和と民の安寧《あんねい》を願って、弟子たちにいろいろと含蓄《がんちく》ある言葉を語ったと言われているが、その言葉の中に、怪・力・亂・神の四文字はなかったというのだが、この章の言葉を言ったのは誰であろうか。『論語』をいくら読んでも、その答えは見当たらない。

では、ここで言う「怪・力・亂・神」とは、一体何を指しているのか。

井上靖が、前掲書の中で、蔫薑《えんきょう》に語らせる形でこのことを分かり易く説明しているので、少し長いが引いてみる。（子とは孔子のことである。）

――子、怪・力・乱・神を語らず。

子は怪、力、乱、神、こういったものを、講学の館でお取り上げになることもなかったし、平素の話題におのせになることもなかった。――このように解釈していいかと思います。（中略）

……先ず最初に坐っている〝怪〟から、順番に取り上げさせて頂きましょう。怪異とか、怪奇とか、そういう言い方で呼ばれている怪しげなもののすべてが、この〝怪〟という一字に収められていると見て、いいのではないかと思います。

妖怪、変化、幽霊、物の怪《け》、みな〝怪〟ですが、どういうものか、われわれ人間は、兎角、こうした〝怪〟なるものに関心を持ちがちで、それを話題に取り上げることが好きなようであります。

併し、子は一切、そうした〝怪〟のいかなるものをも話題になさることはなかった、まあ、このようなことになりましょうか。（中略）

それから、次は〝力〟、――これは暴力とか、蛮勇とか、血気の勇とか、そういったものを指しているかと思いますが、これまた、子は話題にはなさらなかった。話題にすることを避けておられました。子には、肉体的な力を使うことによって、人を威圧し、以て事件を解決するというようなことを、一切お認めにならないところがあったかと思います。

次は〃乱〃。背徳、不倫、弑逆、乱逆、こういったもろもろの名でよばれている秩序破壊、良俗破壊の行為、事件のすべてが〃乱〃。これまた子は、一切、話題にはなさいませんでした。口にするのもお嫌だったのでありましょう。

次は、最後に坐っている〃神〃。これは死者の霊魂とか、天地の霊とか、そういったものを指しているかと思います。敬虔な心で対《む》かうべきものでありましょうが、これも子は、敬して遠ざけるというか、そうしたものの持つ霊力とか、神秘さとかいったものに心をうばわれることのないよう、努めて避けておられたと思います。（中略）

いずれにしても、子は怪、力、乱、神なるものを、いかなる場合でも、仮初《かりそめ》にも話題として、お取り上げになることはなかったのであります。（256～258ページ）。

この説明にも、「**子不語怪力亂神**」（子、怪力亂神を語らず。）が誰の言葉かの説明はない。疑問は依然として残る。

右の引用文の語り部である蔫薑《えんきょう》は、井上靖が小説に登場させた架空の人物であり、この人物が言った言葉でないことは明らかだ。

井上靖にも分からなかったようで、彼は、小説の中で、魯都の孔子研究会の会員という設定の人物を登場させて、「**子不語怪力亂神**」のことを、

「高弟の一人の指摘であろうかと思います。」（255ページ）

と語らせているだけである。

『論語』には、誰が言った言葉なのか不明な言葉が結構多い。そして、そのような誰が言ったか分からぬ真偽不明《しんぎふめい》の言葉によって、孔子の人柄やイメージが作り上げられているのだが、わが国では、『論語』を読む場合にそのことは、あまり問題にされてこなかったような気がする。

ところで、乱世にあって、「怪力亂神を語らず」の姿勢で政治の在り方や人間としての道徳的な在り方などを、孔子は本当に語ることができたのだろうか。私にはどうも、そのイメージが湧《わ》かない。「怪力亂神を語らず」は、まるで、バーチャルな（架空の）平和主義の観点から戦争放棄を謳《うた》う日本国憲法を彷彿とさせ、なんだか妙な気分だ。

これはあくまでも私の憶測《おくそく》だが、「**子不語怪力亂神**」は、孔子のイメージ作りのために、後世の誰かが純粋《じゅんすい》に創作したものであろうと思う。孔子が本当にそのような姿勢であったかどうかは、眉唾《まゆつば》のような気がするのだ。

しかし、このことは、「**子不語怪力亂神**」が論語として定着している今となっては、もう言っても詮方《せんかた》ないことであろう。

それにしても、『論語』が出た後の中国の状況はすさまじい。「**子不語怪力亂神**」とは真逆の国になっていったのは、まさに異様である。孔子が生きた時代よりもはるかに酷《ひど》い戦国の世が続き、革命に次ぐ革命で、**怪・力・亂**が暴れ回ったのだ。

そのとどのつまりが共産主義国家である。今や中国は、どこの国が侵略してくるわけでもないのに、軍事力増強に血道を上げ、増強につぐ増強で短期間のうちに軍事大国に成り上がった。そして、周辺国はもとより世界に脅威《きょうい》を拡散《かくさん》させているのだ。

今や〝力〟の極みとも言える核爆弾を数千発も保有し、日本に向けて数百発の照準を合わせていると報道されてもいる。

ああ、私には、「**子不語怪力亂神**」が空念仏《からねんぶつ》のごとく〝怪〟と〝力〟と〝乱〟の風圧にかき消されているように思われてならない。

二一　子曰、我三人行、必得我師焉、擇其善者而從之、其不善者而改之、

子曰《しのたま》わく、我《わ》れ、三人行《さんにんおこ》なえば必《かなら》ず我《わ》が師《し》を得《う》。其《そ》の善《よ》き者《もの》を択《えら》びてこれに従《したが》う。其《そ》の善《よ》からざる者《もの》にしてこれを改《あらた》む。

※　金谷氏は読み下し文に関して、「我れ……を得――通行本には『我』の字がなく、『得』は『有』となっているが、『経典釈文』、唐石経、皇本、清本みなこのようである。」と付記しておられる。

【現代語訳】

先生は次のように言われた。

「私は、三人で行動したら、必ず自分の師を得る。善い人を選んでその人を見ならい、善くない人を見て自分の善くない点を改める。」

※　金谷氏は訳文に関して、「行動――『三人行《みひとあゆ》めば』と読んで道を歩くこととするのは劉宝楠《りゅうほうなん》の説。」と付記しておられる。

【私の見解】

この話も、孔子の謙虚な人柄を伝える逸話である。孔子が本当に言った言葉なのか、それとも誰かが孔子の人柄の一端を捉《とら》えてあたかも孔子が言ったかのように伝えた言葉なのか、あるいは誰かの全くの創作なのか、私にはよく分からない。

話の中身そのものは、取り立てて言うほどのことではない。この程度のことは、普通の心根《こころね》の人であれば誰でも心得ていることではないだろうか。小説家の吉川英治には『われ以外みなわが師』という著書があるが、言葉としてはこちらの方が広くて重いほどだ。なぜこの章が『論語』に収録されたのか。それは、やはり孔子の謙虚な人柄を後世に伝えるためであろうと思われる。

確かにこれは、わが国にある「人の振り見て我が振り直せ。」という金言にも通底する教訓であり、心に留めておくべき言葉ではある。

二二一　子曰、天生徳於予、桓魋其如予何、

子曰《しのたま》わく、天《てん》、徳《とく》を予《わ》れに生《な》せり。桓魋其《かんたいそ》れ予《わ》れを如何《いかん》、

【現代語訳】

先生が次のように言われた。

「天は私に徳を授けられた。桓魋《かんたい》は私をどうすることもできぬ。」

※　金谷氏は訳文に関して、「桓魋──宋（河南省商邱県）の司馬《しば》（軍務大臣）で、孔子を旅の途中で殺そうとした。子罕《しかん》篇第五章参照。」などと付記しておられる。

【私の見解】

さて、これは、孔子の気概《きがい》を伝える逸話であると言って良いだろう。宋の国の軍務大臣である桓魋が孔子を殺そうとしたとき、孔子が言ったということだが、本当に言ったのだろうか。いかに孔子とはいえ、魯の国を追われて放浪している身である。このように尊大な上から目線の言い方ができるものだろうか。

たとえ、心の内に密かに秘めていた気概《きがい》であったとしても、「**天生徳於予**」（天《てん》、徳《とく》を予《わ》れに生《な》せり。＝天は私に徳を授けられた。）とはなかなか口には出せない言葉である。

それに、わずか数人の弟子を伴ってのいわば「乞食旅《こじきたび》」をしている丸腰の身で、一国の軍務大臣を愚弄《ぐろう》するほどの啖呵《たんか》がきれるとはとても思えない。

もしもこれが孔子自身の言葉だとすれば、孔子という人はよほどの自信家で、自分を天の申し子だと思っていたことになるだろうし、丸腰でも戦うほどの無鉄砲な気丈夫《きじょうぶ》だったということにもなるだろうが、それは一般的な孔子像に照らして似つかわしくない。

やはりこれは、弟子の誰かが孔子の気持ちを慮《おもんばか》って言ったのが伝わった言葉か、あるいは孔子の人格に陶酔《とうすい》する後世の誰かが孔子に成り代わって創作した言葉か、のどちらかであろう。

ちなみに、井上靖は、『孔子』の中で蔫蘁《えんきょう》に、この子《し》のお詞《ことば》は、その旅に於て、子《し》の口から出たもので、私は陳都にて、子貢から披露して貰いました。私としましては、初めて自分の耳にいれた子《し》のお詞であるだけに、今も鮮やかに、その時の感動を記憶しております。（366ページ。ふりがなは山内がつけた。）

と語らせている。

いずれにせよ、今更誰が言った言葉かなどと詮索《せんさく》してもはじまらない。「**子曰、天生徳於予、桓魋其如予何**」は論語として二千年以上もの間定着しているのだ。「なるほど、孔子はそれほどの気概をもって桓魋《かんたい》に対峙《たいじ》したのか」と感慨深《かんがいぶか》く読む他はないようである。

金谷氏の付記にもあるように、同様の気概を示す言葉は子罕篇第五章にも出てくる。その言葉については改めて所見を述べることにする。

二三　子曰、二三子以我爲隱乎、吾無隱乎爾、吾無所行而不與二三子者、是丘也、

子曰《しのたま》わく、二三子《にさんし》、我《わ》れを以《もっ》て隠《かく》せりと為《な》すか。吾《わ》れは爾《なんじ》に隠《かく》すこと無《な》し。吾《わ》れ、行《おこ》なうとして二三子《にさんし》と与《とも》にせざる者《もの》なし。是《こ》れ、丘《きゅう》なり。

※　金谷氏は読み下し文について、「吾れは隠すなきのみ。」と読んで『乎爾』二字を句末の助字とみるのが徂徠の説。」と付記しておられる。

【現代語訳】

先生は次のように言われた。

「そなたたちは、私が隠しごとをしていると思うか。私は何も隠してはいない。私は何ごともそなたたちと一緒ではないか。それが私なのだ。」

【私の見解】

はて、不思議な言葉である。弟子の誰かに「先生は、何か隠し事をしておられるのではありませんか。」と詰問《きつもん》でもされて、このようなことを孔子は言ったのであろうか。そうでなければ、このようなことを孔子が言うのはちょっと考えられない。何も言われないのに「自分は隠しだてなどしないよ。」と言うことなど、普通はあり得ないからだ。

もし、誰からも詰問《きつもん》されていないのに、孔子がこのようなことを言ったとしたら、孔子自らが隠し事をしているのではないかという何か後ろめたい気持ちを抱いていて、弁明的《べんめいてき》にそう言ったということになるが、それは余計にあり得ないことのように思われる。

何も後ろめたい気持ちなどないのに自発的にこのようなことを言ったということも仮説

としては成り立つが、この仮説には相当無理があると言わなければならない。

おそらく、弟子の誰かが、孔子の人柄を表現するために、このような言葉を言いのこしたか、あるいは、後世の儒者が孔子の人柄のことを思い浮かべて創作したか、のどちらかであろう。

いずれにせよ、これが、孔子がいつも心の内を弟子たちに話し、弟子たちと共に行動していたことを伝える逸話であることに変わりはない。「なるほど、孔子はそういう人だったのか。」と思ってこれを読む他はないであろう。

二四　子以四教、文行忠信、
子《し》、四《よっ》つを以《もっ》て教《おし》う。文《ぶん》、行《こう》、忠《ちゅう》、信《しん》。


【現代語訳】

先生は、学問と実践と誠実と信義の四つのことを教えられた。


【私の見解】

これは、孔子の基本的な教育姿勢を示す逸話である。

金谷氏は、「**文**」は「読書」と訳しておられるが、これは読書によって得られる広い教養というほどの意味だと考えられるので、私は学問と訳した。

ちなみに、齋藤孝氏は、「**子以四教、文行忠信**」を、解説を交えて次のように訳《やく》しておられる。

先生は〈文〉・〈行〉・〈忠〉・〈信〉という四つのことを教えられた。（詩書礼楽を学ぶこと〈文〉、学んだことを実践すること〈行〉、人に真心をもって接すること〈忠〉、うそ偽りのないこと〈信〉、である。）

この訳《やく》は、私のような浅学《せんがく》の者にも噛《か》んでふくめるようによくしみ込んでくる。孔子は、弟子たちにただ知識だけを求めたのではなく、それを実践に生かすことや頭でっかちにならないこと、人としての在り方の基本を踏まえることなどを教えたことが、よく分かる。まさに「全人格の陶冶《とうや》」を目ざす教育と言って良いだろう。孔子が「教育者」として知られている所以《ゆえん》の一端がここにある。

孔子が生きた乱世にあっては、「**文行忠信**」を教えること自体が勇気のいることだったに違いない。それ故に孔子の教えは異色《いしょく》を放ち、今日まで語《かた》り継《つ》がれる言葉としてのこったのであろうと私は思う。

ところで、中国春秋時代の乱世とは時代も文化背景も異なるが、「全人格の陶冶」を目ざした教育者は日本にもいる。古くは石田梅岩、近いところでは福沢諭吉などを挙げることができるが、現代では「国民教育の師父《しふ》」と仰《あお》がれた森信三先生もその一人である。

森信三先生は、希代《きだい》の教育者であるだけでなく、比類《ひるい》の哲学者であり人倫実践家《じんりんじっせんか》であり思想家であった。バーチャルな演繹的思考《えんえきてきしこう》を戒《いまし》め、真理は現実のただ中にあることを力説して、人としての在り方を指し示す数々の名言を遺《のこ》された。

大学を退職されたあとも、数十年に亘《わた》って全国を講演して回られたところなどは、14年に亘って中原を講演行脚《あんぎゃ》した孔子を彷彿《ほうふつ》とさせるものがある。そう、森信三先生こそは、孔子にも匹敵《ひってき》する現代の大人物と言って良いと、私は思っている。

森信三先生は、平成7年に97歳のご生涯《しょうがい》を全《まっと》うされたが、そのあとも、先生を慕《した》う人々の息吹《いぶき》はいや増すばかりで、先生の足跡《そくせき》を辿《たど》る研究会が全国各地にできているほどだ。会員の職業は教員・首長（村長・町長・市長など）・公務員・商店主などさまざまで、年齢も20代から80代まで実に幅広い。私も法隆寺の読書研究会に数回参加させていただいたが、森信三先生の足跡に学ぼうとする人々の熱い息吹《いぶき》に終始圧倒され通しであった。

森信三先生は、『下学雑話』の中で、「第一流」とはどういうものかについて、自ら書を著すは、畢竟じて人間第二流というべきなり、世界最高の書は、絶大なる人格が何ら著述等の意なく、その時その場に言い捨てし言葉を、死後、門弟子らの集めしものが大方なり。論語然《しか》り、阿含然り、聖書また然り。近くは『二宮翁夜話』の如きもまた然りというべし。（82ページ）。

と記述しておられるが、先生こそが、まさにその「第一流」だった。先生の歿後《ぼつご》、先生を慕《した》う人々の手によって先生の言葉を収集した本が何冊も何冊も世におくり出されているのだ。

「**子以四教、文行忠信**」（子《し》、四《よっ》つを以《もっ》て教《おし》う。文《ぶん》、行《こう》、忠《ちゅう》、信《しん》。）についての考察が、いきおい森信三先生の話に移ってしまった。「全人格の陶冶」を俎上《そじょう》にあげるときには、『論語』だけでなく、森信三先生の足跡《そくせき》についても思考を巡《めぐ》らせたいものである。

二五　子曰、聖人吾不得而見之矣、得見君子者、斯可矣、子曰、善人吾不得而見之矣、得見有恆者、斯可矣、亡而爲有、虚而爲盈、約而爲泰、難乎有恆矣、

子曰《しのたま》わく、聖人《せいじん》は吾《わ》れ得《え》てこれを見《み》ず。君子者《くんししゃ》を見《み》るを得《え》ば、斯《こ》れ可《か》なり。子曰《しのたま》わく、善人《ぜんじん》は吾《わ》れ得《え》てこれを見《み》ず。恒《つね》ある者《もの》を見《み》るを得《え》ば、斯《こ》れ可《か》なり。亡《な》くして有《あ》りと為《な》し、虚《むな》しくして盈《み》てりと為《な》し、約《やく》にして泰《ゆた》かなりと為《な》す。難《かた》いかな。恒《つね》あること。

※ 金谷氏は読み下し文に関して、「『子曰、善人吾不得而見之矣、……』の〔山内注〕子の曰わく──『経典釈文』には『もと別章であるが上文と合わすべきである。』といい、新注ではここの『子曰』二字は除くべきだという。」と付記しておられる。

【現代語訳】

先生は次のように言われた。

「私は、聖人には会えないが、君子に会うことができればそれでいい。」

また、先生は次のように言われた。

「善人には会えないが、恒《つね》の人に会うことができればそれでいい。〔多くの者は、〕有りもしないのに有るように振る舞い、空っぽなのに充実しているように見せ、困っているのに余裕があるように見せる。恒であることは難しいものだねえ。」

※　金谷氏は訳文に関して、「善人――素質がりっぱで完善な人。ただし聖人と比べると才学がたりない。新注にいう、ここでの聖人・君子は学についていい、善人・恒ありは質についていう。　常のある人――心に一定の守るところがあって、世俗の名利や窮乏に動かされない人。」と付記しておられる。

【私の見解】

右の付記によれば、「**子曰、善人吾不得而見之矣、……**」はもともと上の「**子曰、聖人吾不得而見之矣、得見君子者**」とは別の章立てであったようだが、話の流れから上の言葉と繋《つな》げたほうがいいという解釈のようだ。金谷氏の訳文もそのようになっている。

ちなみに、金谷氏の訳は次のようになっている。

先生がいわれた、「聖人にはわたしは会うことはできないが、君子の人に会えればそれで結構だ。善人《ぜんじん》にはわたしは会うことはできないが、常のある人に会えればそれで結構だ。無いのに有るように見せ、からっぽなのに満ちているように見せ、困っているのにゆったりと見せて〔見栄をはって〕いるようでは、むつかしいね、常のあることは。」

さてこの逸話は、「聖人」「君子の人」「善人」「恒ある者」という耳慣《みみな》れない言葉のオン

パレードで、私には意味がよくつかめない。金谷氏の付記を参考にして、私流《わたしりゅう》により理解しやすく訳し直せば、

先生は次のように言われた。

「私は、才学がとびきり豊かな人（聖人）には会うことはできなくても、並外れた才学の人（君子の人）に会えればそれでいい。人柄のよい人（善人）には会うことができなくても、主体性のあるしっかりとした人（恒ある人）に会えればそれでいい。（素質も才学も）ないのにあるように見せ、空っぽなのに満ちているように見せ、困っているのに見栄を張ってやせ我慢をしているようでは、主体性のあるしっかりした人になるのは難しいね。」

となるが、どうだろう。

ちなみに、齋藤孝氏の訳はというと、

先生がいわれた。

「聖人に出会うことはさすがにかなわないが、君子の徳を持つすぐれた人に会えればそ

れでいい。」またいわれた。「せめて『恒《つね》ある者』、つまり自分の中に正しい基準があってブレない人間に会えれば、それでいい。無いのにあるように見せかけ、中身がからっぽなのに満ちているように見せ、貧しいのに豊かであるように見せているようでは、『恒ある者』になるのは難しい。」

となっている。これは、金谷氏の訳とニュアンスが微妙に異なっているだけでなく、「**子曰、善人吾不得而見之矣、……**」の「**子曰**」も訳しておられる。それに、「**善人吾不得而見之矣**」の訳が欠落している。この欠落は、齋藤氏が意図的に省略されたのか、それとも単なるミスなのかは、私には分からない。

学者先生の訳でもこのように一致しないのだ。ずぶの素人である私が、完璧《かんぺき》な訳などしようとしてもどだい無理な話なのである。

とりあえず、私の訳文を土台にし、両先生の訳《やく》を参考にして考えてみることにする。

さて、「聖人」とか「善人」と言われる人はよほど希有《けう》な存在なのだということが、「**聖人吾不得而見之矣**」、「**善人吾不得而見之矣**」から読み取れる。孔子ほどの人でもと言うべきか孔子ほどの人だからというべきか、「聖人」や「善人」に会えなくても「君子」や「恒ある人」に会えれば良いと言っていることから、そのことが分かる。乱世にあっては、「聖人」

や「善人」は生きづらいということを、孔子は、このような形で表現したのかも知れない。一種の嘆き節ととれなくもない。

「亡而為有、虚而爲盈、約而爲泰、難乎有恆矣」というのは、端的に言えば、「素直でなくて見栄っ張りの人は、主体性のあるしっかりした人間になるのは難しいね。」ということであろう。これも、乱世という背景を無視してはその真意をつかむことはできないと私は思う。生活や生命がいつ奪われるか分からぬ世情の中では、主体性を持って生きるのは並大抵《なみたいてい》のことではない。孔子はそのことをこのような表現で嘆いてみせたのではないか。

これは、あくまでも孔子の人間観であり、必ずしも絶対的なものではないが、乱世にあってもこのような透徹《とうてつ》した人間観を示す孔子の思想は、孔子の教えを守ろうとする人々にとっては無上のものに違いなく、それが『論語』に収録された所以《ゆえん》であろうと思われる。

ところで、この章の話は、今日でも十分に教訓となり得ると私は思う。「聖人」「君子」「善人」「恒ある者」などという言葉には馴染《なじ》みがなくても、才学を磨き、主体性のある人間になるように努めることは、いつの世でも必要なことに変わりはない。

二六　子釣而不鋼、弋不射宿、

子《し》、釣《つ》りして鋼《こう》せず。弋《よく》して宿《しゅく》を射《い》ず。

【現代語訳】

先生は、魚釣りはしてもはえなわ漁はされなかった。いぐるみで鳥を獲《と》られたがねぐらの鳥は射《う》たれなかった。

※　金谷氏は訳文に関して、「はえなわ――一本の幹縄に適当な間隔で何本もの糸をたれ、一度に多くの魚をつる漁具。いぐるみ――糸のついた矢で鳥をからめとること。」と付記しておられる。

【私の見解】

これは、孔子の弟子の誰かが言い伝えた話なのであろう。

「**子釣而不鋼、弋不射宿**」（子《し》、釣《つ》りして鋼《こう》せず。弋《よく》して宿《しゅく》を射《い》ず。）は、孔子は、魚は一匹ずつ釣り上げて必要以上は釣らなかったし、鳥も一羽ずつ射落として必要な数だけ獲《と》ればそれ以上は獲らなかった、という話である。乱世で食糧に難儀《なんぎ》することもあったが、孔子は、魚や鳥をたくさんとって、それを誰かに譲ったり売ったりしなかった、とも深読みできる。

要するにこれは、孔子は「無益な殺生《せっしょう》をしなかった。」という逸話であろう。「ねぐらの鳥は撃たない。」というのは、「根こそぎにはしない。」というほどの意味だろうか。
さて、今日的な感覚からすれば、この話は取り立てて言うほどのものではないように思われるが、乱世にあっては、「無益な殺生はしない。」というのは、特筆に値《あたい》するほどの希《け》有《う》なことだったのであろう。
だからこそ、孔子の人柄を伝える逸話として『論語』に掲載されたのではないか。孔子のことであれば、このような「ちょい話」でも『論語』には収録されているのである。

二七　子曰、蓋有不知而作之者、我無是也、多聞擇其善者而從之、多見而識之、知之次也、

子曰《しのたま》わく、蓋《けだ》し知《し》らずしてこれを作《つく》る者《もの》あらん。我《わ》れは是《こ》れ無《な》きなり。多《おお》く聞《き》きて其《そ》の善《よ》き者《もの》を択《えら》びてこれに従《したが》い、多《おお》く見《み》てこれを識《しる》すは、知《し》るの次《つ》ぎなり。

【現代語訳】

先生は次のように言われた。
「知りもしないのに創作する者もあるだろうが、私はそんなことはしない。多くを聞いて善いものを選んで従い、多くを見ておぼえておくのは、もの知りに至る途《みち》である。」

【私の見解】

さて、この話は、本当に孔子が言った言葉だろうか。

孔子は、自分の言葉についてあれこれ説明じみたことを言わない人だったと伝えられている。そのような人が、自ら進んでこのように弁解がましいことを言うとは、私にはとても思えないのだ。

弟子の誰かに「先生の仰《おっしゃ》ることは本当のことですか。」とか何とか聞かれたとしても、孔子は、静かに微笑《ほほえ》みを返しただけだったであろうし、そもそも、そのようなことを弟子が偉大なる師・孔子に訊ねるはずもない。

これが、もし孔子自身の言葉だとしたら、弟子たちはがっかりしたのではないか。彼らは、いわずもがなのことを弁解《べんかい》がましく言う師の姿など、見たくもなかったはずである。

これはやはり、孔子のことを熟知している弟子の誰かが、孔子の勉学の姿勢を語り継ごうとして創作したもののように思われる。

とはいえ、この章の話は、教訓としての価値をいささかも失うわけではない。学徒であればなおさらのこと、一般的な市井人《しせいじん》としても、傾聴《けいちょう》すべき言葉であると私は思う。

二八　互郷難與言、童子見、門人惑、子曰、與其進也、不與其退也、唯何甚、人潔己以進、

與其潔也、不保其往也、

互郷《ごきょう》、与《とも》に言《い》い難《がた》し。童子見《どうじまみ》ゆ。門人惑《もんじんまど》う。子曰《しのたま》わく、其《そ》の進《すす》むに与《くみ》するなり。其《そ》の退《しりぞ》くに与《くみ》せざるなり。唯《た》だ何《なん》ぞ甚《はなは》だしき。人《ひと》、己《おの》れを潔《いさぎよ》くして以《もっ》て進《すす》まば、其《そ》の潔《いさぎよ》きに与《くみ》せん。其《そ》の往《おう》を保《ほ》せざるなり。

【現代語訳】

互郷の村の人たちには話がしづらかったが、そこの子どもが先生に接見したので、門人たちは戸惑った。先生は、

「やってきたので受け入れたのだ。出て行けとは言えぬ。どうしてそんなに騒ぐのだ。人が身を潔《いさぎよ》くしてやって来れば、その潔さを受け入れるのだ。将来のことは知らぬ。」

と言われた。

※　金谷氏は訳文に関して、「話がしにくい――古注では『ひとりよがりで融通がきかないから。』といい、新注では『習俗がよくないから。』という。　帰ってから――『往』を去とみる鄭注の説。新注では皇本に従って『往』を過去のこととみる。」と付記しておられる。

【私の見解】

金谷氏の付記によれば、同じ漢字でも解釈がいろいろあるようだ。漢文は私のような素人には本当に骨が折れる。

この逸話は、志のある人であれば、その人の出自《しゅつじ》がどうであろうと孔子は受け入れたという話である。孔子の人柄の一端を示す逸話と言って良いだろう。

ちなみに、金谷氏は、

互郷《ごきょう》の村の人にはまともに話がしにくいのだが、そこの子どもが〔先生に〕お会いしたので、門人がいぶかった。先生はいわれた、「そのやって来たことを買うのだ。去ってゆくのは賛成しない。〔あの子どものことをいぶかるとは〕ほんとにひどすぎる。人がその身を清くしてやって来れば、その清さを買うのだ。帰ってからのことは保証しない。」

と訳しておられるが、齋藤孝氏は、

互郷《ごきょう》という地方は風紀が悪く、善について語るのは難しいのだが、ある日その地方の子どもが先生に面会に来た。弟子たちはとまどったが、先生はこう諭《さと》された。

「学ぼうという姿勢がないならどうしようもないが、教えを求めて自ら進んでやって来たのは、すばらしいことではないか。それなのに土地柄という先入見であやしむのは、ひどすぎる。環境や過去のことは問わない。人が身と心を清くしてやって来るのなら、力になってやりたい。」

と訳しておられる。この訳には「不保其往也」（其《そ》の往《おう》を保《ほ》せざるなり。）の部分の訳がないが、意訳の趣旨を踏まえれば納得できる。

さて、この逸話は、とりわけ時代背景を抜きにしては、理解が困難である。

一口に「中国」といっても、宗族の結束と宗族間の反発が強く、孔子が生きた春秋時代には、集落（宗族の集まり）が違えば言葉も違うし文化も法制もなにもかもが違うといわれるほど複雑な事情を抱えていたという。「外者《そともの》」に対する警戒は、私たち日本人には想像もつかないほど強かったようで、当時は、集落ごとに内城外郭式《うちしろがいかくしき》と呼ばれる城郭《じょうかく》を構築していたというから、互郷《ごきょう》は今日の感覚で言えば「外国」のようなものだったのであろう。

そのような時代背景を考えれば、風紀《ふうき》の悪い互郷《ごきょう》の子どもたちが孔子に面会に来たときに弟子たちが戸惑《とまど》ったのは当然と言えるだろう。だが、孔子は快く子どもたちを受け入れたのだ。『論語』にこの逸話が収録されているのは、弟子たちが孔子の度量の大きさと広さに感服《かんぷく》し、この逸話を後世に伝えようとしたからだと思われる。

しかし私は、この逸話に何か危ういものを感じて仕方がない。気心の知れた国民の間での話であればよいとしても、「外国」との関係となると事はそう単純には行かないような気がするのだ。

孔子の対応は、幾つもの無法国家がわが国を取り巻いている厳しい現実を直視することなく、「平和憲法を守り抜く」と繰り返す、空想的平和主義者のことを彷彿《ほうふつ》とさせるのだが、穿《うが》ちすぎだろうか。

二九　**子曰、仁遠乎哉、我欲仁、斯仁至矣、**

子曰《しのたま》わく、仁遠《じんとお》からんや。我《わ》れ仁《じん》を欲《ほっ》すれば、斯《ここ》に仁至《じんいた》る。

【現代語訳】

先生は次のように言われた。

「仁は遠いものなのか。自分から求めれば、仁はここにやって来るよ。」

【私の見解】

この章の意味は、「仁」の意味が分からなければ理解不能である。かといって、「仁」の意味を日本語に訳そうとすると、概念が広すぎて訳しにくい。「仁」というのは、何ともつかみづらくてやっかいな言葉である。だが、孔子の思想の中核をなすものであるだけに、いい加減には扱えない。

乱世にあって、孔子がわざわざ「**仁遠乎哉、我欲仁、斯仁至矣**」（仁遠《じんとお》からんや。我《わ》れ、仁《じん》を欲《ほっ》すれば、斯《ここ》に仁至《じんいた》る。）と言ったのには、それなりの理由があったに違いないのだが、『論語』には何の説明も載っていない。

そればかりか、『論語』を通読すると、孔子は、同じ「仁」でも相手によって言い方だけでなく内容も変えたりしていることが分かる。「**仁遠乎哉、我欲仁、斯仁至矣**」の場合の「仁」は、一体どういう意味なのか、浅学菲才《せんがくひさい》の私は、戸惑うばかりである。

井上靖の小説『孔子』に、理解を助ける示唆《しさ》に富んだ記述があるので引いてみる。井上は、孔子の架空の弟子・蔫薑《えんきょう》に次のように語らせている。（ふりがなは山内が付けた。）

……子《し》がお説きになる〃仁〃なるものには、大きな〃仁〃と、小さな〃仁〃と、二つの〃仁〃があったのではないかと思われます。

その二つの〃仁〃の区別は、私などにはよく判りませんが、子《し》は相手によって、そのいずれかの〃仁〃をお選びになり、その説き方を変えておられたのではないか、そういう気が致します。

私などのように、与えられた一生を、社会の表面に立つことなく、その片隅《かたすみ》で、ひそやかに生きて行く人間には、子《し》は〝仁は思いやり〟、相手の立場に立って、ものを考えてやることであると、そのようにお説きになっておられます。

私たち、名もなき庶民の一生の過ごし方としては、子《し》が仰言《おつしや》るようにお互いに思いやりを持って、相手のことを考えながら生きることが、最高の生き方であるに違いありません。お互いに、そうして生きることに依って、一生貧しく、さして派手な、ぱっとしたこともないでしょうが、併《しか》し、この乱世に於ても、まあ、この世に生まれてきてよかった！　そんな思いを持つことができるのではないかと思います。

こうした私たちとは異なって、世を、時代を動かすことのできる立場にある人たちに対しては、子《し》は同じ〝仁〟にしても、世の平和を支え得る、大きい力と、大きい影響力を持つものとして、全く異なった解釈と、説き方をなさっておられたのではないかと思います。（289～290ページ）。

この説によると、この章で言っている「仁」も、誰に向かって言ったのかによって、意味が変わることになる。言葉の雰囲気《ふんいき》からすれば、これはおそらく弟子の誰か（あるいは弟子たち）に言ったものであろう。「時代を動かすことのできる立場にある人たち」に対して言ったものでないとするると、この場合の「仁」は、「思いやり」（相手の立場に立って考えること）という程の意味になり、「仁遠乎哉、我欲仁、斯仁至矣」を意訳し直せば、

思いやりのある人間になるのは難しいだろうか。自分から思いやりのある人間になろうとすれば、すぐにでもなれるよ。

となりそうだ。乱世に生きるということは、生死の境をかいくぐることを意味するが、そのような厳しい状況下にあってなお、孔子は「思いやり」を説いていたことが分かる。これが『論語』に収録されたのは、「仁」は孔子の教えの中核をなすものであり、後世に伝えようとしたからであろうが、中国の歴代の権力者に「仁」思想が素直に受け入れられた形跡は窺《うかが》えない。それどころか、儒教に取り込まれて、絶対王朝を支える理論として使われた色合いが強かったのではないだろうか。

三〇　陳司敗問、昭公知禮乎、孔子對曰、知禮、孔子退、揖巫馬期而進之曰、吾聞、君子不黨、君子亦黨乎、君取於呉、爲同姓謂之呉孟子、君而知禮、孰不知禮、巫馬期以告、子

曰、丘也幸、苟有過、人必知之、

陳《ちん》の司敗《しはいと》問う、昭公《しょうこう》は礼《れい》を知《し》れるか。孔子対《こうしこた》えて曰《のたま》わく、礼《れい》を知《し》れり。孔子退《こうししりぞ》く。巫馬期《ふばき》を揖《ゆう》してこれを進《すす》めて曰《い》わく、吾《わ》れ聞《き》く、君子《くんし》は党《とう》せずと。君子《くんし》も亦《ま》た党《とう》するか。君《きみ》、呉《ご》に取《めと》れり。同姓《どうせい》なるが為《た》めにこれを呉孟子《ごもうし》と謂《い》う。君《きみ》にして礼《れい》を知《し》らば、孰《たれ》か礼《れい》を知《し》らざらん。巫馬期《そうばき》、以《もっ》て申《もう》す。子曰《しのたま》わく、丘《きゅう》や幸《さいわ》いなり。苟《いやしく》も過《あやま》ちあれば、人必《ひとかなら》ずこれを知《し》る。

【現代語訳】

陳の国の司敗《しはい》が、

「昭公《しょうこう》は礼《れい》を心得ておられましたか。」

と訊ねた。孔子は、

「礼を心得ておられた。」

と答えた。孔子が退出されると、〔司敗は〕巫馬期《ふばき》を会釈して呼び寄せ、

「わたしは、君子は群《む》れないと聞いていたが、君子もやはり群《む》れるのですか。殿さまは呉の国から娶《めと》られたが、同姓であるために夫人のことを呉孟子《ごもうし》と呼ばれた。この殿さまが礼を心得ておられたなら、礼を心得ない者などおりましょうか。」

と言った。巫馬期《ふばき》がこのことを申し上げると、先生は、

「丘（私）は幸せ者だ。間違いがあっても、人がきっとそれに気づいてくれる。」と言われた。

※　金谷氏は訳文に関して、「司敗――官名で司寇《しこう》と同じく司法官。昭公――魯の先代（定公の前）の君主で、礼にくわしいという評判があった。巫馬期――孔子の門人、姓が巫馬、名は施、あざ名が子期。」と付記しておられる。

【私の見解】

さて、この話は、中国のしきたりをよく知らない私には難解《なんかい》だ。訳してはみたものの、意味が今ひとつ飲み込めない。

齋藤孝氏は、解説を添えながら意訳しておられるので、少し長いが引いてみる。

陳《ちん》の国の司法官が、「礼に詳しかったと言われる魯《ろ》の先代の君主昭公《しょうこう》は、本当に礼をわきまえておられましたか。」とたずねると、先生は、「わきまえておられた。」と答えた。先生が退出されると、その司法官は、門人の巫馬期《ふばき》に会釈して側《そば》に近寄らせていった。「君子は仲間びいきはしないと聞いていますが、君子である孔子先生も仲間びいきをするのですか。魯の君主の昭公は呉《ご》の国から夫人をめとりました。呉と魯は同姓で、同姓同士は結婚しないのが、周《しゅう》の礼です。昭公はこれをごまかすために、夫人が本来、呉姫と名乗るべきところを、呉孟子と名乗らせ、子姓の宋《そう》の国の婦人のようにしました。こんな礼に外れたことをする昭公が礼を知っているとするなら、礼をわきまえない人など世の中にいないことになります。」

巫馬期が先生にこのことをお伝えすると、先生はこういわれた。

「私はしあわせ者だ。もし過ちがあれば、誰かがきっと気づいて教えてくれる〔丘や幸いなり、苟《いや》しくも過ちあれば、人必ずこれを知る。〕」

なるほど、これなら私にも分かる。要約して、私なりにもっと分かり易く整理すると、

孔子が昭公のことを「礼をわきまえていた。」と言ったところ、陳の国の司法官がそれを不満に思い、「孔子ほどの君子でも仲間びいきをなさるのか。昭公は周の礼で認められていない同姓同士の結婚をしているのに、それを誤魔化している。それなのに孔子は、『昭公は礼をわきまえている。』と言われる。昭公が礼をわきまえているなら、礼をわきまえない人などいないことになる。」と孔子の門弟の巫馬期に伝えた。巫馬期からそのことを聞いた孔子は、「私は幸せ者だ。過ちがあれば、誰かが必ず気づいてくれる。」と言

った。

となろうか。さらに、これを逸話の趣旨に焦点をあてて要約すると、

孔子は、自分の過ちを指摘されても謙虚《けんきょ》に、「私は幸せ者だ。こうして誰かが必ず私の過ちを指摘してくれる。」と言った。

となると思うがどうであろうか。要するにこの話は、孔子がとても謙虚な人だったことを伝える逸話だと理解してよさそうである。『論語』に載っているのは、孔子ほどの人でもこんなに謙虚に人の意見に耳を傾けたということを後世に伝えるためであろう。

余談だが、この話は、孔子の人柄を後世に伝えるために、弟子の誰かが創作した話のような匂《にお》いがする。陳の国の司法官が、孔子に直接にではなく孔子の弟子に告げ口するのは不自然だし、たとえ告げ口したとしても、弟子がそれを孔子に言うはずはないと思われるが、どうであろうか。それに、「**孔子曰**」と「**子曰**」が混在した表記になっているのもどことなく怪しい感じがする。これは、一体誰が言い伝えた話なのだろう。

それはともかく、謙虚であることは人としての大切な資質であることに変わりはなく、

この逸話の値打ちがいささかも下がることはないと私は思う。

三一　子與人歌而善、必使反之、而後和之、

子《し》、人《ひと》と歌《うた》いて善《よ》ければ、必《かなら》ずこれを反《か》えさしめて、而《しか》して後《のち》にこれに和《わ》す。

【現代語訳】

先生は、人と歌を歌うときは、〔相手が〕巧《うま》く歌うと必ず繰り返させて、その後で合唱された。

【私の見解】

今日的に言えば、たとえばカラオケなどで、自分よりもうまく歌を歌う人と同席すれば、その人に歌わせて合唱するくらいのことは誰でもするだろう。孔子の人柄として特筆するようなことではないと思われるが、さて、どうしてこの話が『論語』に収録されたのだろう。

よく分からないが、強いていえば、やはりこれも、孔子が如何に謙虚な人柄だったかを伝えるために遺《のこ》された逸話なのであろう。

三二　**子曰、文莫吾猶人也、躬行君子、則吾未之有得也、**

子曰《しのたま》わく、文《ぶん》は吾《わ》れ猶《な》お人《ひと》のごとくなること莫《な》からんや。躬《み》、君子《くんし》を行《おこ》なうことは、則《すなわ》ち吾《わ》れ未《いま》だこれを得《う》ること有《あ》らざるなり。

※　金谷氏は読み下し文に関して、「文は……莫からんや――劉宝楠は『文莫』を忞模《びんぼ》の仮借として勉強努力の意とみ、『文莫《びんぼ》は吾れ猶お人のごとし。』と読んだ。徂徠もそれに近い。訳文はそれに従う。」と付記しておられる。私は、「文」を普通に「学問」と訳した。その方が原文に沿っているような気がする。

【現代語訳】

先生は次のように言われた。

「学問では私も人並みだが、君子の行ないを実践することはまだできていない。」

【私の見解】

さて、「**躬行君子**」（躬《み》、君子《くんし》を行《おこ》なうこと）は意味深だ。私にはその奥深いところまではわからないが、おそらく「人間として立派な行ないをするということ」というほどの意味であろう。

数千名の弟子が師と仰ぐ孔子ほどの人が「**躬行君子、則吾未之有得也**」（躬《み》、君子《くんし》を行《おこ》なうことは、則《すなわ》ち吾《わ》れ未《いま》だこれを得《う》ること有《あ》らざるなり。）と言ったら、言われた弟子たちは声も出ないであろうし、孔子が弟子たちに向かってこのようなことを自分から言うのは不自然な感じがする。孔子の言葉にしては、どうしても言っておかねばならぬという緊迫感《きんぱくかん》がない。

この章の逸話も、やはり孔子が如何《いか》に謙虚な人だったかを伝えるために、誰かが創作したものだと思われる。孔子の人柄を伝える逸話として受け止めるだけで、十分ではないだろうか。

三三　**子曰、若聖與仁、則吾豈敢、抑爲之不厭、誨人不倦、則可謂云爾已矣、公西華曰、正唯弟子不能學也、**

子曰《しのたま》わく、聖《せい》と仁《じん》との若《ごと》きは、則《すなわ》ち吾《わ》れ豈《あ》に敢《あ》えてせんや。抑々《そもそも》これを為《な》して厭《いと》わず、人《ひと》を誨《おし》えて倦《う》まずとは、則《すなわ》ち謂《い》うべきのみ。公西華《こうせいか》が曰《い》わく、正《まさ》に唯《た》だ弟子《ていし》学《まな》ぶこと能《あた》わざるなり。

【現代語訳】

先生は、

「聖と仁などは、私には及びもつかないことだ。しかし、聖と仁の道を嫌がらず、飽きずに人に教える。ただそれぐらいのことは言える。」

と言われた。公西華《こうせいか》は、

「まさしく、〔それが〕弟子ができないことでございます。」

と言った。

※　金谷氏は訳文に関して、『孟子』公孫丑上篇＝子貢、孔子に問いて曰わく、夫子《ふうし》は聖なるか。孔子曰わく、聖は則ち吾れ能《よ》くせず。我れは学んで厭《いと》わず教えて倦《う》まざるなり。子貢曰わく、学んで厭わざるは智なり。教えて倦まざるは仁なり。仁且つ智なれば夫子は既に聖なり。」と付記しておられる。

【私の見解】

さて、この章の話をより砕いて分かり易く言えば、

孔子が謙遜して、

「自分は聖とか仁には及ばないが、聖や仁への道を行なうことは飽きることがないし、人に聖や仁について教えることも嫌ではない。そう言ってもらって結構だよ。」

と言われた。弟子の公西華《こうせいか》がそれを聞いて、

「まさに、先生のそういうところが、我々にはまねのできないところです。」

と言った。


となろうか。要するにこれは、孔子が如何に謙虚に聖や仁の道を実行し、また人にもそのことを教えようとしていたかを示す逸話だと言えよう。弟子の公西華の反応は、金谷氏の付記にある子貢と同様であったことが窺《うかが》える。

ただ、この話も、孔子自ら言ったものではないように私は思う。孔子はこのようなことをことさらに言うことはなかったであろうし、その必要もなかったはずである。

なぜなら、これは、いわずもがなのことで、日々教えを受けている弟子たちにはよく分かっていたことだったに違いないからだ。

おそらく、孔子の奥ゆかしい人柄を後世に伝えるために、公西華《こうせいか》が書き残していたものであろう。『論語』にはこの種の逸話が結構多い。

三四　子疾病、子路請禱、子曰、有諸、子路對曰、有之、誄曰、禱爾于上下神祇、子曰、丘

之禱之久矣、

子《し》、疾病《しっぺい》なり。子路《しろ》、祈《いの》らんと請《こ》う。子曰《しのたま》わく、諸《こ》れ有《あ》りや。子路対《しろこた》えて曰《い》わく、これ有《あ》り、誄《るい》に曰《い》わく、爾《なんじ》を上下《しょうか》の神祇《しんぎ》に禱《いの》ると。子曰《しのたま》わく、丘《きゅう》の禱《いの》ること久《ひさ》し。

【現代語訳】

先生が病気になられた。子路はお祈りを申し出た。先生は、

「祈りということがあったか。」

と言われた。子路は、

「有ります。誄《るい》の言葉に『なんじのことを天地《あめつち》の神々に祈る。』とあります。」

と答えた。先生は、

「〔そういう祈りであれば〕私は〔すでに〕永いこと祈っているよ。」

といわれた。

※　金谷氏は訳文に関して、「誄――ふつう死者の生前の行為をのべる文章とされるが、よく分からない。」と付記しておられる。

【私の見解】

さて、話の中身が分かりづらい。齋藤孝氏の訳を参照すると、次のようになっている。

先生の病が重くなったとき、子路が鬼神にお祈りしたいと先生に願い出た。先生が、「そんな例があったか。」と言われると、子路は、「あります。古《いにし》えの言葉に『なんじのことを天地の神々に祈る』とあります。」といった。

先生はいわれた。

「自分のためのお祈りは久しくやっていない（私のために仰々しく鬼神に祈る必要はない。）」

この訳だと、最後の「**子曰、丘之禱之久矣**」（子曰《しのたま》わく、丘《きゅう》の禱《いの》ること久《ひさ》し。）の部分の訳が私の訳とは真逆になっている。

それはそれとして、この章は、弟子の子路が師・孔子の病の平癒《へいゆ》を願って鬼神《きしん》にお祈りをしようとしたところ、孔子がそれを断ったという話のようだ。

前に見たように、孔子には「**務民之義、敬鬼神而遠之、可謂知矣**」（人としての正しい道をはげみ、神霊には大切にしながらも遠ざかっている、それが智といえることだ。）という言葉がある。孔子は、人間の智を貴び、祈ることは祈っても「神頼み」はしない主義なのだ。

「**丘之禱之久矣**」（丘《きゅう》の禱《いの》ること久《ひさ》し。）には、言葉として凛《りん》とした響きがあり、これは、孔子自身の言葉であることに間違いないだろう。

この章が『論語』に載っているのは、儒者たちが、孔子の凛《りん》とした思想を後世に伝えようとしたためだと思われるが、儒者たちの思いは、その後の中国の権力者たちには、素直には伝わらなかったようだ。

「智」に傾斜して鬼神を遠ざける孔子の思想は、中国文化から宗教的なものを消し去る動きに悪用される遠因《えんいん》となったと見ることもできるのではないか。そうだとすれば、それは、中国にとって最大の悲劇だという他はない。その悲劇を体現した究極の姿が、現在の中華人民共和国という人工国家(注)ではないだろうか。

（注）人工国家——ある思想に基づいて意図的に作り出された国のことを私はこのように呼んでいる。自然発生的にできた国には、人間の性《さが》として宗教が存在するのが普通だが、人工国家には宗教が存在しない場合がある。共産主義国家はその典型。人工国家は国民に無理を強いて成り立っているため、長続きしないことを歴史は教えている。

三五　子曰、奢則不孫、儉則固、與其不孫也寧固、

子曰《しのたま》わく、奢《おご》れば則《すなわ》ち不孫《ふそん》、倹《けん》なれば則《すなわ》ち固《こ》なり。其《そ》の不孫《ふそん》ならんよりは寧《むし》ろ固《こ》なれ。

※　金谷氏は読み下し文に関して、「不孫――皇本・清本では『不遜』。両字は通用。以下では唐石経に従って注記しない。」と付記しておられる。

【現代語訳】

先生は次のように言われた。

「贅沢な人は不遜《ふそん》になるし、倹約《けんやく》する人は頑固《がんこ》になる。不遜になるよりはむしろ頑固の方がよい。」

【私の見解】

さて、これは、贅沢を慎み倹約を薦《すす》める孔子の一種の哲学を記《しる》した逸話と言えようか。

人間誰しもが陥《おちい》りやすい欲求に、孔子は警鐘《けいしょう》を鳴らしたのだが、これは、今日の良識ある人間であれば、誰でも気がつくことである。取り立てて言うほどのことでもないと思うが、それは、あくまでも今日的な感覚だから言えることなのだ。

孔子が生きた乱世のもとでは、弱肉強食《じゃくにくきょうしょく》が日常であり、人を蹴落《けお》としてでも富を手に入れて贅沢をしたいと思うのが普通の人間の感覚だったのかも知れない。だからこそ、孔子は、わざわざこのようなことを言わざるを得なかったのであり、世間の常識を突き破るこの孔子の言葉は、それを耳にした弟子たちの度肝《どぎも》を抜いたのであろうと思われる。このように考えれば、何故この言葉が『論語』に収録されたのか、納得がいく。

だが、中国の歴史が『論語』の思いとは裏腹《うらはら》に刻《きざ》まれて行ったのは、周知の通りだ。歴代王朝の歴史は人民を踏みつけにした贅沢三昧《ぜいたくざんまい》の歴史であったのであり、今に残る紫禁城《しきんじょう》(故宮)は、その象徴であると言えるだろう。

現在の中国人の金満志向《きんまんしこう》もよく知られている通りだ。共産主義の衣を身に纏《まと》いながら「国家資本主義」をひた走り、その恩恵にあずかる一部の人々の贅沢三昧《ぜいたくざんまい》には眼に余るものがある。世界各国に爆買《ばくが》いツアーを敢行《かんこう》し、成金《なりきん》の醜《みにく》い姿をさらけ出している。

不思議なことに、身に余るほどの金を持ちながら、彼らが慈善事業《じぜんじぎょう》などに寄付したという話はとんと聞こえてこない。私利私欲《しりしよく》に凝《こ》り固《かた》まって、社会のために役に立とうとする姿勢は全く見えてこないのだ。それがまた中国人らしいところと言えるのかも知れない。孔子が生きていたら、さて、何と言うであろうか。

おっと、中国人ばかりを責めていても始まらない。日本にも「金持ち」であることをひけらかして一億円の現金をばらまいた成金《なりきん》がいた。それに群がるさもしい愚《おろ》かな人々もいた。中国を他山《たざん》の石《いし》として、私たちも孔子の警鐘《けいしょう》を素直に受け止める必要がある。

三六　子曰、君子坦蕩蕩、小人長戚戚、

子曰《しのたま》わく、君子《くんし》は坦《たいら》かに蕩蕩《とうとう》たり。小人《しょうじん》は長《とこしな》えに戚戚《せきせき》たり。

【現代語訳】

先生は次のように言われた。

「君子は心が穏やかでのびのびしているが、小人《しょうじん》はいつでもくよくよびくびくしている。」

【私の見解】

これまで何度も言ったことだが、私は、「君子」とか「小人」という言葉には抵抗感《ていこうかん》がある。孔子は、人をこのような言葉で区分けする傾向があるが、これは、中国では当たり前のことだったのであろう。

孔子が生きた戦乱の厳しい時代には、人々の多くは生きるために必死で、いつも心配事が尽きなかったに違いない。そういう意味で人民の多くは、孔子のいう「小人」だったのであろう。

権力者は権力者で、戦国の世を勝ち抜かねばならず、彼らは彼らなりに心安まるときがなかっただろうと思うが、さて、いつも「穏《おだ》やかでのびのびしている」君子とはどのような人だったのだろう。何が起ころうと我関せずでのほほんと生きていた人などいたのだろうか。

そのような人は滅多にいるはずのない時代だからこそ、孔子は「君子」などという概念をことさらに持ち出したのであろうが、私には、孔子のこの手法には賛成できない。

この章が『論語』に収録された理由《わけ》は、孔子の「君子」とか「小人」といった人間観を後世に伝えるためだと思われるが、これは、中国という国柄には似合っていても、和の国のわが国には似合わない。

三七　子温而厲、威而不猛、恭而安、

子《し》は温《おん》にして厲《はげ》し。威《い》にして猛《たけ》ならず。恭々《うやうや》しくして安《やす》し。

※　中谷氏は読み下し文に関して、「子は――『経典釈文』では、ある本には『子曰』とあり、また皇本には『君子』とあったという。」と付記しておられる。

【現代語訳】

先生はおだやかだが厳しい。威厳があっても荒々しくない。礼儀正しく謙虚でしかもゆったりとしている。

【私の見解】

これは誰が遺《のこ》した孔子観であろうか。おそらく弟子の誰かの実感であり、他の弟子たちもそのように思っていたから、『論語』にこの言葉が載ったのだと思われる。

井上靖の『孔子』でも、孔子は、自分に厳しく人にやさしい、どんな人をも包み込むような慈悲深《じひぶか》い人として描かれている。

孔子も人間だから、時には腹を立てたり、誰かを叱り飛ばしたり、訳もなくいらいらしたり、といったこともあったはずだが、そのような姿は『論語』を通読してもあまり窺《うかが》えない（ほんの少しはある）。私には、これはむしろ不自然に思える。「そんな神様のような人がいるはずはない」という斜《はす》に構《かま》えた気持ちがあって、「**子温而厲、威而不猛、恭而安**」というような逸話は、ついつい眉《まゆ》につば付けて読んでしまう。孔子を信奉《しんぽう》する人からは、顰《しか》めっ面《つら》で指弾《しだん》されるに違いない。

人間は、綺麗事《きれいごと》だけでは生きられないようにできていると私は思っている。孔子にも人から褒《ほ》められるような側面だけでなく、その裏面の影の部分もあったに違いないのだ。

ちなみに、日本の国柄を記述した正式な歴史書である『古事記』や『日本書紀』には、皇室の正統性を謳《うた》い上げるだけでなく、皇室の権力争いなど醜《みにく》い側面も正直に記述してある。それだけに、私はいっそう記紀への信頼を高めている。『論語』にそういうところがもっとあれば、私はさらに信頼を置けると思う。

泰伯《たいはく》第八

一　**子曰、泰伯其可謂至徳也已矣、三以天下譲、民無得而稱焉、**
子曰《しのたま》わく、泰伯《たいはく》は其《そ》れ至徳《しとく》と謂《い》うべきのみ。三《み》たび天下《てんか》を以《もっ》て譲《ゆず》る。民《たみ》得《え》て称《しょう》すること無《な》し。


【現代語訳】

先生は次のように言われた。

「泰伯《たいはく》は至徳の人と言ってよいだろう。固辞《こじ》して位を継《つ》がず、三度も天下を譲《ゆず》ったが、人民は称《たた》えなかった。」

※　金谷氏は訳文に関して、「泰伯――周の文王の父の季歴《きれき》の兄で、かれらの父の大王《だいおう》が、孫の文王の優秀さによってその父の方に位を伝えたいと思っているのを見てとり、国を棄てて南方の呉《ご》の国に亡命した。言葉に出してたたえることができるのでは、まだ最高でない、ということ。」と付記しておられる。

【私の見解】

さて、これは、王位を争うことなく潔《いさぎよ》く身を退いて位を弟に譲った泰伯《たいはく》のことを孔子が「最高の徳を備えている。」と褒《ほ》めたという話である。

乱世は、そうでなくても殺し合いで乱れている。兄弟が殺し合ってはならぬという泰伯《たいはく》の配慮を、孔子は高く評価したのである。今日《こんにち》言うところの「平和主義」と言って良いだろう。孔子の言う「徳」がどういうものであったか、よく分かろうというものである。

これが『論語』に収められたのは、このような孔子の考えを後世に伝えるためだったと思われるが、何度も述べたように、中国に孔子の思いが素直に伝わった形跡《けいせき》は窺《うかが》えない。

孔子後の中国は、孔子が生きた時代にもまして戦国乱世となったのだ。

革命に次ぐ革命の挙げ句、今日の共産党政権となったが、政権を打ち立て維持するために謀略《ぼうりゃく》と残虐《ざんぎゃく》の限りを尽くして何千万もの国民を殺したのは、世界中でおそらく中国共産党の右に出るものはないであろう。

ソヴィエト・ロシアのスターリンもたくさんの自国民を殺したが、「政権は銃口から生まれる」をモットーにした毛沢東が自国民を殺戮《さつりく》した数は桁違《けたちが》いに多いのだ。まさに、孔子の「平和主義」の対極を行っていると言《い》っても過言ではない。その毛沢東を、中国は今も偉人《いじん》として仰《あお》ぎ、天安門《てんあんもん》の壁面《へきめん》にその肖像《しょうぞう》を臆面《おくめん》もなく掲げ続けている。

『論語』の本家本元の中国で、なぜこのようなことが続くのか。私たち日本人から見ればまさに異常という他はないが、これが、中国共産党の正義なのだ。

彼らは、自分たちのしてきたことが孔子の「平和主義」と矛盾するとは毛先《けさき》ほども考えていないのであろう。でなければ、孔子と毛沢東を同時に聖人と仰げるはずがない。

二　**子曰、恭而無禮則勞、愼而無禮則葸、勇而無禮則亂、直而無禮則絞、君子篤於親、則民興於仁、故舊不遺、則民不偸、**

子曰《しのたま》わく、恭《きょう》にして礼《れい》なければ則《すなわ》ち労《ろう》す。慎《しん》にして礼《れい》なければ則《すなわ》ち葸《し》す。勇《ゆう》にして礼《れい》なければ則《すなわ》ち乱《みだ》る。直《ちょく》にして礼《れい》なければ則《すなわ》ち絞《こう》す。君子《くんし》、親《しん》に篤《あつ》ければ、則《すなわ》ち民《たみ》仁《じん》に興《おこ》る。故旧《こきゅう》遺《わす》れざれば、則《すなわ》ち民偸《たみうす》からず。

※　金谷氏は読み下し文に関して、「君子……――これ以下を新注では別章とすべきだという。上段と関連が薄い。」と付記しておられる。

【現代語訳】

先生は次のように言われた。

「恭《うやうや》しくても礼を踏まえなければ徒労《とろう》に終わる。慎み深くても礼を踏まえなければ臆《おく》病《びょう》になる。勇敢《ゆうかん》でも礼を踏まえなければ乱暴《らんぼう》になる。素直であっても礼を踏まえなければ他人に厳しくなる。君子が近親《きんしん》に手厚くすれば、民も見習って仁に目覚《めざ》める。昔なじみを忘れなければ、民は薄情《はくじょう》でなくなる。」

【私の見解】

金谷氏の付記によれば、「**恭而無禮則勞、愼而無禮則葸、勇而無禮則亂、直而無禮則絞**」と「**君子篤於親、則民興於仁、故舊不遺、則民不偸**」は関係が薄い話であるということだ。

確かに、上段と下段では話の雰囲気が違う。ならば、どうして一つの「**子曰**」として表現しているのか。おそらくこれは、『論語』を編集した儒者の単純なミスなのであろう。

上段の部分は、孔子がいかに「礼」を重んじていたかを伝える逸話と言ってよいだろう。下段の部分は、「君子」の心得を説いているように読める。一般的に「民」と対比されるのは「君主」だと思うが、ここでは「君子」と「民」が対比する形で表現されている。これはおそらく、「君主」のありかたとして「君子」を被《かぶ》せて表現したのだろう。

この章が『論語』に収録されたのは、言うまでもなく、「礼」や「君子心得」について、孔子の教えを後世に伝えるためだと思われる。

「礼」の在り方や「君子」の概念《がいねん》は、時代や国（地域）などによって異なるものであり、孔子が考えた「礼」の在り方や「君子」の概念がそのまま後世《こうせい》に受《う》け継《つ》がれることはないと言いたいところだが、「君子《くんし》、親《しん》に篤《あつ》ければ、則《すなわ》ち民仁《たみじん》に興《おこ》る。故旧《こきゅう》遺《わす》れざれば、則《すなわ》ち民偸《たみうす》からず。」は「宗族主義」として中国では今日まで受け継がれている。これは、あくまでも孔子の生きた時代前後の価値観に留めておくべきものだった、と私は思う。

三　曾子有疾、召門弟子曰、啓予足、啓予手、詩云、戰戰兢兢、如臨深淵、如履薄冰、而今而後、吾知免夫、小子、

曾子《そうし》、疾《やまい》あり。門弟子《もんていし》を召びて曰《い》わく、予《わ》が足《あし》を啓《ひら》け、予《わ》が手《て》を啓《ひら》け。詩《し》に云《い》う、戦《せん》

々兢々《せんきょうきょう》として、深淵《しんえん》に臨《のぞ》むが如《ごと》く、薄氷《はくひょう》を履《ふ》むが如《ごと》しと。而今《いま》よりして後《のち》、吾《わ》れ、免《まぬが》るることを知《し》るかな、小子《しょうし》。

【現代語訳】

曾子《そうし》が病気になったとき、門弟たちを呼んで、次のように言った。
「わが足をみよ、わが手をみよ。詩経には『戦々恐々として、深淵《しんえん》に臨むごとく、薄氷《はくひょう》を踏むごとく。』とある。今後は、私はもうその心配がないねえ、諸君。」

※　金谷氏は訳文に関して、『孝経』＝『身体髪膚《はっぷ》、これを父母に受く。敢《あ》えて毀傷《きしょう》せざるは、孝の始めなり。』曾子は親孝行で、たえず体に注意していたので、死にのぞんで手足の完全さを門人にみせて戒めとした。『啓』はふとんを開くこととするのが通説であるが、王念孫に従って（見）の意味で解した。」と付記しておられる。

【私の見解】

金谷氏の付記にあるように、曾子は孝の道すなわち親孝行に優《すぐ》れていたと伝わっている。孝行を孔子に見込まれて『孝経』を著《あらわ》したといわれているが、いわゆる孔門十哲には含まれていない。朱子学では、曾子は四聖の一人として崇《あが》められていたという。
さて、曾子が病にたおれたとき、門弟たちに言ったというこの章の話は、金谷氏の付記にある『孝経』の「身体髪膚《はっぷ》、これを父母に受く。敢《あ》えて毀傷《きしょう》せざるは、孝の始めなり。」を併《あわ》せて読むと、そのときの曾子の心境がよく分かる。

曾子はそのとき死に至る病だったのであろう。親からもらった五体を傷つけることなく死地に赴《おもむ》く安堵感《あんどかん》（「もうこれで親不孝をしなくて済む」という気持ち）が実によく表れている。

少し角度が違うが、私もこれと似た安堵感《あんどかん》を味わった経験がある。私が30歳のときに父が、31歳のときに母が、それぞれ亡くなったが、息子として親を悲しませることは最大の親不孝だと思って生きて来た私は、そのとき、悲しみの底にありながらも、「ああ、これで、親不孝をしなくて済む。」と安堵《あんど》したのだった。そのときの私の安堵感は、曾子の安堵感の中身とは角度が異なるが、「親不孝をしなくて済む」というキーワードは共通しているのではないかと思う。

この章の逸話が『論語』に載っているのは、儒学において孝行が如何《いか》に重視されているかを物語っている。

儒教国の中国や韓国ではどうか知らないが、今日の日本では、「親孝行」は半ば死語になりつつあるように思われる。嘆《なげ》かわしいことである。

四　曾子有疾、孟敬子問之、曾子言曰、鳥之將死、其鳴也哀、人之將死、其言也善、君子所貴乎道者三、動容貌、斯遠暴慢矣、正顔色、斯近信矣、出辭氣、斯遠鄙倍矣、籩豆之事、則有司存、

曾子《そうし》、疾《やまい》あり。孟敬子《もうけいし》、これを問《と》う。曾子《そうし》言《い》いて曰《い》わく、鳥《とり》の将《まさ》に死《し》なんとするや、其《そ》の鳴《な》くこと哀《かな》し。人《ひと》の将《まさ》に死《し》なんとするや、其《そ》の言《い》うこと善《よ》し。君子《くんし》の道《みち》に貴《とうと》ぶ所《ところ》の者《もの》は三《みっ》つ。容貌《ようぼう》を動《うご》かしては斯《ここ》に暴慢《ぼうまん》を遠《とお》ざく。顔色《かおいろ》を正《ただ》しては斯《ここ》に信《しん》に近《ちか》づく。辞《じ》気《き》を出《い》だしては斯《ここ》に鄙倍《ひばい》を遠《とお》ざく。籩豆《へんとう》の事《こと》は則《すなわ》ち有司存《ゆうしそん》せり。

【現代語訳】

曾子《そうし》が病気になったとき、孟敬子《もうけいし》が見舞《みま》った。

曾子は、次のように言った。

「死に臨んだ鳥は、哀しい声で鳴きます。死に臨んだ人は、善いことを言います。君子が礼儀として尊ぶべきことが三つあります。粗暴怠慢《そぼうたいまん》な態度をとらないこと、信《まこと》の気持ちが溢《あふ》れる表情をすること、俗悪《ぞくあく》なことは言わないこと、この三つです。祭祀《さいし》のお供えの器物などのことは、担当の役人がおります。」

※　金谷氏は訳文に関して、「孟敬子――魯の国の家老、仲孫氏。名は捷《しょう》。孟武伯の子。　礼――古注に『ここの「道」

は礼をいう』とある。　粗放から離れる――自分の動作のこととするのは新注の説。古注では『人から暴慢をうけない。』と解し、下の二句でも同様に受身とする。　お供えの器物――『籩』は竹であんだたかつき。『豆』は木のたかつき。」と付記しておられる。

【私の見解】

さて、この章の話は、曾氏が臨終《りんじゅう》の床で、見舞いに来た孟敬子に語った遺言《ゆいごん》である。これが『論語』に収録されたのは、曾子の言う君子の心得を後世にも伝えようとしたためだと思われるが、「君子」の心得は地域や時代の動きなどによって変わるものであり、これを『論語』に収めた儒者たちの思いが、後世の中国にそのまま伝わったとは考えにくい。

事実、戦乱続きの中国で、曾子の言う君子の心得が素直に生きていた様子は窺《うかが》えないし、現在の中国共産党政権の振る舞いにも、曾子が言ったことのどれひとつも当てはまるものはない。

しかし、中国共産党は、自分たちは君子の行ないをしていると自負しているのかも知れない。でなければ、あんなに堂々と反君子の振る舞いができるわけはない。

五　曾子曰、以能問於不能、以多問於寡、有若無、實若虚、犯而不校、昔者吾友嘗従事於斯矣、

曾子《そうし》曰《い》わく、能《のう》を以《もっ》て不能《ふのう》に問《と》い、多《おお》きを以《もっ》て寡《すく》なきに問《と》い、有《あ》れども無《な》きが若《ごと》く、実《み》つれども虚《むな》しきが若《ごと》く、犯《おか》されて校《むく》いず。昔者《むかし》、吾《わ》が友《とも》、嘗《かつ》て斯《ここ》に従事《じゅうじ》せり。

※　金谷氏は読み下し文に関して、「校《むく》いず――古注による。新注では計校の意といい、対抗して争わないこと。」と付記しておられる。

【現代語訳】

曾子《そうし》が次のように言った。

「才能があるのにない者に訊《たず》ね、知識が豊かであるのに豊かでない者に訊《たず》ね、有っても無いかのようにし、充実していても空っぽであるかのようにして、喧嘩《けんか》をふっかけられても反撃《はんげき》しない、昔、私の友人はそのように振る舞ったものだ。」

※　金谷氏は訳文に関して、「友だち――古注は顔回をさすといい、新注もそれに従う。仁斎は複数の友とみる。」と付記しておられる。

【私の見解】

さて、この話は、顔回が自分の能力や知識をひけらかすことなく謙虚に才能も知識もない者にいろいろと訊ね、喧嘩をふっかけられても反撃をしなかった、と曾子が話したという逸話である。

顔回といえば孔門十哲の一人に数えられるほどの人物だ。能力も知識も豊富だったに違いないが、その顔回にしてこの謙虚《けんきょ》さであるということを曾子は言いたかったのであろう。

これは、顔回の謙虚な人柄を褒《ほ》めただけの単純な話であるが、後世に顔回の謙虚な人柄を語り継ぐために『論語』に載せたものと思われる。

ただ、仁斎のように、顔回ではなく複数の友のことを曾子が話したとなると、この見方も少し変わってくる。曾子にとって複数の友とは、おそらく孔門の弟子たちのことであろうから、その弟子たちが孔子の教えを守って謙虚であったというニュアンスになる。この場合も、やはり、孔子の教えを守った弟子たちのことを後世に伝えるために、『論語』に載せたということになるであろう。

「謙虚《けんきょ》」は人が成長発達する上で大切な資質《ししつ》である。この章の話は、今日でも十分に教訓になり得ると私は思う。

ところで、中国や韓国には、「謙虚」という言葉はないかのようである。

中国は、先の大戦で日本に勝った勝ったと嘘を言い、ありもしない「南京大虐殺」をあったあったと嘘を言う。嘘だと知りながら尖閣諸島は中国の領土だと言い、南シナ海の岩《がん》礁《しょう》を不法に埋め立てて軍事基地を造ってもいる。ウイグルの人たちを蹂躙《じゅうりん》していながらそんなことはしていないと嘘を言う。チベットを謀略《ぼうりゃく》によって奪いながらその謀略性を平然と否定する。等々。

韓国は、嘘だと分かっていながら竹島を韓国領だと言い、渋沢栄一の肖像が日本のお札の図柄《ずがら》になると聞くと、渋沢を韓国に害を与えた悪人だとこき下ろす。石原慎太郎氏の訃《ふ》報《ほう》を聞くと「石原は妄言製造機《もうげんせいぞうき》」だったと悪罵《あくば》を投げつけ、日本が佐渡金山を世界遺産に推薦《すいせん》すると佐渡金山で「韓国人を強制労働させた」と事実無根《じじつむこん》の難癖《なんくせ》をつける。等々。

両国は、このように、言いたい放題《ほうだい》のし放題である。一方的な主張を繰り返すばかりで、事実に基づいて謙虚に検証するという姿勢はまったく見られない。

こんな両国を、『論語』に反すると非難してもはじまらない。彼らには、『論語』だろうとなんだろうと、自分たちに都合のよいように解釈し、自分たちの行為を正当化するために使う性癖《せいへき》が身に付いているのだ。そうとでも思わなければ、彼らの振る舞いは理解できない。

六　曾子曰、可以託六尺之孤、可以寄百里之命、臨大節而不可奪也、君子人與、君子人也、

曾子《そうし》曰《い》わく、以《もっ》て六尺《ろくしゃく》の孤《こ》を託《たく》すべく、以《もっ》て百里《ひゃくり》の命《めい》を寄《き》すべく、大節《だいせつ》に臨《のぞ》んで奪《うば》うべからず。君子人《くんしじん》か、君子人《くんしじん》なり。

【現代語訳】

曾子《そうし》が次のように言った。

「孤児の幼君（15歳以下）の輔佐《ほさ》ができ、一国の政治を任せることもでき、危急存亡《ききゅうそんぼう》のときに断じて節《せつ》を曲げない、そのような人は君子人だろうか。君子人である。」

【私の見解】

「孤児の幼君」とは父君も母君もそして親類縁者《しんるいえんじゃ》も皆亡くなった若君のことであろう。「一国の政治を任せる」とは、一国の政令を発することができる」ということであろう。「危急《ききゅう》存亡《そんぼう》のときに断じて節を曲げない」とは、どんなに大事に遭遇《そうぐう》してもへこたれない」ということであろう。

さて、これは曾子が「君子」の資質あるいは概念について述べたものだと解釈できそうだが、これが『論語』に収録された理由が私にはよく分からない。

孔子から高く評価されて『孝経』を著したほどの曾子であっても、孔門十哲には入っていない。彼が「君子」をどのように定義づけしていたとしても、後世に語り継がなければ

ならないほどの価値があるとは思えないのだ。

七　曾子曰、士不可以不弘毅、任重而道遠、仁以爲己任、不亦重乎、死而後已、不亦遠乎、

曾子《そうし》曰《い》わく、士《し》は以《もっ》て弘毅《こうき》ならざるべからず。任重《にんおも》くして道遠《みちとお》し。仁以《じんもっ》て己《おの》が任《にん》と為《な》す。亦《ま》た重《おも》からずや。死《し》して後已《のちや》む、亦《ま》た遠《とお》からずや。

【現代語訳】

曾子が次のように言った。

「士人は弘毅《こうき》な人格でなければならぬ。任務は重く、道は遠い。仁を己の任務とするのだ、重くないわけがないではないか。これは死ぬまで続くのだ、なんと遠い道のりであろうか。」

【私の見解】

さて、これは、曾子が「士人」についてどのように考えていたかを伝える逸話であるが、これが『論語』に載っているのはどうしてなのだろう。「仁」は孔子の教え（儒学）の中核をなしているので、後世に伝えようとしたのであろうが、どうしても語り伝えなければならないほどの話ではないように私には思える。

八　子曰、興於詩、立於禮、成於樂、

子曰《しのたま》わく、詩《し》に興《お》こり、礼《れい》に立《た》ち、楽《がく》に成《な》る。

【現代語訳】

先生は次のように言われた。

「詩によって心を刺激し、礼によって行動を安定させ、音楽によって完成する。」

【私の見解】

これは、孔子の人間観の一端を表す言葉ととらえて良いだろう。「詩」は情感を奮い立たせるものとして、「礼」は人間関係をスムーズにするものとして、そして「音楽」は情緒《じょうちょ》を整えるものとして、人間の教養の柱だと孔子は言っているのだと私は解釈する。

「**子曰、興於詩、立於禮、成於樂**」（子曰《しのたま》わく、詩《し》に興《お》こり、礼《れい》に立《た》ち、楽《がく》に成《な》る。）には、凛《りん》と響《ひび》くものがあり、孔子自身が言ったものであろうと思われるが、さて、孔子のこの「教養観」が、はたして普遍的なものと言えるかどうか、私にはよく分からない。読みようによっては、いろいろな解釈も成り立つだろう。読む人それぞれが、自分の感覚に合うように読めば良いのではないだろうか。

九　**子曰、民可使由之、不可使知之、**

子曰《しのたま》わく、民《たみ》はこれに由《よ》らしむべし。これを知《し》らしむべからず。

【現代語訳】

先生は次のように言われた。

「人民は政治に従わせることはできるが、政治の中身を知らせることはできない。」（＝人民は政治に従わせればいいのであって、政治の中身を知らせてはならない。）

【私の見解】

孔子の思想（儒学）は、人間を上位の者（いわゆるエリート）と下位の者（いわゆる一般人民）とに分ける傾向が顕著《けんちょ》だが、「**子曰、民可使由之、不可使知之**」（子曰《しのたま》わく、民《たみ》はこれに由《よ》らしむべし。これを知《し》らしむべからず）は、それを象徴的《しょうちょうてき》に表している言葉だと私は思う。

つまりこれは、エリート（権力者）に向けた孔子のエールなのだ。人民というものは、とにかく黙って従わせれば良いのだと、孔子は言っているのである。

儒学が、孔子の死後、王朝の正統性を担保《たんぽ》する理論（つまり、儒教）に変身したのは、孔子のこの考えが基本になっていると私は観ている。

この意味に於いて、中国に民主主義が根付かない素地《そじ》を作り上げたのは儒教（儒学）だと言っても過言ではないであろう。「中国をダメにしたのは孔子だ。」と言う李相哲氏の指摘は、この意味に於いて正鵠《せいこく》を射《い》ているように思われる。

孔子後の中国の各王朝は、儒教の天命思想（易姓革命《えきせいかくめい》の理論）によって中原《ちゅうげん》を支配する王朝の正統性を主張し、皇帝が全ての権威と権限を独り占《ひとじ》めにして、人民は「**民可使由之、不可使知之**」よろしく有無を言わせずに従わせてきた。その流れが、現在の中華人民共和国にも受け継がれている。

全ての権威と権限を中国共産党が握り、憲法や法律さえも共産党の支配の下に置かれる異常社会が今の中国なのだ。

中国共産党にすれば、自分たちは中国の伝統的な人間観に基づいて政治をしているのであって、これが中国の文化なのだと言うであろう。『論語』と矛盾《むじゅん》するどころか、彼らは、『論語』の趣旨通りに政治をしていると自負しているに違いないのだ。

『論語』に収められている言葉を個々に見ると、今日の私たちが教訓とすべきものもたくさんあるが、『論語』を総くくりとして見ると、やはりこれは民主主義の考え方とは相容《あいい》れないものだと分かる。「**子曰、民可使由之、不可使知之**」は、まさに凝縮《ぎょうしゅく》された**『論語』の正体**が露呈《ろてい》している言葉だと言えよう。

「聖人」と言っても、孔子も時代の子である。春秋時代に生まれ育った彼は、その時代の価値観から逃れることはできなかったのだ。魯国の高級官僚であったこともあって、彼の思考は支配者の角度から人間を見るものとなり、人間を「君子」と「小人」に区分けするのは自然の成り行きだったと言えるだろう。

このことを踏まえずに『論語』を読むと、いわゆる「**論語読みの論語知らず**」になってしまうと私は思う。心したいことである。

ところで、ネットで調べたところによると、私とはまったく異なる解釈をして、「**子曰、民可使由之、不可使知之**」を「大衆からは、その政治に對する信頼を贏《か》ちえることはできるが、そのひとりひとりに政治の内容を知って貰うことはむつかしい」と訳している例も見られる。（宮崎市定『論語の新研究』）。

私はこの解釈には賛成できない。これは、日本人らしい「和」の精神というフィルターを通してどこまでも善意に解釈した結果であって、孔子が言っている真意や中国の実情とはかけ離れているように思われる。

「**可使由之**」（これに由らしむべし）は、「これに従わせることはできる」という意味だが、「これに従わせなければならない」という意味にもとれるし、また、「**不可使知之**」（これを知らしむべからず）は「これを知らせることはできない」という意味だが、「これを知らせてはならない」という意味にもとれるのであって、私の解釈はそれぞれ後者の解釈に立っている。その方が、中国の歴史や実情にマッチしていると思うからである。

私の解釈に反発される人も当然おられると思う。しかし、私たちが日本でもよく見かける「ここに入るべからず」の看板を想起《そうき》していただきたい。漢文で表せば「**不可入此処**」であろうが、これは、「ここに入ることはできない」という意味であるのと同時に「ここに入ってはいけない」という意味でもある。私たちは、後者の意味にとっているのが普通ではないだろうか。

『論語』の解釈がいろいろあるのは当然だが、孔子が生きた時代背景やその後の中国の歴史・現実の姿などを直視して解釈することが大切だ、と私はつくづく思う。

一〇　**子曰、好勇疾貧、亂也、人而不仁、疾之已甚、亂也、**

子曰《しのたま》わく、勇《ゆう》を好《この》みて貧《まず》しきを疾《にく》むは、乱《らん》なり。人《ひと》にして不仁《ふじん》なる、これを疾《にく》むこと已甚《はなは》だしきは、乱《らん》なり。

【現代語訳】

先生は次のように言われた。

「貧乏が嫌いで血気盛んな者は、粗暴《そぼう》な行動に走る。思いやりのない人のことを酷《ひど》く嫌うと、争いが起こる。」

【私の見解】

この章の話は、解釈が別れるようだ。

たとえば、金谷氏の訳は、

先生がいわれた、「武勇を好んで貧乏を嫌うとなると、〔むりに貧乏からぬけ出そうとして〕乱暴する。人が道にはずれているとてそれをひどく嫌いすぎると、〔対立がきびしくなって〕乱暴する。」

となっているが、齋藤孝氏の訳は、

先生がいわれた。

「血の気が多くて貧乏を嫌うと、むりをして自ら人の道を外しやすい。他人に仁の徳がないからといって、ひどく嫌うと、その人は嫌われたことでやけになって道をふみ外しやすい。」

となっている。いずれも、「疾之已甚、亂也」の「乱」の主語が「人而不仁」(思いやりのない人)になっているように読める。

そうではなく、その「乱」の主語を「思いやりのない人のことを酷く嫌《ひど》う人」にして訳している例もある。例えば、

孔子様がおっしゃるよう、「血気《けっき》の勇を好む者が貧をきらってそれを免《まぬか》れんとあせると、取り乱して悪逆《あくぎゃく》をなすものぞ。他人の不仁《ふじん》をにくむはよいが、その憎悪《ぞうお》の念が度を過ごすと心の平静を失って自身不仁に陥《おちい》るぞよ。」(穂積重遠《ほづみしげとお》『新訳論語』)。

といった具合である。私の訳では、その「乱」の主語は曖昧《あいまい》である。

まあ、これが『論語』というものなのかも知れない。

いずれにしても、この章で孔子が述べている人間観は、私にはなんだか変に思える。真理の一部を衝《つ》いているかも知れないが、一般的な真理を衝いてはいないように思う。

一一　子曰、如有周公之才之美、使驕且吝、其餘不足觀也已矣、

子曰《しのたま》わく、如《も》し周公《しゅうこう》の才《さい》の美《び》ありとも、驕《おご》り且《か》つ吝《やぶさ》かならしめば、其《そ》の余《よ》は観《み》るに足《た》らざるのみ。

【現代語訳】

先生は次のように言われた。

「もし周公《しゅうこう》ほどの立派な才能があったとしても、傲慢《ごうまん》でけち臭かったら、全てが台無《だいな》しだね。」

【私の見解】

これは、孔子が、傲慢《ごうまん》でけち臭い者は、どんなに才能があっても、取るに足らない者だ、と言ったという話である。

今日でも、傲慢でけち臭い者は、どんなに才能があっても、どんなにお金持ちであっても、嫌われること請《う》け合《あ》いである。孔子は、ごく当たり前のことを言っているに過ぎない。

儒者たちが何を思ってこれを『論語』に載せたのかは分からないが、おそらく、孔子が言った言葉として言い伝わっていたのであろう。だから載せた、それだけのことだと、私は思う。

これが本当に孔子自身が言った言葉かどうかは、あやしいものだ。このような誰でも言えるようなことを孔子がわざわざ言ったとは私には思えないのだが……。

二二　**子曰、三年學不至於穀、不易得也已、**

子曰《しのたま》わく、三年学《さんねんまな》びて穀《こく》に至《いた》らざるは、得《え》やすからざるのみ。

【現代語訳】

先生は次のように言われた。

「三年学んで仕官を望まない人は、めったにいないものだ。」

※　金谷氏は訳文に関して、「仕官――『穀』は俸禄の意。」と付記しておられる。

【私の見解】

「**三年學不至於穀、不易得也已**」（三年学《さんねんまな》びて穀《こく》に至《いた》らざるは、得《え》やすからざるのみ。）は、要するに「大抵の人は、仕官するために学問をする。」という意味であり、孔子の真意を忖度《そんたく》して深読みすれば、「仕官のことなど考えず、純粋に学問に打ち込む者がいてもいい。」という意味にとれるし、逆に、「誰でも仕官するために学問するものだ。」ともとれる。

孔子が生きた時代は、官職につくことが、生活を安定させる一番の生き方だっただろうから、文字の読み書きができる男性は、仕官するために学問するのが普通だったと考えられる。その状況を、孔子は嘆《なげ》いたのかも知れないし、逆に、当然のことを有《あ》り体《てい》に表現しただけかもしれない。

「純粋に学問に打ち込む」というのは、言葉としては美しいが、現実には絵空事《えそらごと》に近い。学者として生計を立てられる状況であればまだしも、戦乱続きの時代に、学者として身を立てることは不可能であったろう。そのような状況下で、孔子はわざわざこのようなことを言っているのだ。孔子の真意が奈辺《なへん》にあったのか、確たる判断はしにくいが、もし、「仕官のことなど考えず、純粋に学問に打ち込む者がいてもいい。」と言っているのであれば、現実逃避《げんじつとうひ》の絵空事《えそらごと》の話のように思われる。孔子が「理想論者」とか「空想家」などと謂《い》われる所以《ゆえん》ともなろう。

孔子は数千人の門弟を抱えていたというが、孔子の思想を受けて立身し、時代を動かす程の働きをした人物はどれだけいただろうか。孔子の思想が、現実離れしたバーチャル色が濃《こ》いことに焦点を当てて考えると、おそらく、あまりいなかったのではないかと思われる。

その点、吉田松陰《よしだしょういん》は凄《すご》い。彼は僅《わず》か29年の生涯《しょうがい》であったが、松下村塾《しょうかそんじゅく》で彼の教えを受けた若者たちの中から久坂玄瑞・高杉晋作・伊藤博文・山県有朋・前原一誠など明治維新の立役者が多数輩出《はいしゅつ》している。

同様に、緒方洪庵《おがたこうあん》も特筆《とくひつ》に値《あたい》する。医師であり蘭学者《らんがくしゃ》でもあった彼は、53年の生涯をかけて天然痘《てんねんとう》の治療に貢献《こうけん》するとともに適塾《てきじゅく》でたくさんの弟子を育てた。その中には福沢諭吉・大鳥圭介・橋本左内・大村益次郎・佐野常民など、時代を動かした錚々《そうそう》たる人物たちがいる。

これは、吉田松陰や緒方洪庵の思想が、現実に立脚《りっきゃく》した具体性のあるものであったことを如実《にょじつ》に物語っているのではないか。

現実に立脚したといえば、森信三先生の思想もひけをとらない。先生の「真理は現実のただ中にあり」は多くの学徒の心を奮《ふる》い立《た》たせ、その門下から実行力のある優秀な教員が多数輩出《はいしゅつ》した。

その中のお一人である玉田泰之先生は、森信三先生の教えを全身全霊《ぜんしんぜんれい》で受け止め、令和4年の現在も85歳のご高齢をものともせず、その教えを広めるべく奮闘《ふんとう》されている。玉田先生にお声をかけていただいたことは、わが人生の至上の宝であり喜びである。

一三　**子曰、篤信好學、守死善道、危邦不入、亂邦不居、天下有道則見、無道則隱、邦有道、貧且賤焉、恥也、邦無道、富且貴焉、恥也、**

子曰《しのたま》わく、篤《あつ》く信《しん》じて学《がく》を好《この》み、死《し》を守《まも》りて道《みち》を善《よ》くす。危邦《きほう》には入《い》らず、乱邦《らんほう》には居《お》らず。天下道《てんかみち》あれば則《すなわ》ち見《あらわ》れ、道《みち》なければ則《すなわ》ち隠《かく》る。邦《くに》に道《みち》あるに、貧《まず》しくして且《か》つ賤《いや》しきは恥《はじ》なり。邦《くに》に道《みち》なきに、富《と》みて且《か》つ貴《とうと》きは恥《はじ》なり。

【現代語訳】

先生は次のように言われた。

「深く信じて学問を好み、命懸《いのちが》けで正しい生き方をする。危《あや》うい国には入らず、乱れた国には留まらない。道理のある政治が行なわれていれば表立って活動するが、そうでないときには引きこもる。道理のある政治が行なわれているのに、貧乏で賤《いや》しい地位にいるのは恥だし、道理ある政治が行なわれていないのに、金持ちで高い地位にいるのも恥である。」

【私の見解】

言うまでもなく、これは当時の中国の事情を背景にして孔子が語ったことである。言葉遣《づか》いが日本人には馴染《なじ》みのないものがあるので、理解しやすいように少し整理しておきたい。

まず、「**危邦不入**」（危邦《きほう》には入《い》らず）だが、この場合「邦」は、日本でいえば、たとえば「出羽国《でわのくに》」の「国」ほどの意味で、「**亂邦不居**」の「邦」も同様であろう。「**天下有道則見**」（天下道《てんかみち》あれば則《すなわ》ち見《あらわ》れ）の「有道」は「道理ある政治が行なわれている」という程の意味で、「**無道則隱**」の「無道」も、「道理ある政治が行なわれていない」という程の意味であろう。以下の「邦」「道」も同様に考えればよいであろう。

さて、これは、孔子の学問観と人生観を端的《たんてき》に表している逸話と言えよう。人として在るべき姿を、彼はこのような形で表現したのだと思われる。

ところで、「**篤信好學、守死善道**」（篤《あつ》く信《しん》じて学《がく》を好み、死《し》を守《まも》りて道《みち》を善《よ》くす。）はいいとしても、「**危邦不入、亂邦不居**」（危邦《きほう》には入《い》らず、乱邦《らんぽう》には居《お》らず。）と「**天下有道則見、無道則隠**」（天下《てんか》道《みち》あれば則《すなわ》ち見《あらわ》れ、道《みち》なければ則《すなわ》ち隠《かく》る。）は、一種の「逃避主義《とうひしゅぎ》」と言って良いだろう。

孔子が生きた乱れた時代には、現実逃避もやむを得なかったのかも知れないが、思想家の言葉としては軟弱《なんじゃく》であり、迫力に欠けると言わなければならない。孔子の思想のいたるところに現実離れした綺麗事《きれいごと》が散見《さんけん》されるが、これもその一角だと思われる。

彼は、魯の国の権力争いに敗れて出奔《しゅっぽん》し、14年も中原を放浪したのちに魯国に帰ったが、結局何ほどのことも成し得ずにこの世を去っている。まさに「逃避主義」の帰結と言えようか。

それに、「道理ある政治」と言っても、立場によって捉《とら》え方《かた》は様々である。共産主義者にとっては、たとえば今の中国は道理ある政治の国だと思うであろうし、自由主義の国の政治は道理に欠けると思うであろう。だから、孔子が言っていることには普遍性《ふへんせい》がないと言っていい。

また、「**邦有道、貧且賤焉、恥也、邦無道、富且貴焉、恥也**」は、孔子の人生観の一端を見事に言い表している。孔子には権力志向があったと指摘する識者もいるが、この言葉を見る限り、あながち的外れ《まとはず》れとは言えないようだ。

ところで、孔子は、先に見たように「仕官のことなど考えず、純粋に学問に打ち込む者がいてもいい。）と言ったかと思えば、今度は「篤く信じて学問を好み、命懸けで正しい生き方をする。……道理のある政治が行なわれているのに、貧乏で低い地位にいるのは恥だ。」と言う。一貫性がないようにも見える。これは、孔子自身に一貫性がなかったからこうなったか、あるいは『論語』を収録した儒者たちの思い違いか何かでこうなったか、のいずれかであろう。

いずれにせよ、『論語』と雖《いえど》も完璧《かんぺき》でないことがこれでよくわかる。覚《さ》めた目で読み、教訓となるべき事があれば教訓とする、そういう論語の読み方が大切だとつくづく思う。

一四　**子曰、不在其位、不謀其政也、**
子曰《しのたま》わく、其《そ》の位《くらい》に在《あ》らざれば、其《そ》の政《まつりごと》を謀《はか》らず。

※　金谷氏は読み下し文に関して、「憲問篇第二七章と重出。」と付記しておられる。

【現代語訳】

先生は次のように言われた。

「その地位にいないのであれば、その政務には口出ししない。」

【私の見解】

金谷氏の付記にあるように、「憲問篇第二七章にも「**子曰、不在其位、不謀其政**」とある。文末に「也」の字がない他は全く同じである。

さて、これは、いかにも官僚的な物言いだと私は思う。一般に官僚は、自分が担当していること以外には関心が低く、たとえ関心があったとしても、担当外のことには口出ししない習癖《しゅうへき》がある。それが、彼らの良心というか誠意というものなのであろう。

孔子も魯国の官僚だったから、このようなことを言ったのだと思われるが、孔子の言っていることは、決して普遍的《ふへんてき》な真理《しんり》ではない。たとえ自分が担当していないことでも、口出しをしなければならないことが現実にはあるのだ。

孔子が生きた時代のことを考慮《こうりょ》すれば、孔子の言っていることも無理からぬところがあるにはある。特定の権力者が絶対的に支配する政治構造の下では、官僚機構《かんりょうきこう》も融通《ゆうずう》の利《き》かないものであっただろうし、担当外のことに口出しできる状況になかったことは十分に想像できる。

それはそうなのだが、孔子が本物の思想家であり哲学者であり教育者であったとすれば、やはり「**不在其位、不謀其政也**」（其《そ》の位《くらい》に在《あ》らざれば、其《そ》の政《まつりごと》を謀《はか》らず。）はいただけない。学者としての先見性や教示性《きょうじせい》が無く、まったく迫力に欠ける。

「**不在其位、不謀其政也**」は、絶対王朝にとってはまことに都合のよい言葉であったに違いなく、孔子の思想（儒学）が、その後、王朝の正統性を担保する理論（儒教）に変身していったのもさもありなんと思われる。

一五　子曰、師摯之始、關雎之亂、洋洋乎盈耳哉、

子曰《しのたま》わく、師摯《しし》の始《はじ》め、関雎《かんしょ》の乱《おわ》りは、洋洋乎《ようようこ》として耳《みみ》に盈《み》てるかな。

※　金谷氏は読み下し文に関して、「古注では『師摯の関雎の乱れを始《おさ》むるや、』と読む。」と付記しておられる。

【現代語訳】

先生は次のように言われた。

「楽官の摯《し》の歌いはじめと関雎《かんしょ》の楽曲の終わりは、美しく盛り上がって耳に満ちるねえ。」

※　金谷氏は訳文に関して、「摯——魯の国の名音楽家の名。　関雎——『詩経』の最初の歌の名。ここではその楽曲。以上の二句は難解で異説が多い。今、清の劉端臨《りゅうたんりん》の説に従う。音楽は歌・笙・間・合の順にすすめられるが、『始』とはその歌、『乱』とは最後の合奏のことだという。」と付記しておられる。

【私の見解】

さて、これは、魯の国生まれの孔子の感性を表す逸話と言っていいだろう。『詩経』は儒教の経典である経書の一つで、305篇からなる中国で最古の詩篇《しへん》といわれるものだ。『論語』の中で、孔子は何度もこの『詩経』を引いている。

この章が『論語』に収録されたのは、孔子のこの感性を後世に伝えるためだと思われるが、儒学や儒教に執心《しゅうしん》している人ならともかく、そうでない人にとってはそれほど価値がある話とは思えない。

一六　子曰、狂而不直、侗而不愿、悾悾而不信、吾不知之矣、

子曰《しのたま》わく、狂《きょう》にして直《ちょく》ならず、侗《とう》にして愿《げん》ならず、悾悾《こうこう》にして信《しん》ならず。吾《わ》れはこれを知《し》らず。

【現代語訳】

先生は次のように言われた。

「熱狂的なのに正直でなく、無知なのにきまじめでなく、馬鹿正直なのに誠実でない。そんな人は私も手に負えない。」

【私の見解】

これは、孔子が、自分の手に負えない人の特性について述べたものだ。裏読みすれば、教育のし甲斐《がい》のない人間のことを述べたものだとも言えようか。

だとすると、なんだか変だ。この話は眉唾《まゆつば》のように思える。慈悲深《じひぶか》くて心の広い人柄だったと言われる孔子ほどの人が、人をこのように仕分けして、「自分には手に負えない。」などと本当に言うだろうか。

正直でない人を正直になるように、真面目でない人を真面目になるように、誠実でない人を誠実になるように、それぞれの個性に応じて導くのも教育者の役割ではないか。はじめから人を仕分けして、「手に負えない」などと言うのは、あまりにも無神経だし、教育者

としては恥ずべきことだと私は思う。

たとえその時代の歪《いびつ》さを反映した言葉であったとしても、もし本当に孔子がこのように言ったならば、数千人にも及んだという門弟たちの中には、離れていった者も多かったのではないだろうか。

おそらく、これは、弟子の誰かが孔子の心奥《しんおう》を推《お》し量《はか》って、勝手に創作した話が言い伝わったものであろう。これが『論語』に載ったのは、何かの手違いであったのではないかと思われる。

もし手違いでなかったとしたら、儒学の人間観や教育観には大きな欠陥《けっかん》があると言わなければならない。

仮に、今日《こんにち》の日本で、学校の先生が「**狂而不直、侗而不愿、悾悾而不信、吾不知之矣**」（狂《きょう》にして直《ちょく》ならず、侗《とう》にして愿《げん》ならず、悾悾《こうこう》にして信《しん》ならず。吾《わ》れはこれを知《し》らず。）のようなことを公言したら、その先生はきっと職を追われるに違いない。これは、それほど品《ひん》のないどぎつい言葉だと私は思う。

一七　子曰、學如不及、猶恐失之、

子曰《しのたま》わく、学《がく》は及《およ》ばざるが如《ごと》くするも、猶《な》おこれを失《うしな》わんことを恐《おそ》る。

【現代語訳】

先生は次のように言われた。

「学問は、際限なくやっても、なお、それを忘れてしまわないか心配である。」

【私の見解】

これは、孔子が学問の奥深さと学問に向かうときの心構えや心裡《しんり》について述べているのだと解釈して良さそうだ。

取り立てて目を見張るほどのことを言っている訳ではないが、学問をすることが極めて困難な乱世の状況下でこれを言ったことに意義があるのかも知れない。

おそらく、孔子は、学問に向かう心構えとして、弟子たちに繰り返しこのようなことを言ったのであろう。

この章の言葉は、今日でもそのまま通じる真理だと私は思う。

一八　子曰、巍巍乎、舜禹之有天下也、而不與焉、

子曰《しのたま》わく、巍巍《ぎぎ》たるかな、舜《しゅん》・禹《う》の天下《てんか》を有《たも》てるや。而《しか》して与《あずか》らず。

【現代語訳】

先生は次のように言われた。

「舜《しゅん》や禹《う》が天下を治めたのは、実に堂々たるものだ。それでいて、政務に直接関与しなかったかのようにしておられた。」

※ 金谷氏は訳文に関して、「堂々たる――古注に『巍巍は高大の称』。舜や禹――次章の堯から舜、舜から禹へと位をゆずりあった古代の理想的な帝王。禹は夏《か》王朝の創始者。」と付記しておられる。

【私の見解】

さて、これは、殺し合いをすることなく政権を譲ったという堯→舜→禹の伝説を、孔子が礼賛《らいさん》した逸話《いつわ》である。「平和主義者」であった孔子にとって、堯・舜・禹の政権禅譲《せいけんぜんじょう》は理想の形だったのであろう。

これが『論語』に載ったのは、平和を願う孔子の思想を後世に伝えるためであったと思われるが、孔子歿後《ぼつご》の中国は、いっそう酷《ひど》い戦国乱世となった。孔子の「平和主義」が、現実逃避の空想だったことがくしくも証明された形である。

真の平和は、現実から逃避して「平和」「平和」と叫んでいても訪れることはない。森信三先生の言葉にあるように「真理は現実のただ中にあり」なのだ。平和を脅《おびや》かす現実の具体的な問題に一つひとつ取り組んでいくことによってこそ、はじめて真の平和をものにすることができるのである。

バーチャルな平和主義の日本国憲法を後生大事に守ろうとする人たちの姿が、私には、舜《しゅん》・禹《う》の治世への郷愁《きょうしゅう》に耽《ふけ》る孔子の姿と重なって見えて仕方がない。

一九　子曰、大哉、堯之爲君也、巍巍乎唯天爲大、唯堯則之、蕩蕩乎民無能名焉、巍巍乎其有成功也、煥乎其有文章、

子曰《しのたま》わく、大《だい》なるかな、堯《ぎょう》の君《きみ》たるや。巍巍《ぎぎ》として唯《た》だ天《てん》を大《だい》なりと為《な》す。唯《た》だ堯《ぎょう》これに則《のっと》る。蕩蕩《とうとう》として民《たみ》能《よ》く名《な》づくること無《な》し。巍巍《ぎぎ》として其《そ》れ成功《せいこう》あり。煥《かん》として其《そ》れ文章《ぶんしょう》あり。

【現代語訳】

先生は次のように言われた。

「堯は君主として偉大だねえ。真に偉大なものは天のみだが、ひとり堯こそは天と肩を並べている。広々として果てしなく、民はなんと形容してよいか分からない。堂々として立

派に成功し、輝かしい制度や文化をのこされた。」

【私の見解】

これも、古代中国の聖天子との誉《ほま》れ高《たか》い堯《ぎょう》の業績を郷愁《きょうしゅう》している孔子の言葉である。孔子の理想とする治世《ちせい》は、ある意味、そこから一歩も出るものではなかったようだ。

この章が『論語』に載っているのは、孔子のこの考えを後世に伝えるためであろうが、歴史の現実がそれを受け入れることはなかった。

二〇　舜有臣五人、而天下治、武王曰、予有亂臣十人、孔子曰才難、不其然乎、唐虞之際、於斯爲盛、有婦人焉、九人而已、三分天下有其二、以服事殷、周之徳、其可謂至徳也已矣、

舜《しゅん》、臣五人《しんごにん》ありて、天下治《てんかおさ》まる。武王曰《ぶおうい》わく、予《わ》れに乱臣十人《らんしんじゅうにん》あり。孔子曰《こうしのたま》わく、才難《さいかた》しと、其《そ》れ然《しか》らずや。唐虞《とうぐ》の際《さい》、斯《こ》に於《お》いて盛《さか》んと為《な》す。婦人《ふじん》あり。九人《くにん》のみ。〔文王《ぶんおう》、西伯《せいは》と為《な》りて〕天下《てんか》を三分《さんぶん》して其《そ》の二《に》を有《たも》ち、以《もっ》て殷《いん》に服事《ふくじ》す。周《しゅう》の徳《とく》は、其《そ》れ至徳《しとく》と謂《い》うべきのみ。

※　金谷氏は読み下し文に関して、「乱十人——『経典釈文』では『乱十人』だが、別本には『乱臣十人』とあったという。今、『経典釈文』に従って『臣』の字を除く。『乱』は治の意味。　文王……——『呂氏春秋』古楽篇注の引用には『文王為西伯』の五字が多い。今それに従う。」と付記しておられる。

【現代語訳】

舜には五人の重臣がいて、天下が治まった。周の武王は、「わしには治めてくれる家臣が十人いる。」と言った。孔子は言われた。「人材は得がたいというが、そのとおりだ。堯・舜の時代以降は、周の草創期に〔人材が〕盛んだったが、婦人がいたから九人だけだ。〔武王の父の〕文王は西方諸国の旗がしらとなり、天下の三分の二を支配下におさめながら、なお殷に服従していた。周の徳はまず最高の徳だといってよいだろう。」

※　金谷氏は訳文に関して、「五人——禹《う》・稷《しょく》・契《せつ》・皐陶《こうよう》・伯益《はくえき》。」　武王——周の文王の子、周公旦《たん》の兄。殷王朝の紂《ちゅう》をたおして周王朝をたてた。　十人——周公旦・周公奭《せき》・太公望呂尚《りょうしょう》以下で、中には母（文王の后《きさき》）太姒《たいじ》もいる。　堯舜時代からあと——原文の『唐』は尭の封地の名、『虞』は舜の封地の名。またそれぞれの号。『際』を下、後の意味によむのは劉宝楠の説。」と付記しておられる。

【私の見解】

さて、これは、孔子の郷愁《きょうしゅう》も、「ここに極まれり」の感がする話である。孔子は堯・舜・禹の治世を理想とし、その後では周の治世を理想としていたことがよく分かる。私からすれば、何と仰々《ぎょうぎょう》しいとさえ感じる周への肩入れである。だが、孔子の教えを守ろうとする儒者たちにとって、これは神聖《しんせい》なことであったに違いなく、『論語』の編者が孔子の弟子以外の誰かの伝承を収録したものと思われる。「**孔子曰**」の表記がそのことを示している。何度も触れたことだが、孔子歿《ぼつ》後《ご》の中国は、孔子が執着《しゅうちゃく》した周の理想が実現することはなかった。郷愁色《きょうしゅうしょく》の強い思想はバーチャルに堕《だ》する他はなく、現実には何の力も発揮《はっき》することはなかったのである。

二一　子曰、禹吾無間然矣、菲飲食、而致孝乎鬼神、惡衣服、而致美乎黻冕、卑宮室、而盡力乎溝洫、禹吾無間然矣、

子曰《しのたま》わく、禹《う》は吾《わ》れ間然《かんぜん》すること無《な》し。飲食《いんしょく》を菲《うす》くして孝《こう》を鬼神《きしん》に致《いた》し、衣服《いふく》を惡《あ》しくして美《び》を黻冕《ふつべん》に致《いた》し、宮室《きゅうしつ》を卑《ひく》くして力《ちから》を溝洫《こうきょく》に尽《つ》くす。禹《う》は吾《わ》れ間然《かんぜん》すること無《な》し。

【現代語訳】

先生は次のように言われた。

「禹《う》はわたしには非《ひ》のうちどころがない。〔自分の〕飲食をきりつめて神々に誠を尽くし、〔自分の〕衣服を粗末にして黻《ふつ》や冕《べん》を立派にし、〔自分の〕住まいは粗末にして灌漑《かんがい》の水路に力を尽くされた。禹は私には非のうちどころがない。」

※　金谷氏は訳文に関して、「黻や冕――祭礼の時につける蔽膝《へいしつ》（前だれ）とかんむり。」と付記しておられる。

【私の見解】

さて、「**禹吾無間然矣**」（禹《う》は吾《わ》れ間然《かんぜん》すること無《な》し。）に、孔子の気持ちが集約されている。どこか郷愁の世界に陶酔している懐古的保守主義の様子が強く窺《うかが》えて、このままを現代に生かす教訓とするには、だいぶ無理があるように思われる。孔子の思想の限界がここに端的に現れている、と私は思う。

論語　巻第四　終

〈著者略歴〉 昭和18年8月、島根県八束郡本庄村（現在の松江市本庄町）で出生。37年4月、証券会社に入社。39年3月、証券会社を退社。同年4月、大学に入学。43年3月、大学を卒業。同年4月、大阪府立学校教員に採用。平成7年4月、大阪府立学校教頭に着任、10年4月、大阪府立学校校長に着任。15年3月、校長を退職。同年4月、大学にアドミション・オフィサーとして就職。その後、専門学校教員などを歴任。現在は無職。

〈主な著書〉『学校の先生が国を滅ぼす』（産経新聞出版）、『反日組織・日教組の行状』（飛鳥新社）、『反日教育の正体』（愛育社）、『保守論壇に垣間見える危うい「自虐史観」の痕跡』（銀河書籍）、『戦後70年もう「平和ボケ」とは言わせない』（愛育社）、『日本共産党の仮面を剥ぐ』（愛育出版）、『保守の顔をした左翼を叩く』（銀河書籍）、『私本歎異抄』（銀河書籍）など。

論語の正体（上巻）

二〇二三年　七月二十日 初版発行

著者　山内 勇吉

印刷・製本　株式会社 ジョイントワークス

発行人　伊東 英夫

発売所　株式会社 愛育出版
〒一一六-〇〇一四 東京都荒川区東日暮里五-六-七
TEL　〇三（五六〇四）九四三一
FAX　〇三（五六〇四）九四三〇

乱丁、落丁がありました場合にはお取替えいたします。

ISBN978-4-911091-05-0